1930年代日本植民地の諸相

植民地教育史研究年報◉2012年………

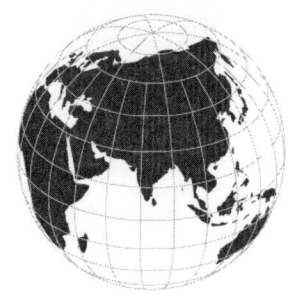

日本植民地教育史研究会

皓星社

1930年代日本植民地の諸相

2012　植民地教育史年報　第15号　目次

巻頭言………………………………………………………………中田敏夫　3

Ⅰ．シンポジウム　「植民地と新教育——1930年代を中心として——」

シンポジウム開催趣旨……………………………………………西尾達雄　8
1930年代植民地台湾の郷土教育論の一側面―在台「内地」人児童の
　　郷土化と台湾人児童の日本化をめぐる葛藤—………………林初梅　10
1930年代植民地朝鮮における新教育運動の変容
　　—簡易学校を中心に—……………………………………………尹素英　29
1930年代における「新教育」—新教育協会の活動を中心として—…永江由紀子　52
シンポジウムのまとめ……………………………………………渡部宗助　76

Ⅱ．研究論文

台湾植民地期初期の日本語教育—伊沢修二の教育政策をめぐって—
　　………………………………………………………………………林嘉純　82
植民地朝鮮と日本の中等音楽教員をめぐる東京音楽学校卒業生の機能と役割
　　—京城師範学校教諭の吉沢実の活動事例を中心として—……金志善　102
植民地期朝鮮の子ども雑誌『オリニ』—読者欄を中心に（1923－1934）—
　　………………………………………………………………………韓炫精　128

Ⅲ．研究資料

台湾、歌の風景「おまつり日」……………………………………岡部芳広　152
在日コリアン二世の学校経験—金信煥氏の場合—
　　……………………………………李省展・佐藤由美・芳賀普子　156

Ⅳ．旅の記録

台湾教育史遺構調査（その5）……………………………………白柳弘幸　178

Ⅴ．書評

檜山幸夫編著『帝国日本の展開と台湾』…………………………弘谷多喜夫　186
三ツ井崇著『朝鮮植民地支配と言語』……………………………井上薫　197
駒込武・川村肇・奈須恵子編
　　『戦時下学問の統制と動員—日本諸学振興委員会の研究—』……松浦勉　203

Ⅵ．図書紹介

松田吉郎著『台湾原住民の社会的教化事業』……………………宮崎聖子　220
酒井亨著『「親日」台湾の幻想—現地で見聞きした真の日本観』…岡部芳広　225
戸田郁子著『中国朝鮮族を生きる　旧満州の記憶』………………佐野通夫　230
慎鏞廈著『世界の人々の　独島Dokdoの真実を理解するための16のポイント』
　　………………………………………………………………………渡部宗助　234
米村秀司著『消えた学院—日中共学を実践した
　　「青島学院」の三十年を追う—』………………………………山本一生　239

等松春夫著『日本帝国と委任統治―南洋群島をめぐる国際政治 1914-1947―』
………………………………………………………………… 黒川直美 243

Ⅶ. 気になるコトバ
「本島人、本省人、外省人、高砂族」……………………………… 中川 仁 252

Ⅷ. 彙報……………………………………………………… 岡部芳広 262
編集後記………………………………………………………………… 266
著者紹介………………………………………………………………… 267
CONTENTS …………………………………………………………… 270

巻頭言

中田敏夫＊

　今里哲さんという一人のシャンソン歌手がいる。彼は在日韓国人であり、同性愛者である。私はまだコンサートを聴いたことがなく、また直接講演やお話をうかがったこともないが、私の担任している愛知教育大学6年一貫教員養成コース3年生の学生達がこの夏、NIEの実践として彼にインタビューした新聞記事（『さいかち新聞』2012年9月24日発行　未公開）を作成していて、それを通し彼を知った。

　記事によれば、今里氏は大阪出身で、高校を卒業しコンピュータ会社に就職した後、岐阜大学に入学し教員を目指すも中退。今はシャンソン歌手としてステージや公演で全国を回っているとのことである。インタビューでは「ダブル」という考え方に立った経緯を「一人でソウルに10日間行ったとき、屋台の人に在日韓国人だと言うと、アメリカ人かと聞かれた。母が済州島の出身だと言うと疑いの表情をされた。そのとき、韓国も大阪も祖国ではない。自由なんだ、自由に本人が選べる。両方のよさを身に付けてやろう。韓国人でも日本人でもない。でも、両方になったら良いと感じた」と述べている。

　今里さんの話を聞いたとき、私は徐京植氏の逸話を思い出した。氏は京都市生まれの在日朝鮮人作家であり、大学の教員でもある方である。氏は「母語と母国語の相克－在日朝鮮人の言語経験」（東京経済大学人文自然科学論集126号　2008年）で、こんな話を紹介している。ご夫妻で韓国長期滞在中奥さんはある大学の付属韓国語学校に通っていたが、その最初の授業の日のことである。彼女のクラスには数人ずつ、日本人、中国人、欧米人、そして在日朝鮮人がいたが、先生がそれぞれの

＊愛知教育大学教授

言語グループ毎に学生を集めようとして次のように呼びかけたとのこと。「日本人は手を挙げて」「次に中国人は手を挙げて」そして「最後は英語グループ、手を挙げて」。結局在日朝鮮人たちは呼びかけられなかったということである。「在日朝鮮人の若者たちは、(中略)自分は「日本人」ではないと考えるからこそ日本国籍に帰化せず、はるばる祖国まで朝鮮語を学びに来たのである。その若者たちを「日本人」に分類するということは、一つの暴力と呼べないだろうか？ここにも、韓国社会でよく見かける無意識の国語ナショナリズムが顔をのぞかせている」と徐氏は書いている。今里氏が出会ったソウルでの出来事は、屋台の人から在日韓国人だということを理解してもらえず、母が済州島の出身だということさえ疑いの表情をされたというものであったが、「在日朝鮮人」が視野にない点で徐氏の逸話と重なるのである。

　徐氏は、同論文で続けて「国語ナショナリズムの立場から見れば、誰かが自国民であるか外国人であるかを区別する境界線は、自国語ができるかできないかを区別する線上に引かれる。ある国語ができるかどうかは、ある国民の一員として認められるかどうかを決める試金石である」とし、日本、韓国ともに単一民族国家観に起因する国語ナショナリズムが根強いため母語と母国語の概念上の区別はきわめて不明瞭であることを指摘している。

　さて、このような自己のアイデンティティを左右される状況に置かれた在日朝鮮人はいかに生きるべきか。今里氏は「両方のよさを身に付けてやろう」「両方になったら良いと感じた」と述べていた。氏はその状態を「ダブル」と述べたが、自身に内在する韓国と日本という2つの側面を可算的に捉えた気持ちがよく表れた表現である。一方、徐氏は、世界各地に居住する朝鮮民族は既にそれぞれ異なる母語を有しており、むしろ発想を転換し「朝鮮民族の共同体そのものが近現代史の過程を経て、多言語・多文化共同体へと変容してきた」と捉え、在日朝鮮人の自分は日本に対しては「母国語の権利」を主張しつつ、同時に韓国または北朝鮮に対しては「母語の権利」を主張する。そして「この両面的な主張こそが現実に適合した望ましい姿勢」だとし、この2つの権利は、「本来的に、決して相互に排除する概念ではなく、両立可能なのである」としている。徐氏はさらに、「新たな多言語・多文化の共同体」をつくるこ

とが、コリアン・ディアスポラである自分たちと、本国の同胞たちとの、「共同の目標となるべきではないか」と説く。今里氏が一人の在日韓国人として出した「ダブル」という答は、徐氏の「新たな多言語・多文化の共同体」づくりの道程へと繋がるものであろう。

　ところで、今里氏の新聞記事には「取材後記」も掲載されていたが、一人の学生のことばが印象的であった。「教師になれば、外国につながりのある子どもやセクシャルマイノリティの子どもと必ず出会う。哲さんのように、多くの友人とともに強く生きている大人もいると子どもに伝え、自分の生き方を自分で選択できるように手助けしたい」。教員養成大学の学生らしく、今の学校社会が決して「単一血統」「単一言語」「単一文化」でないことを承知し、教師としてどう関わっていったらよいかを記している。

　実は、徐氏の論文では最後に、現在の韓国には移住外国人労働者をはじめ、数多くの定住外国人が生活し、韓国人と外国人との間に生まれる子弟も増えていく中、今後朝鮮語がさまざまな背景をもつ別の言語と接触することで混淆・変容していく可能性がある、このことが「国民多数の間に無意識に根を張っている国語ナショナリズム」を突き動かし、南北分断を克服することで朝鮮半島という場に「新たな多言語・多文化共同体」を思い描きたい、と述べている。そして「このようなユートピア像さえ思い描けないとすれば、せっかく植民地支配を受けた甲斐がないではないか」と結ぶ。韓国のみならず日本国内も1990年の入管法の改正以降、外国籍住民が増加している。筆者の居住する愛知県はその比率が全国でも高く、2011年は12月末現在の2.71％は東京に次ぐ2位となっている。その児童生徒の実数も極めて多い。稀な例だが、2012年度、在籍外国人が全国で191人中110名程度（60％）の小学校や、全国では50％程だが低学年に向かい増加し1年生で62％となっているような小学校もある。このような学校現場を前にして、「自分の生き方を自分で選択できるように手助けしたい」という学生の思いは貴重である。また、別な学生も「それぞれ一人ひとりが持った個性をお互いに尊重しあい、人との関係を大切にする。多様性を受け入れるのがいかに重要かを子どもたちに伝えていきたい」と取材後記で記している。

　日本においても、単一民族国家観に起因する国語アイデンティティを

脱し、互いの言語的、文化的違いを認め合い共生する社会が今求められている。その契機が外国籍住民であり、学校現場で共に学び合う外国人児童生徒であろう。翻って、植民地教育史研究の成果がそのような社会に貢献するものでなければ「せっかく植民地史研究を続けた甲斐がないではないか」と、自戒を込めながら提起して、この稿を閉じる。

Ⅰ．シンポジウム

植民地と新教育
―― 1930年代を中心として ――

シンポジウム開催趣旨

西尾達雄＊

　2011年6月にシンポジウム「植民地と新教育～1920年代を中心として」を開催した。
　このシンポジウムのコーディネータを務めた佐藤広美は、
1) これまでの新教育研究の特徴を踏まえて「植民地と新教育」を研究する意義を確認し、
2) 10年代の日本における新教育と体制危機との関わりから20年代の新教育の展開と30年代の新教育の「変質」との繋がりを問い、
3) 民本主義者吉野作造の批判意識と比べて、なぜ新教育あるいは教育の側からの植民地への批判意識が欠如したのかを問う、

という課題意識を提示した。
　これに応えて、三名の報告者が、当時の「教育会」の機関誌である『台湾教育会雑誌』（岡部芳広）、『文教の朝鮮』（韓炫精）、『南満教育』（山本一生）にみられる1920年代の新教育に関わる論文や記事を分析し、地域間の違いや共通性などを導出した。
　限られた資料から上記の課題を解明することは困難であるが、ある特徴を明示するものであったと考える。
　まず一つは、台湾、満州では1927年以降雑誌に掲載される論文等が急激に少なくなるということである。その背景の検討が今後の課題の一つである。
　もう一つは、三つの地域ともに新教育の影響を受けた実践が確認できたが、それらは主として現地の日本人教育として実施されたことである。なぜ日本人だけであったのか、検証する必要があるということである。

＊北海道大学教員

さらにもう一つは、新教育に対する政策的対応の相違であった。満州では「現地適応主義」の立場から行政機関が副読本を作るなど積極的に政策として推進したのに対して、台湾や朝鮮では「上からの政策としてではなく下からの現場の実践」として展開したことであった。この違いが何を意味するのかを解明することも課題として残されている。
　ここで示された「教育会雑誌」を通してみた植民地における新教育の影響を一つの成果と捉えながら、さらにもっと広い視野から各地域における20年代の新教育運動に対する理解を深め、さらに30年代以降の展開過程を見ていきたいと考えている。
　そこで、今回のシンポジウムでは、
1) 30年代の日本、台湾、朝鮮における学校と社会における教育の発展状況を押さえながら、
2) それぞれの地域で新教育運動がどのように展開し、
3) 20年代までとの違いがあったのかどうか、
4) あったとすれば、その相違の意味が何なのか、それは「変質」といえるのかどうか、を考察し、
5) これらを踏まえて地域間相互の影響を比較検討したい、
ということが趣旨である。
　演者には、台湾については、大阪大学大学院言語文化研究科・准教授・林初梅氏を、韓国については、韓国独立記念館独立運動研究所・研究員・尹素英氏を、日本については、国立公文書館・公文書研究員・永江由紀子氏を迎えて、それぞれ、以下のようなタイトルで、発表をお願いしている。

林初梅氏　「1930年代植民地台湾の郷土教育の一側面」
尹素英氏　「1930年代の植民地朝鮮における新教育運動の変容―簡易学校を中心に―」
永江由紀子氏　「1930年代における「新教育」―新教育協会の活動を中心に―」

　前回明らかになった地域的な差異が、30年代においてどのような特徴を示すのか、演者からの問題提起を踏まえて、活発な討論が行われることを期待するものである。

1930年代植民地台湾の郷土教育論の一側面
―― 在台「内地」人児童の郷土化と
台湾人児童の日本化をめぐる葛藤 ――

林　初梅*

はじめに

　台湾での郷土教育の起源は1930年代の「教育の実際化・地方化」に遡る。郷土教育に相当するこの「教育の実際化・地方化」を導入させた原因はまだ十分に解明されていないが、植民地宗主国・日本の郷土教育運動からの影響だと捉えられる[1]。

　日本「内地」の場合、郷土への関心を急激に高めたのは、昭和初期の郷土教育運動であった。その点については、すでに外池智と伊藤純郎の研究がある[2]ため、ここで詳述しないが、本論文の注目点となる郷土教育論の問題について触れておきたい。

　当時の郷土教育運動には二つの流れがあった。一つは愛郷心、愛国心の涵養を目的とする主観的心情的郷土教育論を主張する文部省・師範学校系統の実践であり、もう一つは、客観的事実としての郷土を対象に郷土観念の啓発を目的として科学的郷土教育を主張する郷土教育連盟の実践であった[3]。郷土教育は、郷土を教育の目的或いは方法のいずれかとして扱う教育であったと考えられる。

　従って、郷土教育の思潮は教育上の直観主義から来たものの、昭和期に入って、二つの大きな原理の上に立っていたと捉えられている。すなわち、方法的原理としての郷土教育と、目的的原理としての郷土教育であった。その二つの原理は、「教育の郷土化」と「郷土の教育化」であると呼ばれることもあるが、本稿では、「直観教育としての郷土教育」と「国民教育としての郷土教育」と呼ぶことにする。前者は、何かを教

*大阪大学大学院准教授

えるにあたって郷土すなわち身近な生活の場に教材を発見し、それを授業に利用するという教育方法に重点が置かれ、後者は目的的原理に立つ郷土教育で、郷土意識を培養し、郷土文化の創造を目標とし、ひいては愛郷心愛国心の涵養へと発展させることを目的とするのである。

　その目的的原理に立つ郷土教育について、筆者は、『「郷土」としての台湾』など、いくつかの論文で、愛郷心、愛国心の育成と台湾の郷土教育という観点から論じてきた。すでに指摘してきた論点は、日本統治時期の台湾において郷土を深く学ぶことが、国家統合に資するのか、妨げになるのかと言うことであった。その議論もまた、日本「内地」での論争とパラレルのものであった。当時愛郷心、愛国心の育成問題に当たって、日本「内地」の議論では、郷土教育に対する懸念も指摘されていたのである。郷土教育は一つの郷土から見れば、国土の他の地域を異郷として自己と対立的地位に置くという性格をもつものだからである。言い換えれば、郷土教育によって郷土の現実生活に即することを主眼として行くと、ついには国民形成の教育ということが無視される可能性もあるというわけであった。

　そのような懸念に対して、当時の論者が、郷土と祖国との関係に立脚して、郷土教育が国民形成と矛盾するものでないことを主張した。その主張の立脚点は同心円論であった。児童の成長に従い、「身近な郷土→地方→国家→世界」と郷土の範囲設定は同心円的に拡大し、それに伴い、郷土愛も愛国心へ至るという考え方である。実際のところ、愛国思想の根源を郷土愛に求めるという、そのような国民教育指向の論理は、当時の人々にとってはきわめて説得力のあるものであったようである。そして、台湾の郷土教育においても大きな影響を与えたと見られる。その背後には、郷土教育が単なる郷土理解、生活への接近に資するだけでなく、国民形成に資するものであり、国家意識の体得に帰結されるという期待があったのである。郷土教育の底流には、郷土からまっすぐに国家へと繋がっていく形があり、国民形成としての教育の側面があると主張されていたといってもよいだろう。

　しかし台湾の場合は、国民教育指向の郷土教育の実施が「内地」よりも深刻な問題として現れていた。日本本土から遠く離れた地にあり、歴史、言語、文化を異にする大きな異民族集団が国民として存在していた

からである。すなわち、日本「内地」から植民地台湾に渡った郷土教育は、日本「内地」では出会うことのなかった国民統合という大きな問題と向き合わなければならなかったのである。そのため、身近な郷土、郷土教育がナショナル・アイデンティティへの追求と矛盾するものではないことを如何に論証するか、ということは避けて通れない克服すべき課題であった。

以上の点は、すでに筆者がいくつかの著作で取り上げてきたものである。しかし、日本「内地」の郷土教育論が1930年代の台湾へ導入されるに当たって、初期の段階で植民地における郷土という問題がどのように議論されたかについては、まだ十分に検討してきたとは言えない。そこで、小論は、すでに筆者が解明してきた台湾の郷土教育の特殊性を紹介するとともに、日本「内地」では、そうした問題がどの程度予期されていたかについて、当時のいくつかの論考をもとに検討する。

第一節　日本「内地」の郷土教育論の展開にみる　　　　　直観教育と国民教育の二面性

日本「内地」で郷土教育が広く世に注目されたのは、台湾で郷土教育が展開され始めるのとほぼ同じ時期の1930年代であった。日本「内地」で郷土教育が提唱された理由としては、経済恐慌により疲弊した農村を立て直す自力更生の精神を生み育む方途であったと一般的に捉えられている。

しかし、日本「内地」の郷土教育はもっと時代を遡るものであり、児童中心の理念を主張する大正新教育から強い影響を受けて発展してきたということができる[4]。当時の郷土教育に携わっていた文部省嘱託の小田内通敏によれば、1930年代に郷土教育が広く注目されるようになった理由は、第一に明治初年以来欧米の教育制度や教育組織を模倣してきた結果から生じた弊害に対して、国民自らに反省が生まれてきたことであった。第二に従来の画一教育、知識偏重の教育に対する反動として教育の地方化・実際化を図ろうとした結果であるということにあった[5]。民俗学者・柳田国男の1920年代末当時の指摘も、大正新教育における郷土の扱いが、地方化、実際化において不十分であったことを裏付けて

いる。

　　　明治になると世は挙つて欧化の時代となつて（中略）郷党の教育もこの運命からのがれることが出来ずに捨てられて、洋式の教育なるものが之に代つたのです。その洋式の教育とは如何なる教育であつたか。即ち書物による教育である。文字をとほして論理的に抽象的にものごとを考へ、教へる教育であつた。子供の日常生活との交渉や又郷土との関係などを考へる教育ではなかつた。更に悲しむべきことは、この新教育に携はつた先生の多くが郷土の人ではなくて、他所から来た人々であつた。このことは一層新教育を禍した。その土地に何の理解も愛着も感じない先生が行つて、その土地の子供を教育しようといふのであるから多くの困難のあることは言ふまでもない。（中略）思へば遺憾の極です。せめて新教育を助けるものとして郷党の教育が残つてくれてゐたならば、今の様な結果にならなかつたのではないかと思ふ。[6]

　柳田の新教育に対する批判は、「郷土から生え出た実際教育」[7]の重要性を主張するものであった。柳田のことばから分かるように、郷土教育論者によって提唱された教育の実際化・地方化は、それまでの教育の問題点を改善するための方策であった。言い換えれば、郷土教育は実地観察、直観教育などの特性が現れたものであった。
　日本「内地」で郷土教育が提唱された理由として、当時さらに8点が挙げられていた。すなわち、①主知主義に対する反動思想、②労作主義の教育、③教育の地方化実際化の思想、④郷土愛の精神、⑤近来勃興した方言、伝説、民謡等の研究精神、⑥地方開発の思想、⑦ドイツにおける郷土教育の興隆の影響、⑧文部省の奨励[8]、とある。
　そのように1930年代に注目された日本「内地」の郷土教育は、総じて言えば方法上の教育であった。すなわち、主なる関心が教材の郷土化によって児童にとっての理解を明確にさせるという点にあった。
　しかし、郷土愛の養成、そしてドイツからの影響などの点を見れば、目的的な部分もすでに秘めていたと考えられる。当時、日本の郷土教育に多大の影響を与えていたドイツの郷土教育は、ドイツ文化意識を統一

して国民を形成するために、教育の重心を郷土科中心の合科教授に置こうとしていた[9]。そのためドイツの郷土科設置の動きに追随した日本「内地」においても、愛郷心を涵養し、有為なる郷土人を養成しようとする目的論の立場をとる論者が現れていた。例えば、当時奈良女子高等師範教授の小川正行は、従来の直観教授が「断片的な知識」の蒐集に腐心していると非難し、主観的郷土教育論を提唱していた[10]。つまり、郷土教育論の主張は単に教材の断片的理解に満足せず、郷土事物の統一ある理解を基礎としていたのである。小川の主張は、直観教育からこの郷土教育を区別しようとしたものだった。当時、「結局従来の即ち小川氏の非難される直観教育と所詮同一のものであるといふより他はない」[11]と批判されることもあったが、その主張は、後の展開から見れば、方法的原理を離れて、国民形成としての教育という方向に向かうものであった。

小川の主張は、1930年代に台湾で展開される郷土教育運動を考える上では大変に示唆的である。すなわち、台湾の環境は、目的的な郷土教育の必要性を、多くの教育者に考えさせるものだったからである。

ただし、冒頭で述べたように、国民教育としての郷土教育という方向にも大きな問題点が存在しており、すでに日本「内地」でその問題が議論されていた。すなわち、国民を形成するという方向が見える一方で、郷土を国家と相対化させるという懸念であった。1930年代の日本「内地」の郷土教育は、そのような二重の可能性の上に成り立っていた。郷土教育は国民を育成するという考えと、郷土教育は国民を国家から乖離させ偏狭な郷土愛に陥れるという考えの二つが対峙しようとする直前にあったかのようにみえる。

それゆえ、植民地における郷土教育の実施は、場合によって地域主義へ発展する可能性も十分あると考えられる。それが原因として結びつけられるかは不明であるが、1930年代当時、日本「内地」では植民地台湾の郷土教育についての言及は殆どみられない[12]。台湾における郷土教育の実施、とくに国民形成という論理の展開にはむしろゆがみが生じると捉えられる可能性があったのではないだろうか。

その意味で、1914年に保科孝一によって提起された郷土教育論は注目に値する。保科は国語学者・教育学者でもあり、ドイツ留学の経験を持つ人物である。台湾での郷土教育の展開は、日本「内地」では十分に

予測されていなかった時代だが、そのような保科は、この時期すでに植民地における郷土教育の価値を提唱している。

　国民の形成という点で楽観的な見通しをもった保科は、児童の興味を引き起こすため、名所古蹟などの直観教授の必要性とその教育的効果を主張し、郷土教育が愛郷愛国精神を養成する上で重大なる価値を有するとしている。そして、植民地における郷土教育の実施を肯定的に捉えていたのである。具体的には、以下のようにドイツにおける郷土教育の価値と利用状況について論じていた[13]。

　　独逸政府がポーランド人を教育するために、編纂した国語読本に種々の郷土教材があつて（中略）、ポーランドに対するフリドリヒ大王の仁政を述べて、彼らを自から悦服せしめる方策を取つてゐるのである。

　　郷土教材は精神教育に資するところ頗る大なるものがあるがゆゑに、独逸政府は之れを植民地の教育に利用してゐるのは、大いに学ぶべきことであらう。我邦においても、朝鮮台湾及び樺太のごとき新附の属地に対し、統治の政策上郷土教育を善用することは、策のもつとも得たるものと思ふ。

　すなわち、朝鮮、台湾及び樺太など新しい領土に対し、郷土教育を利用するという視点である。支配者の仁政を提起することによって、被支配者は自ら悦服するという郷土教材の統治上の効果に注目している保科は、郷土教育を用いて、異郷・異文化の意識を統合することが可能であると考えていたのである。ここで重要なのは、国民統合という視点から郷土教育を提唱している論者の間には、郷土研究、郷土教育を介して異郷・異文化を一つの日本へ統合しようという志向性が存在していたということである。次節で述べていくように、1930年代台湾の郷土教育においてもそのような国民指向の論理が展開されていたのである。

第二節　1930年代植民地台湾の郷土教育論にみる特殊性

　1930年代の台湾には、日本「内地」の郷土教育論が流入した。すでに拙著（2009）[14]で論じたことだが、直観教育と国民教育の二つの側面が見られるという点では日本「内地」と共通していた。ただし、植民地という特殊な環境が教育上に種々の影響をもたらし、困難を引き起こしていることは、論者によって論議されていた。それは、在台「内地」人児童や台湾人児童に、いかにして郷土教育を施すかという問題であった。

　台湾の場合、「内地」の郷土教育運動への対応は、地方政府を主体として行われた「教育の実際化・郷土化」という動きであった。その狙いは、台湾における知識偏重の画一的な教育を改善するために、日本「内地」の郷土教育運動の動きを台湾に導入して、教育の地方化を図ることにあった。

　ただ、そこに台湾の特殊性が現れていた。1930年代当時、法規（学校規則）による郷土教育の提起はきわめて少なかったが、学校現場では郷土室の設置、郷土調査の実施、郷土読本の編纂がかなりの程度行われていた。当時、郷土教育で取り組まれた「郷土」とは、児童の生活範囲を中心とする場所であり、「生地」「故郷」ではなく、生活地域と「イコール」で結ばれる関係にあった。「内地」生まれの「内地」人の場合であっても、郷土は日本「内地」の出生地ではなく、生活している台湾の現地が郷土だと捉えられた。ただし、それと同時に、郷土教育の目標に国民育成へ導くことが掲げられた。すなわち、国土としての日本への接続の回路も同時に設けられていた。そうしたことをふまえ、ここでは、台湾人児童に対する教育が、「内地」人児童に対する教育とどのように異なっていたかをみていきたい。

（1）日本国民の育成における相違

　次世代の日本国民をいかに育成するかという点で、「内地」人児童と台湾人児童に対するアプローチの違いは明確に現れていた。すなわち、「内地」人児童には、台湾を郷土として認識させることが必要であり、また台湾人児童には日本を祖国と認識させることが必要であった。

その点について、まず、「教育実際化と学校経営」に関する『大阪朝日新聞台湾版』の記事を通して検討することにしたい[15]。1936年3月3日から10日間にわたって連載された論文であるが、郷土教育の実施に当たって「内地」人、台湾人、原住民に対する指導が異なるというメッセージが示されている。3月3日付けの記事の冒頭には、以下のような内容が掲載されている。

　　台中州ではさる昭和六年全州下百五十の小、公学校をもつて教育実際化研究会を組織し、五ヶ年計画をもつて研究を継続してきたがこれが総決算をなす州主催の教育実際化研究発表大会および公学教授実施はこのほど台中市村上公学校において、深川総督府文教局長、日下州知事ら臨席、代表参加者五百名出席、全島教育界注目のもとに開催されたしかして<u>台湾生れの母国人児童―二世の教育を如何にするか、新付の民、本島人児童を如何にして真の日本国民に養成するか、また原始民族である蕃人児童の指導啓培は如何にして行ふか、これら台湾教育界の最大重要問題について</u>過去五ヶ年にわたる貴重な体験に本づく研究発表が各部代表十一校長によつて行はれた、以下掲載する十一校長の論文は同大会における研究発表の内容を各校長が大会後纏め上げて本社台中通信部に寄せられたものである
　　　　　　　　　　　　　　　　　　　　（下線は引用者）

※「本づく」に「ママ」の注記

　各論考は台中州管下の小学校や公学校の校長によって書かれたものであり、その殆どは、直観教育を主張していたが、そればかりでなく共通して「日本という大郷土」を強調し、郷土台湾の延長線には国土日本が位置づけられると強調している。直観教育を用いながら、日本国民を育成するという教育観は、日本「内地」と共通しているが、論考の下線の内容に示されているのは、植民地台湾における郷土教育の教授は、「内地」人、台湾人、原住民の児童にそれぞれ適する内容を苦心している様子が見られるということであり、台湾における郷土教育の実施に当たって「内地」人、台湾人、原住民に対する指導が異なっているというメッセージである。
　「内地」人と台湾人児童に対する指導の差異に関しては、1934（昭和

9) 年度、台中州主催の「教育実際化」研究会[16]の内容からも読み取ることができる。1934年に開かれた台中州主催の「教育実際化」研究会は、「学校経営」がテーマであった。小学校の部会は同年1月23、24日に当番校の豊原小学校で、公学校の部会は同年2月5、6日に当番校の彰化第一公学校で開催された。研究会は、おおむね①当番校の公開授業、②知事代理として内務部長が訓示、③当番校の発表、④学校経営の実態について各市郡代表が発表、⑤「当番学校の施設並児童調査」についての報告、⑥質疑応答、⑦州視学官、総督府視学官の講評、という流れで構成されていたが、小学校と公学校の研究会が別々行われていたことは注目に値する。実際、州知事訓示要領には小学校児童と公学校児童に対する郷土教育の対策が異なるというメッセージが現れている。それぞれその一部分を抜粋する。

　　抑も本島の小学教育は、其の目的に於て内地のそれとは何等異る所はないにしましても、児童の生活環境に於ては全く其の趣を異にして居るのであります。(中略)この特異性に向つて、之が対策としての具体的な実行方案を樹立することが本島小学教育の要訣でありまして、小学校に於ける教育実際化の第一の狙ひ所は此にあらねばならぬのであります。<u>之が為には単なる知識の注入概念の授与に終始することなく、何処迄も児童の実生活と生活環境に即する教育に依らねばならぬことは申す迄もないことであります。</u>[17]
　　　　　　　　　　　　　　　　(州知事訓示要領、下線は引用者)

　　公学校教育の対象たる本島人児童は、風俗習慣を異にし、伝統を同じうしない関係上、之が徹底には容易ならぬ困難が伏在して居ることも拒めない事実であります。(中略)<u>公学校の教育実際化に於て、この民族的性質を有する児童の生活を指導して日本化せんとする方法原理の具体的研究と其の顕現に努めて来た所以は此に存するのであります。</u>[18]
　　　　　　　　　　　　　　　　(州知事訓示要領、下線は引用者)

以上に言及された指導内容の違いは、台湾人児童には日本化という点

が加えられていることである。「郷土」の概念自体は、生活空間の郷土台湾から、概念の外延的意義の国土日本まで解釈されており、一見して日本「内地」で展開された郷土の概念と変わらず、また「内地」人児童と台湾人児童との間でも違いはない。ただ、前者は実生活と生活環境に即して「内地」人児童を郷土化しようとすることが目的で、後者は異なる民族性を持つ台湾人児童を日本化しようとすることを意図していたのである。郷土台湾に対する在台「内地」人の愛着心と日本に対する台湾人児童の認識が不十分だということが問題とされたのではないか、と筆者は考えている。

「州知事訓示要領」にはこれ以上具体的な方策が示されていないが、研究会終了後の質疑応答のとき、その実践方法が提示されており、公学校と小学校に違いが現れていた。公学校の場合、とくに「国語」の普及方法、「国民室」の経営に関する郷土教育の実践が印象的である。すなわち、

　　質問：児童の家庭生活をして国民生活に浸馴せしめた点如何。
　　答え：「弟妹に一語でもよい、国語を教へて上げなさい。」と常に此の方面に努力する。尚暁天参拝は一年も参加する為め、一年の父兄が付添ふて児童と一緒に参拝するやうになつて来た。（略）
　　質問：国民室経営上将来への計画如何。
　　答え：（略）日本間を造つて児童に親しませ、国民生活様式に馴れさせたい念願である。（pp.14-15）

「国語」の普及方法や「国民室」の設置によって台湾人児童を日本化しようとしたのは、教育の実際化・地方化の理念と大きな隔たりがあると感じ取れるが、実物の体験により、日本語、日本間に対する親しみを持たせようという意図であろう。

一方、小学校部会の質疑応答では、「内地」人児童に対する国民的精神の涵養の問題が取り上げられており、印象的である。質問は「国民精神の養成について小学校は如何なる取扱をしてゐるか」というもので、以下のような答えが返されている。

内地にゐる内地人と島内にゐる内地人との差異を見極め、国民精神涵養上の缺陥の除去と補充とに努力する。歴史上の遺跡神社に乏しく、祖先の墓がなく、祖父母が同棲せず、祖先崇拝敬神といふやうな精神の涵養上に困難があるから、此の方面に対する施設並に取扱には特に努力してゐる」(pp.10-11)

日本「内地」の環境と異なる台湾では遺跡神社が乏しく、祖先の墓がなく、祖父母が同棲せず、祖先崇拝敬神というような精神上の涵養が困難であることが指摘され、在台「内地」人児童の郷土教育には更なる工夫をしている、と自身の体験を述べている。「内地にゐる内地人と島内にゐる内地人との差異」というように、植民地台湾では、「内地」人というカテゴリのなかには、さらに在本土「内地」人と在台「内地」人の二分構造が存在しており、郷土教育の実施に関して、在台「内地」人児童に対しても種々の難題があることがはっきりと指摘されたのである。

そればかりでなく、在台「内地」人児童にとって「郷土」とは何か、ということも問題視されていた。この点については、台南州土庫公学校教員・新庄輝夫の論考から読み取ることができる。児童には生まれ故郷と生活地域の両方があること、及び官吏の生活が転々として一つの地域に定住することがないこと、また接点のほとんどない日本「内地」が郷土なのかということが、問題として指摘されている。

私は瀬戸内海に臨む一寒村に生れたが、物心のつく頃台湾に渡り台南州に住すること十幾年、生れ故郷には今日親戚の二三を除いては知人もほんに数へる位しかない有様でもやっぱり折に夢は故山に通ふ。鎮守の森や盆踊、魚釣りは忘れられない。客観的の郷土は台湾の台南州であるが、主観的の郷土は瀬戸内海の一寒村である。斯様に私にも二つの郷土がある。しかし何れも無理のある解釈であることは言ふまでもない。殆ど接触交渉をもたぬ生地をば郷土といへようか、又客観的見方に立つ時浪々転々として片時も一所に定住することのない台湾の官吏を父兄にもつ児童には郷土があらうか。外延的意義にさへかう苦しめられるのである。[19]

植民地台湾において教育者が直面していた問題は、台湾人児童に日本本土と殆ど接点がないことのみならず、頻繁な転居により「内地」人児童の、土地に対する定着性が薄いこともあった。それゆえ、郷土愛（郷土台湾）から国家愛（国土日本）へ発展していくとする郷土教育論の実現には日本「内地」よりも大きな課題があったといわざるをえない。

（２）郷土教育の学習内容にみる相違

台湾では郷土教材の内容をめぐって日本「内地」とは違う様々な葛藤が現れていた。当時、郷土教育の実施過程において郷土の定義、郷土の範囲、郷土史の取扱いについての問題が多く言及されるようになると同時に、台湾的な郷土の要素を如何に取り扱うべきかの問題も顕在化していた。

総督府視学官の大浦は1934年に次のような意見を示している。

> 環境調査・郷土調査は至極適当であるが、郷土を如何に生かすかを考へて材料の選択取捨に注意し、郷土の拡充＝郷土愛＝国家愛へと進まねばならぬ。[20]

公学校の関係者に対して発信したこのメッセージは、環境調査と郷土調査が適当な教材であると示されているが、重要なのは、郷土教材の取捨選択をしなければならないという見解であった。大浦はさらに「小学校の教育指導案をそのまま公学校教育に適用しても価値が少ないものではあるまいか」[21]と述べ、「内地」人児童と台湾人児童に対する教育内容の考慮は同様でないことも主張している。

そこで、ここでは郷土教育の学習内容についての主張を、（ア）郷土調査の実施、（イ）郷土史取扱い、の二点から確認することとしたい。

（ア）郷土調査の実施

当時の小学校教育、公学校教育とも、郷土とは、生活地域に即した「郷土」のことを指す、ということが主流であり、実地調査に関しては、「内地」人、台湾人児童を問わず、いずれにおいても郷土調査の重要性が唱

えられた。また、台湾の居住地を郷土として地理的観点から教えることについてもすでに広く認められていた。

当時は学校教員による郷土調査がかなり広く行われており、二林公学校の「我が校の郷土調査」、鹿谷公学校の「本校の『郷土かるた』」、豊原公学校の「我が校の郷土調査」、台北第一師範学校附属小学校の郷土調査はその好例であった。これらの学校の実施内容について、詳細は拙著（2009）[22]で述べているので、ここで花蓮港高女教員の鈴木喜蔵の郷土地理論授業に対する生徒の感想文を例として紹介する[23]。

> A子：略、郷土地理通論の例が米崙、タツキリ渓等である為私等の観察力が旺盛になり非常に学習に興味が湧いた。終りに之を学んだが故に郷土を理解し郷土愛の精神を涵養するといふ点に於いて役立つた。尚希望として、郷土地理通論の方に今少し力を入れて頂き度いと思ひました。

> B子：教科書は台湾と関係のない内地の例が記入され、理解に苦しむも、郷土地理通論は我が花蓮港に就いて述べてあるから容易に理解され実際に観察され、比較対照して益々その説明が明確となつた。略。郷土の地理に何だか不可思議な面白味が持たれて来た。

A子とB子が「内地」人だったか台湾人だったか断定できないが、「内地」人教員によって花蓮の実地調査が行われていたことが分かる。感想文にはさらに、実地観察、調査によって学習に活気あり、旅行見学に際し実地を地理通論と結び付けて興味が湧いてきて、郷土を理解し、郷土愛の精神を涵養するという点において役に立ったと述べられている。

二林公学校、鹿谷公学校、豊原公学校、台北第一師範学校附属小学校などの例も含め、それらの実践例から分かるように、当時、教育の実際化を図るにあたって児童の生活している郷土の調査が行われていた。そして、「内地」人と台湾人児童を問わずに、生活範囲、学校周辺を郷土学習の対象としての調査は、自らの郷土生活の発展向上を図ったものと理解できる。

(イ) 郷土史の取扱い

　しかし、郷土を地理的に扱うことは問題ではなかったが、歴史的に扱うことについては問題が発生していた。当時、日本領台以前の台湾の歴史は日本の歴史の中にあるとは見なされておらず、そのため、どのように扱うかが問題となったのである。その点を巡って議論があったが、結果的には「内地」人児童に対しては台湾に関する歴史をかなり教えるのに対して、台湾人児童には日本と関連のある歴史的事象以外はあまり教えないということに落ち着いていった。

　郷土史の取扱いについては、当初から肯定論と否定論があり、公学校の場合には否定的な意見が多く、小学校のほうは肯定的な意見が多いという傾向が見られる。拙著『「郷土」としての台湾』で、その問題をすでに取り上げているので、ここでは概略のみをみることにしたい。前述した花蓮港高女教員の鈴木喜蔵は次のように述べている

　　　台湾に於ける郷土史を取扱ふ場合に領台前及び領台後とに分ち、領台前の無所属暗黒時代及び不統一なる悪政時代を学ぶ事は却つて領台後の光輝ある幸福な御代を自覚せしめ、誤まれる本島人をして感謝悦服せしむる事を得べく、領台後の歴史を学ぶことにより、吾等先輩の功績をしのび、以て郷土を愛護発展せしめんとし併せて御聖旨に答へ奉らんとする所の意図を養ひ得るに至るのである。[24]

　領台前の郷土史を暗黒面とし、領台後の郷土史を光輝ある一面とし、どちらも学習させる意義があると主張したこの論考は、第一節で取り上げる保科孝一の見解と同工異曲であると感じさせられる。つまり、植民地における郷土史の実施を肯定的に捉えているという認識であった。

　郷土史の実施を否定的に捉える立場の論考として次のような論考もある。それぞれ主要なものを挙げておきたい。

　北畠は、領台以前の歴史は基本的には国史の範囲に入らないと考えていた。台湾本島の郷土史的教材については「常に本島の歴史を物語る史料としてではなくして、あくまでも国史の主流を保持し、国史教育の一部分の教材として慎重に取扱はれなければならない」[25]と述べていた。

　また、宮島虎雄は、昭和十一年の『台中州教育』で郷土史は、あくま

でも国史との接点のある部分のみを取り上げるとして、次のような見解を示していた。

> 郷土資料を如何に表はすか。(略) 国史科では或時代に於ける郷土の状況を明らかにし、又ある事件と郷土との関係を明らかにすることである。一体に台湾史は日本歴史と合流してゐる点だけを採り入れ、台湾史でなくとも国史に関係ある郷土行事との連絡を示したい。[26]

一方、郷土史取扱いを肯定的に述べたものはおもに小学校のサイドである。昭和八年に台南州花園尋常小学校が刊行した『小学校における国史教授の実際的研究』は、「国史教授上我等の特に力強く主張する点は、日本主義の体認発揚と云ふ事である」[27]ことを強調した上、次のように郷土に立脚した国史教授を主張していた。

> 国史教材は皆過去に属するものにして、之を児童の直観に訴へて教授し得るものが極めて少ないが故に史実の理解も少なく、彼等の生活と没交渉な場合が多い。郷土に立脚したる取扱をなすことによりて、直観せしめ得る遺跡遺物を示してなすことも出来、逸話、伝説等も具体化の材料となし、教材類似の郷土史料をも利用して史実の理解を助ける。[28]

この論考では、郷土史の強調は国史の一環としての郷土認識のためであった。そして、次のような歴史の流れも提起されていた。

> イ．日本人の海外発展（属領不定時代における）と本島の白然(ママ)との関係。ロ．西洋人本島をして東洋貿易の根拠地たらしめんとす。ハ．鄭成功の拠台と台湾の経営。ニ．清国の本島領有。ホ．領台後の植民事業。[29]

上記のように、領台以前の古蹟、非日本的要素も数多く列挙されていることは、当時の郷土史の言説としては異例の存在であったが[30]、それ

は、「内地」人児童を教育対象の主体とする小学校の場合において、台湾という「郷土」の認識を強化するという点が重視されたことを示すものである。

　領台前の郷土史が否定されなかったのは、当時の在台「内地」人児童に対して、郷土教育の方法的意義を認められたことが一因であろう。同書ではそのことを次のように述べている。

> 本島に於ける小学校児童の家庭であるが、一般に生活に緊張を欠き、其の土地への固着性が薄い。（中略）。かゝる関係上児童は現在自己の住む土地を郷土として親しみ愛する念に薄い。而して愛国心は愛郷心より出発するもの である以上教育上児童の愛郷心を強める事は重要な事でなければならない。本島小学校に於いては此の点に充分考慮を払はなければならない。[31]

　このように在台「内地」人児童の郷土認識の必要性が深刻な問題であると認識され、郷土教育による「内地」人の郷土愛形成が図られたことを読み取ることができる。在台「内地」人児童に対して郷土史教授を取り入れたのは、国史理解のための直観教材であり、また郷土台湾への愛着心を育成するためにも用いられていた。それらの実践によって在台「内地」人児童の郷土化が深まることになっていったのではないかと考えられる。

第三節　考察

　1930年代の郷土教育は、大正新教育から発したものであり、直観教育と国民教育の二面性をもっているが、まだ国民育成の方向を採ることは定まっておらず、大正新教育の色彩を色濃く残していると言える。

　国民育成という課題を達成できていないと主張されたとき、多くの教育者は、地理的な同心円理論などを使って反論した。その反論とは、郷土教育が国民形成に強く結びつく、という論理である。しかしながら、郷土教育は、大正新教育から発した以上、国民形成という国家の目的と

は別次元の存在であった。郷土教育の誕生のいきさつを考えれば、むしろ国民形成と結びつけて存在意義を考えることの方が本来の郷土教育からの飛躍があったと捉えるべきである。

台湾における郷土教育は、国民形成という論理が展開されたことで、むしろゆがみを生じたと捉えることが可能ではないだろうか。すなわち、台湾人に台湾の歴史を教えないという選択肢は大正新教育における児童中心主義的な発想からは現れにくいものだと考えられる。

台湾に郷土教育が導入された1930年当時、日本「内地」においてすでに国民統合という視点からの郷土教育の意義はかなり広く認識されており、しかも植民地を持つ日本にとって、それは重要な教育課題であったのである。恐らく当時の郷土教育は、多様な郷土を一つの日本へ統合しようと収斂させていくような役割を果たしていたのではないかと思われる。

しかし、植民地という特殊性により、「国民教育としての郷土教育」という側面は、日本「内地」における郷土教育運動の展開とは異なる歩みを見せた。当時、植民地台湾において、郷土台湾から日本全土へと広がる国土認識の学習理論の実現には解決しなければならない課題があった。つまり、実際の教授において郷土愛から如何に日本精神を強調する国民教育へと発展させるか、また、「郷土」と「国土」との関係がどのように成り立つと理解させるか、という点は避けることのできない課題だったのである。

それ故、日本「内地」との相違点についていえば、台湾における「国民教育としての郷土教育」の側面にはさらに二つの側面があったと筆者は捉えている。すなわち、台湾人児童の郷土意識を育成して日本全体への愛国心へと結びつける側面（台湾人児童の日本化）、及び「内地」人児童に対して台湾を自分の郷土とする意識を育成して愛国心へと結びつける側面（在台「内地」人児童の郷土化）であった。具体的にいえば、当時、在台「内地」人児童の郷土意識を養成するため、郷土台湾の歴史を学習させる必要があると提起されていた一方、台湾人児童の国家意識を養成するため、国史と関連性のない郷土史は排除すべきであると主張されることになった。

それは日本「内地」にない台湾特有の問題であった。そのような二つ

の側面を抱えながら、郷土と国家、愛郷心と愛国心を児童の心の中で結びつけるため、国史に結びついて郷土史が教授内容に位置を与えられ、日本「内地」との一体性を、曖昧ながらも生成する役割を担っていたと考えられるのである。当時、公学校編纂郷土読本の叙述は、産業面、経済形態、近代建設、文化面、環境面に関する実地調査に重点が置かれ、そして一部の小学校の郷土読本に、郷土史が詳述されているのは、そのような教育観の反映だったと理解できる。

　台湾で、日本「内地」の郷土教育が受け入れられ、姿を変えて展開されたということは、当時の台湾に発生していた深刻な教育課題の解決に、あるいは郷土教育が本質的に有効なのではないか、という期待があったのではないかと思われる。日本「内地」における郷土教育よりも、台湾における郷土教育は実質的に大きな役割を持っていたといえるのではないか。

1　林初梅（2009）『「郷土」としての台湾―郷土教育の展開にみるアイデンティティの変容』東信堂、pp.31-85。
2　外池智（2004）『昭和初期における郷土教育の施策と実践に関する研究』NSK出版。伊藤純郎（2008）『増補　郷土教育運動の研究』思文閣。
3　しかし、前掲書、伊藤純郎（2008）の見解によれば、愛郷心・愛国心の涵養を主張したのは、文部省ではなく、むしろ連盟のほうであった。
4　外池の研究によれば、児童中心の理念を主張する大正自由教育は、元来郷土教育を目指したものではなかったが、実際には児童の生活の舞台が郷土であるため、郷土を中心とした教育こそ最も児童の生活に近接した教育であると考えられていた。前掲書、外池智（2004）pp.36 - 37。なお、新教育と郷土教育との関連性については、『郷土教育別巻2』1989年、名著編纂会で収録されている論文：海老原治善「解説1　郷土教育とはなにか」pp.1-46、及び坂井俊樹「解説2　郷土教育連盟の活動と教育実践」pp.47 - 95のなかでも言及されている。
5　小田内通敏（1932）『郷土教育運動』刀江書院、p.2-3。
6　柳田国男（1928）「郷土教育その他」『柳田国男全集　第27巻』pp.552-556（『教育問題研究　全人』第28号（1928年11月1日、成城学園）pp.47 - 48）。
7　前掲論文、柳田国男（1928）p.553。
8　大分県女子師範学校（1932）『郷土教育の理論と実践』治文社、pp.12-13。
9　この点については小川正行（1931）『郷土の本質と郷土教育』東洋図書、p.175が詳しい。
10　前掲書、小川正行（1931）。
11　堀尾彦作（1930）「小川氏「郷土教育論」を吟味する―主観的郷土教育の矛盾」

『郷土』第2号。
12 郷土教育に関する代表的な雑誌―『郷土』『郷土科学』『郷土教育』の三つを調べたところ、幣原坦「台湾の郷土史料―濱田彌兵衛事件の真相」『郷土』第3号、昭和6年1月、pp.77-93、西村真琴「土と民族―霧社事件を顧みて」『郷土』第6号、昭和6年4月、pp.90-94、鹿野忠雄「台湾蕃人の郷土観念」『郷土科学』第15号、昭和7年1月、pp.34-39、などの論考が寄せられた程度であった。
13 保科孝一(1914)「郷土科について」『小学校』第16巻第12号、初等教育雑誌、教育学術研究会、pp.46-52。
14 前掲書、林初梅(2009)の第1章を参照されたい。
15 台中州主催の教育実践化研究大会「教育実際化と学校経営」に関する10篇の論文は『大阪朝日新聞台湾版』1936(昭和11)年3月3日〜8日、10日〜13日に連載されていた。引用文は『大阪朝日新聞台湾版』1936年3月3日5頁(2007年、復刻版)、ゆまに書房による。
16 花塘生(1935)「州教育研究会を鳥瞰す」『台中州教育』第3巻第3号、台中州教育会、pp.2-51。
17 前掲論文、花塘生(1935) p.5。
18 前掲論文、花塘生(1935) p.6。
19 台南州土庫公学校新庄輝夫(1934)「本島教育と郷土教育」『台湾教育』381号、pp.24-39。
20 花塘生(1935)「小学校の実際化研究会見参記」『台中州教育』第3巻第3号、台中州教育会、p.17。
21 前掲書、花塘生(1935) p.17。
22 詳しくは前掲書、拙著(2009) pp.52-54を参照されたい。
23 鈴木喜蔵(1937)「台湾に於ける郷土教育の価値」『台湾教育』417号、pp.2-10。
24 前掲論文、鈴木喜蔵(1937) p.6。
25 北畠現映(1934)「初等国史教育の本質とその使命に就いて(四)―特に公学校の国史教育に就いて―」『台湾教育』第386号、台湾教育会、pp.26-32。
26 「実際化を語る(一)」(1936)『台中州教育』第4巻第3号、台中州教育会、p.39。
27 台南州花園尋常小学校(1933)『小学校における国史教授の実際的研究』pp.195-208。
28 前掲書、台南州花園尋常小学校(1933) p.198。
29 前掲書、台南州花園尋常小学校(1933) p.202。
30 具体例としては『郷土史』(高雄第二尋常高等小学校編、1934年)、『台南市読本』(台湾教育研究会編、1939)が挙げられる。『郷土史』の場合、全編の骨子は「台湾通史」と「高雄州地方史」から構成されていることが特徴である。
31 前掲書、台南州花園尋常小学校(1933) p.5。

1930年代植民地朝鮮における
新教育運動の変容
―― 簡易学校を中心に ――

尹 素英＊

一．はじめに

　近代教育史において「新教育運動」とは19世紀末から20世紀の前半期におこなわれた自由主義・児童中心主義・主情主義・労作主義を重視した教育運動を意味する。ところが、韓国近代における「新教育」とは従来の漢学教育に対する学校中心の教育、あるいは伝統的な儒教教育にたいして大きく西欧の新文化を吸収しようとする教育を意味する[1]。それを反映し韓国近代教育史研究では主に近代学校成立と発展に関する研究、教育啓蒙運動、民族教育を行った近代私学に関する研究がなされた。それで、西欧の新教育思想との関わりの中で1930年代の植民地朝鮮の教育を照射した論考は見当たらない状況である。
　そこで注目したいのが1934年4月から宇垣一成総督時代に朝鮮の全国に設置された簡易学校である。簡易学校は普通学校が設置していない農村を対象に「教育即生活」というモットーを掲げた2年制の官製の特殊学校であった。
　これまでに簡易学校に関する研究は主に日本語教育に焦点を当てている[2]。歴史学分野では宇垣総督の植民教育政策の観点から言及したものがあるが[3]、実際の簡易学校の運営実態や新教育運動との関わりなどは検討されていない。植民地初等教育を全般的に考察した呉成哲の研究でもこの部分は概要だけが言及されているにすぎない[4]。
　本稿は1930年代植民地朝鮮における簡易学校を取り上げ、そこに現れた新教育運動の内容が何かについて分析するものである。そのために

＊韓国独立紀年館・独立運動研究所研究委員

まず、簡易学校設置の背景として1930年前後の植民地朝鮮における新教育思想の受容と教育状況について検討する。その上で簡易学校を計画した大野謙一に注目し、簡易学校設置の目的を探る。次に簡易学校の設置状況と運営、教育内容を通して新教育運動の変容の形を追跡したい。

二．朝鮮の新教育思想と教育状況

　そもそも朝鮮における新教育は19世紀後半期アメリカ宣教師たちが設立したキリスト教系の学校から始まっている。これが朝鮮社会に寄与した点について尹健次は、西洋式教育制度を最初に導入したことや西洋文物とその思想、思考方式を朝鮮にもたらしたこと、そして女子教育、勤労精神と自主・自立思想の普及、課外の運動競技、演説会、討論会を活用し、全人教育の新しい意義を提示したことなどを指摘した[5]。
　1900年代にこのような教育理念を体現した教育家として評価されている人は李承薫（1864～1930）である。彼は平安北道定州に五山学校を設立し、運営した[6]。彼の教育精神を李万珪[7]は『朝鮮教育史』で次のように述べている。

> 　彼はペスタロッチの教育を実践した朝鮮教育系の使徒であった。ペスタロッチが3H主義[8]を実践したように彼は敬・愛・誠を実践した。…学徒といっしょに寝、いっしょに食べ、学生寮の火口の炭を片付け、庭を掃除し、学徒といっしょに便所の便を片付け、…学生が病気であれば、夜明けまで看病し、…学徒と起坐・進退を指導するが必ず自分が模範をみせ……[9]

　たという。李承薫は商人から教育者になった人であり、直接ペスタロッチ思想を研究したことはないが、彼の教育方法自体がペスタロッチに例えられたことが興味深い。
　ペスタロッチを教育思想家として本格的に注目した人はハングル学者の崔鉉培である。彼は京城高等普通学校を卒業し、1922年1月から3ヵ月間、広島高等師範学校研究科で修学し、1922年から24年まで京都大

学文学部哲学科で教育学を専攻し、卒業論文として「ペスタロッチーの教育思想」を書いた。彼は「朝鮮のペスタロッチになりたい」という希望を持ってその論文を書いたと回顧している。とりわけ崔鉉培が広島師範学校に行った時、そこでは「ペスタロッチ精神宣布運動」が行われ、研究会や博物館でペスタロッチ教育思想研究が盛んであった。当時の広島高等師範学校の校長は韓国政府教育顧問を歴任した幣原坦でもあったが、彼自身、ペスタロッチの教育精神を強調していた。崔鉉培は1926年日本文部省から高等学校教員免許を取得し帰国して延禧専門学校の教授になった[10]。

そもそも日本におけるペスタロッチ研究は1878年アメリカから帰った伊沢修二・高嶺秀夫が東京高等師範学校を中心に彼の教育法を紹介したことからである[11]。ペスタロッチに対する関心は一時衰えたが、1897年に沢柳政太郎によって『ペスタロッチ』が刊行され、1906年に帝国教育会で生誕160年記念会の開催後、ペスタロッチ研究熱が全国的に広がった[12]。入沢宗寿は「わが教育学界の先覚の書を明治の終わりごろまでみたとき、ペスタロッチ熱誠と事業経歴のみを注意し、彼の初歩法を注意していなかったが、大正時代になり、ナトルプを通してペスタロッチが再び日本へ影響を及ぼした」[13]と説明した。

また、京都大学で崔鉉培を指導した小西重直が1923年に出版した『教育思想の研究』ではフィヒテやペスタロッチ思想が紹介されている。特にフィヒテの場合、国語教育の重要性を力説し、「国語力によって個人個人の精神が結合し、民族的精神も成立し、精神的陶冶も行われる」[14]と主張した点が目を引く。1926年崔鉉培は「朝鮮民族更生の道」を『東亜日報』に連載したが、フィヒテの「ドイツ民族に告ぐ」の影響が強く表れた[15]。「朝鮮民族更生の道」では朝鮮滅亡の内因をきびしく指摘し、朝鮮語による教育を通して民族意識を高めること、朝鮮のために献身する態度を養うことを新教育の精神にせよと力説した。また児童本位の教育、勤労教育を強調した[16]。勤労主義または作業主義を「労作教育」という用語で定着させた人がまた小西重直であった点も注目できる[17]。崔鉉培は帰国後、ドイツに留学した哲学者李克魯、弁護士李仁などとともに周時経のハングル研究を受け継ぎ、朝鮮語研究会(後の朝鮮語学会)を結成し、ハングル研究に一生を捧げた。これはフィヒテなどが指摘し

たように、民族の言語教育は即愛国心につながるという考えがその基盤にあったと思われる[18]。

また、1930年代前半には実用教育の必要性も提起された。朝鮮語研究会のメンバーの弁護士の李仁は現在朝鮮人教育は文字の習得でなければ形式と理論教育に始終し、実生活に合わないと指摘した[19]。金活蘭は女子教育について実際教育を行い、15・6歳になれば職業戦線で一人前になるようさせるよう求めた[20]。簡易学校の理念的背景であった実用教育の必要性は朝鮮の知識人たちにも共感を得ていた点が指摘できる。当時の青少年向けの代表的な雑誌でもこのような論調が確認される。『オリニ』[21]の記事をみると、アメリカのリンカン大統領の話では「貧困と戦い、この不幸に立ち向かい精いっぱい戦う勇士になれ」と啓蒙している[22]。また「成功する方法」では勤勉・謙遜・節約・誠実・責任感・忍耐・労働の価値・自立・知行合一の生活態度を養うよう勧めている[23]。このような点からいえることは、当時欧米ではエレン・ケイなどの児童中心主義・自由教育説が流行していたが、朝鮮ではむしろドイツ国民教育思想の論理に傾倒しており、教育を社会や国家の発展という観点から捉えていた。このような新教育思想の状況が簡易学校導入を容認する社会的な背景を構成したと考える。

また、「簡易学校」成立の背景として言及しなければならないのは普通学校の就学率の不尽と少年たちの抗日運動である。普通学校の就学率は20％に満たない状況だったが、それに加え退学率もけっこう高かった[24]。その主な理由としては授業料〔月80銭〕の負担が大きかったことが指摘されている[25]。1929年11月3日全羅南道光州で韓・日学生の偶発的な衝突が発端となり、全国に拡大した光州学生運動は1930年3月まで250余ヵ校、総5万4000余人が参加しており、参加した普通学校は54ヵ校にのぼった[26]。これについて当局は学生らの要求が「奴隷教育ノ撤廃、日本人教師ノ排斥、朝鮮歴史・朝鮮文法ノ教授、言論集会結社ノ自由等」であったと分析している[27]。

それに所謂少年運動が社会主義運動の一環として広まった。1927年から無産者少年〔12～18歳〕を対象に夜学、講習会、雄弁大会などを開き、文盲退治と反帝運動が展開されたが、当局は「少年団体の思想関係会合の状況などに対しては最深の注意を払うとともに、少年運動と不

即不離の関係にある書堂、学術講習所における教育状況などに就ては不断の監視を加え、主義的色彩を有する少年団体に対しては可及的穏健運動への転換を指導し到底其見込みなきものに対しては自然的に解体せしむるよう誘導」[28] したという。少年運動が無産者層を対象に文盲退治運動を展開した点や、私設講習所・書堂と一定の関係を保っていると把握していた点が注目される。

　1928年6月、臨時教育審議委員会で総督山梨半造はこの点に触れ、朝鮮人の生活がいかにも窮乏で、学生の思想が民族的で自由主義的になることを指摘し、実用主義を再び復活させ、思想取締りを強化する教育政策を打ち立てた。要するに、学生たちの政治的な志向を食い止め、地域社会の構成員として着実・穏健・実質的な「善良な公民」になるための教育を要求したのである[29]。1930年10月30日、日本の教育勅語頒布40周年を向え、斉藤実総督はラジオを通し、日本の国体を毀損し国政に反する思想を抱き、また社会の綱紀を乱す行為を戒め、各地方で勅語奉読式を行い、記念講演会を開催させた。学務局では教育勅語の朝鮮語訳、漢文訳2万部を印刷し書堂、私立学校、面事務所に配り、日本語が理解できない人々に対する勅語の趣旨普及を徹底にするよう指示した[30]。

　この頃の初等教育政策の変化は、1928年一面一校設置計画が立てられ、1936年まで1074の公立普通学校を増設するようにしたことが挙げられる。そして1929年6月に普通学校規程が改正され、普通学校の教科に職業科が必修教科になった[31]。また1928年8月臨時教科書調査委員会では教科書編纂方針を定め、「修身・国語・歴史教科において皇室・国家に関する内容を多く採択し、忠君愛国精神を高めること、韓日併合の精神を理解させ、内鮮融和を図ること、勤労愛好・興業治産精神を高める内容を多くし、実用化を図ること、東洋の道徳を培える朝鮮の良風美俗を養う」ようにした[32]。このような状況下で簡易学校が誕生したのである。

三. 簡易学校の設置目的

　簡易学校を創案した人は1933年から総督府の学務課長になった大野謙一[33]である。大野謙一は1933年8月21日京畿道主催の第8回農業

講習会の講演で自分の構想を述べている。彼は 1920 年朝鮮教育令により 4 年の初等教育が 6 年に延長されたが、実際郡庁所在地以外には 4 年に止まっていること、また、1929 年に一面一校計画が推進されているが、実際在籍児童の数が満たないことを指摘して、その理由は経済的事情によるところが多いと言った。また、日本におけるほとんど 100 パーセントに近い初等教育就学率が朝鮮で短い期間で実現するのは難しいと指摘した。当面の対策として村の皆が学べる施設が必要であると主張し、従来の書堂を活用することを提案したのである[34]。具体的には、校舎は既存の建物をそのまま活用し、実習用の田畑、山林などは部落の共有財産または篤志家のものを小作し、材料などは互いに持ち寄り教師と児童が合作する。維持は部落の維持契を組織して任せ、授業料は取らず、修業年限は 2 年、入学年齢は 10 歳前後、学科は修身、国語及び朝鮮語、算術、職業の 4 単位程度にすることを提案した。そして「この部落皆学学校は農村振興運動の基本単位ともなりえて、善良にしてしかも理解あり、戦闘力に富める強兵を有つこととなる」[35] と評価した。

大野はこの案を考える上で影響を受けた書物を紹介している。

　　農村の教育については、特にその内容の読み書きのみに偏することを斥け、実際的作業的訓練の重んずべき必要を痛感しましてこれが実際方法に就て日夜心を砕いて居りました際、偶然手に入りましたのが、文明協会出版のアルビオン大学教授カールトン教授の『教育と産業の進化』と題する一著であります。…思はず欣喜雀躍し、早速勇敢に所思の実行に取りかかった次第であります。カールトン教授は教育と産業との関係を貨車とこれを牽引する機関車との関係に比し、……勤労作業が教育の何れの局面に於いても常に高調せらるべきことを主張しているのであります。[36]

彼が言及している『教育と産業の進化（Education and Industrial Evolution）』（F.T.Carlton 著）は 1921 年大日本文明協会（田制佐重）が翻訳出版したものである。この本には現代社会は組織の役割と協同が重要であり、個人は社会の経済的・社会的幸福に対して連帯責任を負わなければならないと強調し、学校の目的もここに置くべきであると主張した[37]。

特に「年若うして退学する米国児童に手を附けること」、そして「現に労働に従事しているところの男女児童に及び得べき実際的・産業的一般の教育を施行する」ことを力説し[38]、最近のアメリカの教育モットーは「教育は生活なり」と説明している[39]。そもそも「教育即生活」論はジョン・デューイの影響を受けたムーア（Ernest Carroll Moore、1871-1955）の1915年の著作『教育とは何か（What is Education）』で提起され、篠原助市の『批判的教育学の問題』で詳しく論じられている。この論理では、教育が「未来の生活を準備するために行うもの」ではなく「生活そのもの」であると主張する。概念と言語を道具とする抽象的教育ではなく、実生活の各種条件を学校教育に利用することを志向していた[40]。カールトンの著書の「第十二章　補習学校」には「実業補習学校は少年労働者の教育施設として最も必要である」と力説し、一般公立学校への就学は彼らには手が届かない状態であり、彼らに必要な教育を与えてもいないこと、そして私立夜学校や通信学校の類ではなく、公立学校組織と認められる組織をつくり彼らを教育する必要があるとした[41]。また「教育の領分は実業界及び産業界と全然離れたものであるといふ間違った考えは放棄せねばならぬ」[42]と主張した。このような点は後述するように簡易学校の精神になっているのである。大野がいかにカールトンの著書から影響を受けたのかが窺われる。

　また、簡易学校の教育方法にはペスタロッチ精神が強調された。カールトンの著書にもペスタロッチの実際の体験を重視した教育思想について言及しているが、京城日報社の論説部長の池田林儀は「簡易学校はペスタロッチを昭和に復活させたようなもの」[43]であると評価し、

　　　ペスタロッチは学校を以って一個の家庭とした。生徒は教師と共に起臥し、教師とともに学び、教師と共に耕作し、教師と共に休日を楽しみ、教師とともに修養するのであった。常に自然に親しんで、自然を正しく観、且つ楽しむことをつとめ、教科目はすべて記憶に訴へる事を主とせずして、理解に訴へることを主とし、教へこむよりも導き出すことにつとめ、開発に全力を傾注して、犬にものを教へるが如き態度を避けた。[44]

といったが、この方式は簡易学校の教師に要求された教育方法であった。そのほかに、ドイツの教育学者のケルセンシュタイナー（Georg Kerschensteiner、1854～1932）の影響も言及せざるをえない。京城帝国大学教授の松月秀雄は

> ケルシエンシュタイナーは日露戦争後、日本国民が浮華軽佻に陥った頃、独逸にあって勤労主義の教育を力説し、ペスタロッチ主義の真の意義の復活を鼓吹したるが故に、日本に直ちにこれを取り入れられたのである。公民教育といひ、実業補習学校（しかも専門の職工を教師としたる）といひ、職業教育といひ、現今日本の教育界を支配する多くの理念はケルシエンシュタイナーの創意に負ふ所が多いのであって、随って朝鮮における勤労主義の教育は申すも更なり、各般施設の上に於いて氏の思想的足跡を認め得るのである。[45]

と指摘しケルセンシュタイナーの公民教育理論の影響を言及した。ケルセンシュタイナーは勤労によって人格の統合と完成が図られると主張する。また国家の構成員としての個人の自覚と愛国心を強調している。彼によれば、国家は最高の外部的善であり、個人は最高の内部的道義的善でなければならない。国家は個人に国家の目的を理解させ、それに適う個人の能力を発達させるべきである。それが公民教育の目的である。公民教育は第一に、作業の喜びと堪能を発達させ、その過程で誠実・勤勉・忍耐・克己心と日常生活における献身的な観念を育てること。第二に、自分の祖国の利益を図ろうとする責任感を持たせることである[46]。

朝鮮において実現した簡易学校の発想は直接的には大野がカールトンの著書からインスピレーションを受け、ペスタロッチの献身的な教育方法論とケルセンシュタイナーの公民教育論が重なり、誕生した。しかし現実的な理由としては、朝鮮における面の面積は日本の'村'等に比べ著しく広大で、一面一校ができても十分に初等普通教育を普及するのは難しい点、農村児童の7～8割が在来の書堂教育に任されている点を克服し、農村振興運動を支える青年層を養成することが必要であったためである[47]。それはまた書堂と連携して行われた朝鮮の青少年たちの抗日運動を食い止める処方としても意義のある政策であった。

池田林儀の『朝鮮の簡易学校』の序を書いた朝鮮総督府政務総監の今井田清徳（1884～1940）が「教育においても…表門をたたくと同時に裏門をたたいて所謂「以正合、以奇勝」の用意が必要である」[48]と力説したのもこの脈絡に沿った見解といえる。

1934年に出された「簡易初等教育機関設置要項」を要約すると次の通りである。

　　機関の名称は「簡易学校」と称する。
　　目的及び教則：朝鮮教育令第四条及び普通学校規程に準じ特に国民たるの性格を涵養し国語を習得せしむることに力むると共に地方の実情に最も適切なる職業陶冶に重点を置くこと。授業年限は二年、学級は一学級（単級編制）とすること、入学年齢は十年を標準にする。児童の収容定員は八〇人程度、教員は一校一人、公立普通学校訓導の定員を増加して充てる。教師は簡易学校所在地に定住する。教科は修身、国語及び朝鮮語、算術及び職業。修身において唱歌及び体操を課す。毎週時数は三〇時間以内。普通教育と職業との教授時数の割合は二対一。[49]

とあり、ほぼ大野の構想にそった形であった。

学校の名称を「簡易学校」とした理由は、『周易』第一章「繋辞上伝」の「易則易知、簡則易従（易しいことはわかりやすい。簡単なことは従いやすい」というところから「易簡」を趣旨とした[50]。それで「普通学校其他の教育機関とは全然その体系を異にするもの」であり、「他の学校との連絡即ち転学又は卒業後の他の学校への入学資格などに就いては全く考慮する所なく」、ただ「僻陬農村の実情にもっとも適切なる簡易初等学校の普及を図る」[51]ためであると明示した。

四. 簡易学校の設置と運営

簡易学校の設置の状況について『東亜日報』の記事をみてみたい。1934年3月14日の記事をみると、慶尚南道では38校が設立されている。3月26日には全羅南道に44ヵ所が設置された。黄海道谷山の韓熊瑞氏

は簡易学校の敷地と実習用地として500円あまりの土地を寄付している[52]。また忠清北道報恩の白樂善や李弘植が簡易学校の敷地やお金を寄付しており、5月10日には忠清北道に簡易学校20箇所が開校したという[53]。咸鏡北道には22ヵ所がすでに開校したが、5月10日には14ヵ所がさらに開校するという記事もある[54]。5月15日には平安北道に11ヵ所が開校している[55]。1934年5月9日には咸鏡南道にも17ヵ校が認可され1240名が収容されると報道した。また『京城日報』には1934年5月5日まで総440校が認可申請をしたが、238校が認可されすぐ開校し、残りも8月までは全部認可できると報道されている[56]。このような記事を一瞥すると簡易学校は1934年2月に設立令が出されてから、すばやく全国に開校し、朝鮮の人々の声援もけっこう熱かった。1934年から1942年までの簡易学校の状況を次の表1からみてみたい。

これをみると、当初1936年までに総880ヵ校が設立されることになっていたが、1936年5月現在、746校、1937年5月現在927校であり、やや目標には至らなかったにせよ、1941年までに持続的に増加している。

生徒の数は1934年当時、平均1学校に46人程度が在籍し、1942年ごろには69人程度になっている。また女子生徒は1934年男子生徒に比べ7％程度だったのが1942年にはほぼ50％を占めるようになっている。数字の推移からは着実に発展したと見られる。

簡易学校の中途退学者の比率を表2からみると、1934年に男子生徒の入学者の14％、1935年に24％、1936年に29％、1937年に28％、1938年に32％、1939年33％、1940年28％、1941年25％、1942年23％が退学している。前述した普通学校の生徒の退学率より低いほうである。

次に、教師について詳しく検討したい。1校に1人の教師が割り当てられたので教師は学校長でもあった。表1をみると、教師は圧倒的に男子が多く、女子教師が1937年から少し見られるが、まもなく減っている。

朝鮮人と日本人教師の比率は、京畿道の場合1935年末現在、80校に朝鮮人教師が75人、日本人教師が5人である。ちなみに生徒は男子が3817人、女子が1002人である[57]。全羅北道は1937年5月現在、67校

表1　簡易学校状況表（「朝鮮総督府統計年報昭和十九年」より）

年度	学校数	学級数	職員数			生徒数		
			総数	男	女	総数	男	女
1934	384	387	395	395		17,669	16,393	1,276
1935	579	584	629	629		35,696	31,980	3,716
1936	746	746	804	804		48,204	41,502	6,702
1937	927	940	950	943	7	60,077	49,472	10,605
1938	1,145	1,177	1,246	1,238	8	76,192	59,692	16,500
1939	1,327	1,363	1,383	1,371	12	86,979	66,582	20,397
1940	1,488	1,521	1,513	1,513	10	99,108	70,625	28,483
1941	1,618	1,648	1,782	1,774	8	110,869	75,800	35,069
1942	1,680	1,715	1,872	1,868	4	117,211	77,607	39,604

表2　簡易学校生徒異動（「朝鮮総督府統計年報昭和十九年」より）

年度	入学		卒業		退学		死亡	
	男	女	男	女	男	女	男	女
1934	18,369	1,403	1,454	68	2,660	329	35	
1935	22,931	3,504	11,705	825	5,706	1,054	97	7
1936	28,643	5,239	14,799	1,711	8,468	1,809	120	33
1937	33,479	9,118	18,492	3,209	9,591	2,838	139	38
1938	37,764	11,552	22,055	4,832	12,217	4,018	218	34
1939	42,590	14,486	24,389	6,664	14,080	4,725	208	70
1940	43,252	19,087	28,161	9,582	12,175	5,163	239	95
1941	44,182	21,626	29,961	12,785	11,135	5,608	189	84
1942	43,622	21,854	32,674	15,758	10,444	5,317	362	183

に朝鮮人教師が55人、日本人教師が12人である。生徒は男子が3626人、女子が523人である[58]。だいたい80％以上が朝鮮人教師であった。

　簡易学校の年間人件費が1074円で、国費で5割、道費で2割5分、郡島学校費2割5分ずつ分けて負担した[59]。これを教師の年俸とみると、普通学校訓導の月給が1935年当時朝鮮人（男）が55円、日本人（男）が109円で[60]、その平均年俸を984円とすれば、やや高かった[61]。

　それでは、どのような人が簡易学校の教師になったのか。『東亜日報』

1934年2月23日には「簡易学校教員短期講習特設」という題で、京城師範、大邱師範、平壌師範にそれぞれ50人ずつ講習生を募集するが、資格は甲種農業学校卒業生で、6ヵ月課程を終えれば成績により第二種、第三種教員資格[62]を与え、公立普通学校の訓導に採用すると報道した。そもそも師範学校講習科の志願資格は中学校、高等普通学校、実業学校（5年制また高等小学校卒業者が入学する3年制）卒業者で1年課程であったが[63]、この時に新しく6ヵ月課程が新設され、農業学校出身者を特別募集したことがわかる。『東亜日報』1934年3月8日の「農業卒業生師範志願激増」という記事では普通学校の恩給令が改正されたことと農村簡易学校の訓導になるために師範学校の講習生募集に応じる学生が激増していた。平壌師範学校の場合1934年4月5日、6ヵ月課程の短期講習生40人が入学したことを伝えている。週当たり37時間の教科と4週間の教育実習を行った[64]。この学校で1930年から1938年までの講習科卒業生は総921名であるが、朝鮮人が577人、日本人が192人を占めている[65]。

　また、現職の経歴のある教師が辞令を受けて赴任した。咸鏡北道吉州郡の都目簡易学校の教師、許真極は突然簡易学校赴任の辞令を校長から受け戸惑ったこと、回りの同僚たちからも気の毒に思われ慰めてもらった経験を語っている[66]。

　ところで、1934年5月慶尚北道迎日郡杞溪面にある杞溪普通学校附設大谷簡易学校教師の藤原美歌は1932年京城師範学校を卒業し、短期現役兵として5ヵ月間軍務に服してから最初に慶州近くの安康普通学校に赴任した。そこは卒業生指導の実験学校であったという。1934年夏に、突然大邱農林学校夏期営農特別講習会に参加せよとの命令をうけ、1ヵ月間受講したが、すぐ杞溪普通学校に転勤されたこと、そこで初めて校長から1ヵ月後に簡易学校へ赴任することを告げられたと回顧している[67]。

　黄海道載寧郡新院面花石里花石簡易学校の教師の金士淳は「以前にはあまり評判がなく、どの学校へ行っても校長や同僚との反りが合わず、学校を転々とした人」[68]としているので、問題を起している教師を左遷する側面もあったようである。しかし、金士淳教師は簡易学校行を「志願」したといい、視学官は彼が赴任してから成果が高いと評価している。

また、普通学校の朝鮮人訓導は経歴があっても校長にはなれない現実だったので、このような朝鮮人教師を多く行かせたという証言もある[69]。いずれにせよ、教育は主に日本語で教育するようにしたので、朝鮮人教師でも日本語が堪能でなければならなかっただろう。また、日本人教師の場合は逆に朝鮮語ができる教師が選ばれた。いずれの場合も校舎や設備がほとんどないところへ赴任するので、開拓精神がなければ勤まらなかったとみえる。

　ところが、簡易学校の教育課程は基本的に所属学校の校長と視学官らの監視下に置かれていた。簡易学校の設置に際し、視学官も増員されていた。京畿道の場合は1934年3月31日、22人の日本人の郡視学官が任命されている[70]。1935年現在、京畿道内80校が開校したから、だいたい一人の郡視学官が3、4校を担当したことになる。藤原美歌の証言によると、所属本校の学校長が必ず毎月1、2回は不定期的に巡視訪問し、校内外を視察し、帳簿を検閲した。また面事務所の職員、駐在所の警察官、郡庁の職員などが訪問している。道視学官は1年に1回訪問したが、生徒の日本語力の向上程度、職業科的な知識技能の体得状況、全教科の学習態度、国民意識昂揚の程度などを詳しく点検したという[71]。

　簡易学校に教師が赴任するとそれから教室を設け、生徒を募集し、開校の準備にかかる。黄海清渓簡易学校の教師、高亨鎮は以前の書堂を引き受け40名の生徒を指導することになった。開校式の日には父兄たちと懇談会を開いた。この事業について感謝すると話した人もいたが、簡易学校を卒業すれば普通学校4・5年に編入できると思っている人、職業科よりも普通学科の勉強をさせてほしいという人、身体発達が不充分だから実習はやめてほしいという人もいたりして[72]、簡易学校が正規教育体系と異なる教育機関であることを理解していない様子が窺われる。

　簡易学校の設立に際して教師たちにはどのような姿勢が要求されたか。その「心得」をみよう。

　　一．環境上、家庭の都合上、恵まれていない子弟の教師であり、かつ父であること。…あなたの教えを待っている児童たちは等しく陛下の忠良な赤子であり、大切な一家の宝であるが、あなたの手がなければ、捨てられた路傍の小石として一生を送らねばならな

い運命にあったはずである。
二. 一校に一人の教師、しかも定住という恵まれた条件を遺憾なく教育的に生かすこと。…
あなたの在る所が学校が在るところ。…あなたが水を汲み田を耕すところに教育がある。あなたは九時から午後四時までの教師であってはならない。
三. 各方面からの援助を好意を持って受け、できるだけそれを教育的に活用すること。
四. 教育の技術化を警戒する要がある。技術化に専念するよりも常に教育愛について反省することが肝要である。あなたが真の教育者的生活を為すときに児童や部落の人々は真にあなたを信頼し、敬慕するであろう。
五. あなたは「足（たる）を知る」必要がある。適当の田畑を得て自作し、質素な生活をすること。
六. 簡易学校の経営についても「足を知る」必要がある。最小限の設備で満足しろ。
七. 全家による全家の指導を覚悟すること。妻は簡易学校の母、子弟は部落の子どもたちの伴侶。[73]

ということだが、文面からは簡易学校の教師にペスタロッチ精神を強く要求していたことがわかる。赴任した教師らは概ねそれに答える覚悟を伝えている。金徳兆教師は

「たっては農夫、座っては学生」といふ、ルソーの教育的大金言をモットーに昼夜を分けず、教室において、運動場において、農場において、家畜舎において色々と生活させてはその間に動的学習機会を掴め、子ども等に関与させ、そして生気ある陶冶をしていく。即ち、三分の一は学習、三分の一は労作、三分の一は自由にそして意識的に無意識的に陶冶していくようにしたい。[74]

と言い、慶尚南道河東の興龍簡易学校の教師鄭寿龍は「生けるペスタロッチ」になる覚悟であると言っている[75]。1934四年12月2日に平南順

川郡新倉公立普通学校附設九井簡易学校の金承均教師は開校式で「自分は今日から九井里の者」であると言い、「骨を埋める覚悟」であり、「今までの普通学校は官公署の様な感じがしたのに、此の簡易学校は自分個人の学校であり、又自分個人の子供である感じが強く湧き立つ」と言っているのである[76]。

五、教育内容

　それでは実際の教育の様子をみてみよう。長箭公立普通学校附設新興簡易学校は1934年8月24日に開校した。1年生が50人、2年生が23人である。年齢は9歳［18人］、10歳［15人］、11歳［15人］、12歳［9人］、13歳［7人］、14歳［5人］、15歳［5人］、16歳［2人］、17歳［2人］、18歳［2人］で、就学の前に学院を経た者が男子45人・女子3人、書堂をへた者が男子8人、無学者が男子17人であった。また家庭の職業は農業が66人、商業が4人、漁業が3人であった[77]。入学式は7月22日に行い、23日から授業を実施したが、毎朝、東方遥拝、「君が代」合唱、朝の挨拶、朝会体操をした。1ヵ月後の8月18日には「この行事が目立って上達した」と書いている[78]。

　学習の目標、授業の時数、主要学習活動、朝鮮語・国語教科の内容などは次の通りである。まず、学習目標は

1. 一人前の日本国民となる。
2. 国語を読み、書き、話すことが出来るようになる。
3. 職業に対し、理解と能力を有する人になる。[79]

となっている。授業時数をみると国語（日本語）の時数は週当たり12時間、職業は10時間なのに朝鮮語は2時間だけである[80]。そして皇国に対する施設を設け、毎月1日の朝会には初め「東方遥拝」をなし、国旗掲揚台を設けて毎週月曜日に「君が代」を合唱し、週間教育をも実施し、皇国精神の教育徹底を期するとした[81]。

　2時間だけの『朝鮮語』授業もこの点から例外ではない。小学校教育

が「忠良なる皇国臣民」を養成することであるように「朝鮮語を教授する場合に当っても固より同様である」[82]と言明されてした。朝鮮語の教育は「常に国語（日本語）と連絡対比して、国語の特質、国民の思想、感情、風俗、習慣などを理解せしめ、内鮮一体・同胞輯睦の美風を養ひ、皇国臣民たるの信念を涵養せしめんとする精神を常に念頭に置かなければならない」[83]とした。教材の内容は国体明徴・内鮮一体・忍苦鍛錬に関わる内容を採録し、会話は親子間のものを主とし、用語は家庭生活に関するもの、題材は農村生活・家庭生活における事項を主とし、国旗・国防献金・国防・皇軍慰問袋・陸軍志願者訓練所・勤労好愛などを盛り込むことと定めた[84]。

すなわち、朝鮮語教育が民族教育にならないように細心の警戒を払っていたのである。国語（日本語）教育は「皇国臣民練成といふ目的を強調して日本神話教材ともいふべき一体系を考え、かつまた国防観念の涵養といふ方面をも考慮し」[85]て構成した。

高亨鎮教師は5月23日、第1時限を「修身」の時間にし、通学の目的は「よい日本国民になる為だときっぱりと教えた」という。そして‘よい日本国民’‘はたらく’‘た［田］’‘はたけ’‘べんきょう’という日本語を教えた。第2時限と第3時限は国語の時間にし、‘へや’‘こくばん’などをおしえ、特に「よいにっぽんこくみんになるためにがっこうにきます」は実習時間にもしきりに練習させ、皆言えるようにしたという[86]。

5月28日は黄海道の内務部長が巡視に来て、「校舎内外、実習地を視察し、職員や児童に対しては身体に注意して国語習得による国民精神の涵養に努力せよと激励の言葉を残し」、他の視察地域である松禾方面へ出発した[87]。6月2日土曜日には田中学務課長と黒木視学官が視察に来たが、黒木視学が「色々不便もあろうが我慢して精進せよ」と激励してくれて「教育報国」の決意をしたという。

また、月曜日ごとに「君が代」を歌い、「東方遥拝」をさせるべく、開校直後から生徒らに「君が代」の練習をさせた。6月4日月曜日に国旗を掲揚するために、元の書堂の主の鄭明燮から松の木を奉納してもらった。朝会体操も休憩時間を利用し毎日練習させた。また校訓をつくり、「よい日本国民・よい生徒、一．国語を話す、二．よく働く、三．

きまりを守る、四．互いに助合ふ、五．恩を忘れない」と決めた。実施方法としてはまず友達の姓名を必ず日本語で呼ぶ、そして7月1日から用語のすべてを日本語にすると約束した。教訓の第一項を「国語を話す」にした理由は国民精神を涵養するためにはなによりも日本語の普及が一大急務であるからだと言った[88]。

簡易学校の教育内容の性格は確かに皇民化教育に沿っていた。しかし、その中で、新教育の方法が多く試みられたことを注目したい。簡易学校の教科書編纂に参考するために京畿道開豊郡内の2つの学校を視察した学務局編修官鎌塚扶は嶺南簡易学校を見学した。担当の成璃慶教師は生徒らがよく理解できない言葉については絵画を利用する授業方法をとっており、それがとても効果をあげていると評価し、教科書編纂の時に採用すべきだとも言った[89]。

菊地瀬平が訓導を勤めている忠北忠州洗星簡易学校の場合は1934年6月1日に開校したが、4ヵ月間生徒の日本語の能力が飛躍的に向上した。その理由として、

　たとえば、算術の時間に粘土ブロックの長さを測定する必要から一児童に「教員室から巻尺を持ってこい」と命ずると其の児童は「はい」と答へて直ぐ動作に移るのが普通なれども、此の学校の児童は軍隊式のように「はい、私は教員室から巻尺を持って来ます」と復唱してから動作に移る。……理屈ぬきで確実に生活の国語として取り扱はれている。[90]

ためであるという。視学官の岩下雅三は、この方法は他の普通学校にも適用できる有効な方法であると評価した。また菊地訓導は朝鮮語にも堪能であることも見逃せないと指摘した。即ち、日本語を主に使いならがも、時々生徒が日本語を理解できない場合、朝鮮語で説明するので、生徒らの理解が高められたということだ[91]。また、作業のときにも「それぞれ分担に従って作業を開始する。菊地訓導の服装、態度は児童と合体」[92]であると指摘した。

慶尚南道昌寧郡鶴浦簡易学校の金鍾混は、

過去における天才主義と物質至上主義の教育は農村の不幸を誘致
　したる大なる原因をなしたのである。故に今後農村自身の幸福を増
　進せんには、天才主義と物質至上主義の逆行である凡人主義と精神
　主義の教育であらねばならぬ。教育の理想は千百人の中の一人に成
　功の階梯を与えるのではなく、百人を百人ながら自己の適所に適任
　せしめることを以って本領とする。一人又二人を立派にする為に
　千万人を犠牲に供する教育ほど、無慈悲なものはない。[93]

と教育哲学を述べている。金鍾湜教師は校訓を「勤勉貯蓄、自学自修、愛土愛郷、社会奉仕」と定め、朝会の時には「今日もよく勉強し友だちと仲良くてよく働く生徒になります」といわせた。実習の時には「土は我らの母であり、宝であります。土を愛しましょう」と言い、暮会には「今日はよく勉強しよく働いて楽しく暮らしました。家へ帰ったら親の言付をよく守ります」というようにしている。また格言による陶冶を図っているが、その内容はすべて勤勉に関するものである[94]。

　これらの事例はカールトン、ケルセンシュタイナーが協同作業の重要性を力説したことや生徒と教師が渾然一体となる教育方法を力説したペスタロッチが思い浮かぶ場面である。

　他方、地域によっては皇民化教育の効果が上がらないところもあった。咸鏡北道吉州郡の英湖簡易学校は南部地域よりも通学圏が広く5ヵ洞に1000戸以上の範囲を担当している。1年生は62名[傍聴生16人、女子1人]であるが、周辺に6つの書堂に268人が通っているという特殊性がある。教師の朴宗憲が「君が代」を教えるのに、

　　全然皇室に対する観念のない所に、歌詞の説明より唱ひ方等を授
　けるのには其苦心は一通りでなかった。多くは俗歌の歌曲アリラン
　のようにやるとか、或は十進歌のように歌って居たが、前後十日間
　の練習で大概できた。[95]

といい、その苦労のほどをほのめかしている。勅語奉読の際も

　　大概の筋だけ説明し、二、三時間位で練習を終えたが、始めは頭

を下げるにあまり下げ過ぎたもの、下げないもの、笑ふもの、私語をするもの、読み終わっても頭を挙げないもの、種々の有様、実に不敬極まりであった[96]。

という。朴教師は日本語を使わないと返事をしないとか、罰として掃除をさせるとか、また国旗掲揚競争をさせ賞品をあげるとかという方法を駆使した。朴教師の説明によると、この地域は書堂が多い。書堂が皇民化教育を妨げていた様子が確認できる。

　また全羅南道の泉浦簡易学校に通った李福順の回顧によれば、教師尹允其は密かにハングルと朝鮮史教育、海外独立運動についても教えていた。ハングル教本は全羅南道光州から買ってきて教えたが、証拠を残さないために生徒らに絶対筆記をさせず、見張りを立て、急に訪問するかもしれない視学官などを警戒させた。しかし、その噂が広まり、1939年宝城普通学校に転勤させられた[97]。ちなみに尹允其教師は一年後宝城普通学校を辞職し、養正院という無料学校を設立し運営しながら解放を向かえている[98]。

　簡易学校が植民地支配を固めるために作られた教育機関であったことは明らかであるが、実際の現場では密かに朝鮮人の民族意識を喚起する教育をも行った教師もいた。それはまるで崔鉉培が京都大学でドイツ国民教育思想に接しその影響を受けながらも、それを日本民族ではなく、朝鮮民族の観点から再解釈し、民族運動の理念にしたことと同じ軌道にあるものといえる。

六. 結びにかえて

　簡易学校はドイツとアメリカの労作教育と公民教育理論を借用し植民地朝鮮における社会・教育的懸案にたいする応急処方として創案された官製の特殊な学校であった。その教育目的は皇国精神を持った青少年層を養成し、農村振興運動を支える人的基盤を造ろうとしたものである。「君が代」を歌い、「東方遥拝」をし、「よい日本国民になる」ことを誓い、日本語常用を強制する定型化した植民地教育が繰り返されたし、ま

た視学官などの監視の目から自由でもなかった。

　ところが、その教育の過程で教師が生徒・村の人と生活共同体を組み、労作主義と凡人主義教育を実践した点は注目に値する。もし、天皇制イデオロギーを強要した側面を省けば、新教育思想を実験した学校として評価できよう。また、簡易学校の生徒たちの態度をみると、1930年代前半までには植民地朝鮮の農村までには天皇主義教育が浸透できなかったことも確認できる。その点こそ、この時代に植民統治当局が簡易学校を導入した理由でもあった。また、監視の目に置かれていたにも関わらず、簡易学校で密かに民族教育を行った事例があることは意味深い。それにしても簡易学校が1934年に設置されてから、年を重ねて量的に膨張し、発展したことは注意深くみる必要があるだろう。今後、簡易学校に関する資料発掘と事例研究が必要であると思われる。

1　윤재흥,「개화기 신교육도입 및 전개의 배경 이념」『연세교육연구』16 권 1 호, 2003.
2　金奎昌,「朝鮮語科始末日語教育歷史的背景—日帝下言語教育政策論攷」『서울교대논문집』6, 1973. 久保田優子,「近現代韓国の日本語教育 -- 簡易学校について」『九州産業大学国際文化学部紀要』39、2008.3。
3　박균섭,「조선총독 宇垣一成의 조선관과 교육정책에 관한 고찰」,『日本学報』46、2001.3。
4　呉成哲,『식민지초등교육의 형성』、교육과학사、2000、92-95 頁。
5　尹健次,『朝鮮近代教育の思想と運動』、東京大学出版会、1982、193-94 頁。
6　『五山八十年史』、五山中・高等学校、1987、132 頁。
7　李万珪（1888-1978）1906 年京城医学講習所（現在のソウル医科大学）入学、1911 年卒業した。開城で医業に従事したが、開城松島普通学校校長の尹致昊の勧誘をうけ、教師になった。1946 年まで培花女子高等普通学校の教師と校長を勤めた。民族主義系列の団体「興業倶楽部」（1925 年組織）会員。1938 年「興業倶楽部事件」で 3 年間投獄、この間『朝鮮教育史』を構想し出獄後、完成した。1947 年乙酉文化社から刊行された『朝鮮教育史』は韓国教育史研究の古典になっている。
8　Head, Heart, Hand を意味。
9　李万珪,『朝鮮教育史』（改正版)、살림터、2010、670 頁（初版本、乙酉文化社 1947)。
10　고영근,「최현배의 학문과 사상」、집문당、25-27 頁。
11　『創立四十年史』、広島文理科大学・広島高等師範学校、1942、206 頁。
12　同上書、207 頁。
13　入沢宗寿,『教育史上の人及び思想 』、東京教育研究会、1928、48 - 49 頁。
14　小西重直,『 教育思想の研究 』、広文堂、1923、117 頁。

15 장원동,「Fichte 와 최현배의 교육사상비교연구」『나라사랑』91,1995.5、342頁。김하수,「시대전환기에 대한 최현배와 페스탈로치의 대응」『동방학지』143、2008。. ところが、韓国における崔鉉培研究にはフィヒテからの影響も延禧専門学校教授時代であったと捉えるし、彼の日本留学時代に受けた影響については言及されていない。これは彼の思想をペスタロッチ思想と比較した研究でも同じである。
16 고영근,『최현배의 학문과 사상』; 장원동、同上論文。
17 田制佐重,『日本教育史潮概説』、文教書院、1935、428頁。
18 入沢宗寿は「ドイツ語は単なる国語ではなく、国民精神の表現として取り扱われ…ドイツ精神を了解させ、ドイツ文化を意識させるのである。国語は国民科であり、地理は郷土科であり、歴史がそのまま公民科であるように教える」と指摘したが、この点は日本だけでなく、植民地朝鮮の知識人たちにも民族意識を高める方法として示唆を与えたと思われる。入沢宗寿、『最近教育の思潮と実際』、明治図書、1931、586-587頁。
19 「방학과 학생」、『新女性』、1933年8月号、19-20頁。
20 金活蘭、「女学校教育問題」、『新女性』1933年3月号、11頁。
21 朝鮮で子供を指すハングル「オリニ」は1923年 方定煥(1899 - 1931)によって創られた。「幼い方」という意味で、子供を人格的に尊重した表現である。「7주년 기념을 맞으면서」、『어린이』1930年2月号。
22 李俊興、「泰西偉人의 少年時代 (4편) 가난한 집의 아들노 대통령이 되기까지 , 아부라함 링컨의 이약이」」、『어린이』1930年1月号、30-35頁。
23 「성공하는 법」『어린이』1930年1月号、32-33頁。
24 たとえば、公立普通学校の男子生徒の退学率は1931年に51%、1932年に42%、1934年63%、私立普通学校が1934年41%などである。『朝鮮総督府統計年報』 各年度参照。
25 金富子、『학교 밖의 조선여성들』、일조각、2009、170-71頁。
26 김성민,「광주학생운동의 전국적 양상과 이념」、『韓国独立運動史研究』32、2009、224頁、237頁。
27 朝鮮総督府警務局、『朝鮮の治安状況』昭和5年、73 - 74頁。
28 朝鮮総督府警務局、『最近における朝鮮治安状況 (昭和11年5月)』、高麗書林 同上書、48頁。
29 이기훈,『일제하 청년담론 연구』、ソウル大学博士学位論文、2005、525頁。
30 大野謙一、『朝鮮教育問題管見』、1936、190 - 191頁。
31 김영우,『한국신교육 100 년사 - 초등교육사』、한국교육사학회、1999、185頁。
32 同上書、190頁。
33 大野謙一(1897 ~ ?)山口県出身。1915年、18歳の時に普通文官試験に合格、1921年に高等文官試験に合格した。1922年朝鮮へ赴任し、江原道学務課長などを歴任した。1933年学務課長、1943年から学務局長になった。『朝鮮功労者名鑑』、朝鮮総督府、1935、335頁:「朝礼訓話」『文教の朝鮮』1943年9月号。
34 大野謙一、「朝鮮における初等普通教育の将来に対する私見」、『文教の朝鮮』1933年9月号、33 - 34頁。
35 同上、36頁。

36 同上、26 - 27 頁。
37 カールトン、『教育と産業の進化』、大日本文明協会、1921、15 頁。
38 同上書、17 頁。
39 同上書、23-24 頁。
40 篠原助市、『批判的教育学の問題』、東京、宝文館、1922、121- 125 頁。
41 カールトン、『教育と産業の進化』、247-51 頁。
42 同上書、256 頁。
43 池田林儀、「文盲退治と簡易学校」、『文教の朝鮮』 1935 年 5 月号、67 頁。
44 池田林儀、『朝鮮の簡易学校』、京城、活文社、1935、256 頁。
45 松月秀雄「ケルシエンシュタイナー逝く」、『文教の朝鮮』1932 年 3 月号、76 頁。
46 入沢宗寿、『欧米教育思想史』、教育研究会、1929、512 頁。
47 「簡易学校の教師に望む」、『文教の朝鮮』1934 年 5 月号、79 - 80 頁
48 「序（今井田清徳）」、池田林儀、『朝鮮の簡易学校』。
49 「簡易初等教育機関設置要項」、『文教の朝鮮』1934 年 5 月号、69 - 70 頁。
50 「序（今井田清徳）」、池田林儀、『朝鮮の簡易学校』。
51 「簡易初等教育機関設置要領実施上の参考資料」、『文教の朝鮮』1934 年 5 月号、74 頁。
52 「五百余円価値の土地を提供」、『東亜日報』1934 年 4 月 13 日。
53 『東亜日報』1934 年 4 月 15 日、4 月 23 日、5 月 3 日。
54 「咸北の簡易学校皆学の理想目指し十日 14 ヶ校開校」、『京城日報』1934 年 5 月 5 日。
55 『東亜日報』1934 年 5 月 6 日。
56 「簡易学校の認可申請」、『京城日報』1934 年 5 月 10 日。
57 『京畿道の教育と宗教』1936 年、33-39 頁；『植民地朝鮮教育政策史料集成』35 巻、龍渓書舎、所収。
58 『全羅北道教育及宗教要覧』（昭和 12 年）、全羅北道教育会、1938、53 - 58 頁。
59 「簡易初等教育機関設置要項」『文教の朝鮮』1934 年 5 月号、73 頁。
60 『朝鮮総督府統計年報』1936 年、300-301 頁。
61 藤原美歌の記憶によれば、当時の物価は卵 1 個 2 銭 5 厘、米 1 斗（約 15 キロ）3 円内外、石油 1 斗（18 リトル）2 円、酒 1 升 1 円、下宿料 1 ヵ月に 17 円程度だったという。 藤原美歌「草創期の簡易学校（1）－その実践記録」『韓』7 巻 11・12 号、1978、201-202 頁。
62 1922 年の「小学校及普通学校教員試験規則」によれば、第一種は師範学校の男女生徒に賦課する科目、第二種は師範学校特科男女生徒に賦課する科目、第三種は国語を使用しない者を対象にする。1931 年の部分改正により第一種・二種は朝鮮総督府で試験を実施し、第三種は各道で行った。 김영우『한국신교육 100 년사 - 초등교육사』、한국교육사학회、1999、177-78 頁。
63 同上書、84 頁。
64 同上書、85-86 頁。
65 同上書、87 頁。
66 許真極「私の簡易学校生活」『文教の朝鮮』1939 年 10 月号、104 頁。
67 藤原美歌「草創期の簡易学校（1）－その実践記録」、201-206 頁。
68 池田林儀、『朝鮮の簡易学校』、44-45 頁。
69 全羅南道泉浦簡易学校の教師尹允其の後輩高ミョンジョの証言。 선경식、

『민족의 참교육자 학산 윤윤기』、한길사、2007、75頁。
70 「朝鮮で最初の郡視学廿二名京畿道でけふ任命」、『京城日報』1934年4月1日。
71 藤原美歌「草創期の簡易学校（2）－その実践記録」『韓』8巻1号、1979、89-95頁。
72 高亨鎮、前掲、113頁。
73 「簡易学校の教師に望む」、『文教の朝鮮』1934年5月号、82－85頁。
74 金徳兆、「簡易学校の統合的経営の卑見」、『文教の朝鮮』1934年6月号、52頁。
75 鄭寿龍、「簡易学校を紹介す」」、『文教の朝鮮』1934年7月号、97頁。
76 金承均、「簡易学校便り」、『文教の朝鮮』1935年1月号、133-34頁。
77 平山孝一、「簡易学校開校後1ヶ月記録」、『文教の朝鮮』1934年11月号、169頁。
78 同上、172頁。
79 「簡易学校の教師に望む」、『文教の朝鮮』1934年5月号、79頁。
80 「簡易初等教育機関設置要項」、『文教の朝鮮』1934年5月号、77頁。
81 金徳兆「簡易学校の統合的経営の卑見」」『文教の朝鮮』1934年6月号、52頁。
82 『初等朝鮮語読本全（簡易学校用）編纂趣意書』、朝鮮総督府、1939、1頁。；『植民地朝鮮教育政策史料集成』21巻所収。
83 同上書、2頁。
84 同上書、4頁。
85 『簡易学校用初等国語読本巻四』（教師用）、朝鮮総督府、1942年、2頁。
86 同上、114頁。
87 同上、118頁。
88 同上、121頁。
89 鎌塚扶、「簡易学校視察記」、『文教の朝鮮』1935年3月号、129頁。
90 岩下雅三、「忠北忠州郡芝味公立普通学校附設洗星簡易学校を観て」『文教の朝鮮』1934年11月号、153頁。
91 同上。
92 同上、154頁。
93 金鍾混、「訓育中心の簡易学校経営」、『文教の朝鮮』1934年12月号、124頁。
94 金鍾混、前掲。
95 朴宗憲、「簡易学校経営に対する体験記」、『文教の朝鮮』1935年4月号、121頁。
96 同上、122-24頁。
97 선경식、『민족의 참교육자 학산 윤윤기』、85-86頁。
98 同上書、118頁。

1930年代における「新教育」
―― 新教育協会の活動を中心として ――

永江由紀子＊

はじめに

　本稿では、「新教育ノ向上発展ヲ図リ併セテ国際的ニ連絡スルコト」を目的に掲げ、1930年に発会した新教育協会の活動と、協会による「新教育」の解釈を明らかにすることを課題とする。

　野口援太郎を会長、入沢宗寿を副会長とした新教育協会は、1941年に野口の死を迎えるまで、1930年代を通じて「新教育」情報の発信に関与してきた主要な団体であった。教育学者やジャーナリスト、東京市内における「新教育」実践校の訓導たちによって構成されていた新教育協会が、1930年代の「新教育」に向き合った姿は、当該期における「新教育」の葛藤を読み解くうえで、格好の素材になると考えられる。同時に本協会は、イギリスに本部を置く世界新教育連盟（The New Education Fellowship）の日本支部として位置付いており、満洲事変の勃発に伴う欧米諸国からの孤立を余儀なくされた時期においても、各国と「新教育」を通じた交流を可能としていた。

　本稿では、新教育協会によって企画された日満新教育会議（1933年）や汎太平洋新教育会議（1935年）を区切りとしながら、協会の活動を時系列的に整理する。さらに、それぞれの時期において協会メンバーから発せられた「新教育」に対するまなざしに着目したい。そのため、戦前日本における新教育協会（以下、協会と略記）の発足から解散[1]に至る約10年間の活動内容に焦点をあて、1930年代の「新教育」団体がたどった足跡を明らかにする。1930年から1941年にわたる活動期間を4期に

＊国立公文書館公文書専門員

区分し、各時期に協会が展開した事業の特性について考察を加える[2]。

協会は、大正新教育が「理論的にも実践的にも一応終焉をとげた」[3]とされる1930年代にあってなお、「新教育」を標榜し、実質的な活動を伴った「教育改造運動関係者の合同団体」[4]であった。『近代日本新教育百年史』では協会の活動が断片的に言及[5]されており、さらには会長を務めていた野口援太郎の思想史的文脈[6]からも触れられている。

後述する役員構成からもわかるように、協会は教育の世紀社の運営に関わっていた野口援太郎・為藤五郎・志垣寛らを中心にして成り立っていた。田嶋一氏は、協会の人的特性について「野村芳兵衛をはじめとする生活教育派の人びとがこの協会に参加することはなかった。このグループはやがて新教育協会のゆき方に対する批判者として登場してくることになる」[7]と述べている。

こうした協会の活動を知る手がかりとして、本論文では協会が発行した著書や3度の解題を重ねた機関誌『新教育雑誌』（1930年12月～）、『新教育研究』（1933年2月～1938年8月）、『日本新教育』（1938年9月～）[8]に掲載された座談会記録や協会彙報を用いる。また、これら機関誌にあわせて『教育週報』[9]を参照する。

第1節　新教育協会の発足

ここでは、新教育協会の発足から機関誌『新教育雑誌』の発刊を通じて、会の活動が定着していく1930年から1932年頃の活動について述べる。

（1）協会の組織化

会の発足について直接的に関与したのは、野口援太郎と新教育実践校として知られる東京市富士小学校長上沼久之丞であった。野口の説明によれば、1929年に第3回世界教育会議に出席するためにロンドンを訪れた際、新教育連盟本部の理事ソーバーから「日本に於ける新教育協会の設立を慫慂せられ」、さらに帰国後の来信を受けて「我が国教育革新の必要性を痛感してゐた際であるから、何とかしてこれが設立を図りた

いと考へてゐた」が、当時帝国教育会の専務理事を務めていて多忙であったため、躊躇していた。こうしたとき、「本年（＝1930年：引用者注）七月頃になつて此の方面に最も熱心な浅草区富士小学校長上沼久之丞氏が来訪せられて、我国新教育協会設立のことを提議せられた」のを受け、「私も断然意を決して上沼氏の提議に従ひ、その援護の下に、相共に協会設立の事に従ふこと、」[10]なった。以下、野口・上沼の会談後の流れを、『教育週報』の記事をもとに概観する。

協会発足が野口・上沼の間で確定されたのち、7月15日には赤井米吉・佐々木秀一・稲毛金七・山崎博・為藤五郎（代理）・下中弥三郎・入沢宗寿・霜田静志・手塚岸衛・志垣寛を招いて創立総会を開き、会則を決定した。そして、「八月の初旬には東京の各方面に講習会が開かれるので、これを機会として少しでも多くの人々に協会の趣旨を諒解して戴かうと云ふので、教育会館の講堂で講演会を開」[11]くことになり、野口・上沼・志垣が準備委員に任命された。この「新教育大講演会」は予定通り8月4日に開催され、野口援太郎「新教育協会の使命」、上沼久之丞「世界に於ける新教育の情勢」のほか、赤井米吉「日本新教育の現状」、原田実「新教育の国際的意義」、稲毛金七「新教育に関する一考察」の各講演[12]が行われた。

10月3日の発起人会では、入沢・小林澄兄・北沢種一・原田・手塚・志垣・野口・上沼のほか、東京市内小学校長等14名を集めて、予算・雑誌・夏季講演会・会員特典と義務・会員募集方法・経済的基礎確立等、協会の基礎的運営について協議された。野口は「出席者の中に小学校長が数名加はつてゐたことは新教育の前途に対し非常に頼もしいことだと思つた」[13]とコメントしている。この時点で、すでに世界新教育会議の招致を志向していた。10月20日には野口を会長、入沢を副会長と決定し、この体制は協会が解散に至るまで変わらなかった。この両名によって常任幹事7名を指名[14]することになり、機関誌『新教育雑誌』の編集方針や発起人としての新教育関係者40名の人選[15]について討議された。さらに趣意書についても検討され、その結果を志垣が整理し、11月28日の発起人会[16]において「新教育協会趣意書」が決定された。

(2) 機関誌の発行

先述の通り、1930年10月20日の発起人会で雑誌編集について議論

され、編集担当として志垣が任命された。機関誌名を『新教育雑誌』とし、年4回 (1・4・7・10月) 64頁程度の特集号を発行することとし、他はリーフレットの形態をとることになった。志垣は、編集後記を通じて「何分月十六頁の小冊では何にも云へない。そこでせめて月六十頁位にしてはとの議があるが、それでは月十銭の会費ではやれぬ。在京幹部総出動で大に研究を発表するから月二十五銭の会費にして雑誌を六十頁以上にます事に御賛成の方はハガキで意見を知らして下さい」[17]と、機関誌の充実・拡大を呼びかけている。

　新教育の普及と海外新教育団体との交流という協会の二大方針[18]、ならびに学識者と実践者からなる会員構成は、雑誌の記事内容にも反映している。例えば、『新教育雑誌』創刊号の記事を見てみると、野口の緒言に続き、入沢・小林の海外新教育紹介(「世界に於ける新教育の情勢」「新ドイツの新教育」「新学校の二三について」)、富士・田島・瀧野川小学校といった新教育校の実践報告や研究会報告(「創造教育の指導原理」「特設生活科作業科の研究」「公開指導研究会概況」)が続く。

　また、創刊後間もない『新教育雑誌』第1巻第3号 (1931年3月) や第8号 (8月) には「新教育ニュース」の欄があり、上沼が執筆を担当していた。ここにはカナダからの視察者報告、ジャワから日本に対する新教育照会、オーストラリアの新教育団体の紹介等が掲載されており、海外の新教育団体との接点をうかがわせる。「本会発起人上沼久之丞氏へ世界新教育連盟から種々の報告が来て」[19]いることから、上沼が実質的にこうした海外教育団体との渉外としての役割を担っていたと考えられる。

(3) 会員について

　会員は、協会の伝えるところによると「実務開始以来未だ二ヶ月余の今日早くも会員五百五十名を擁する盛況」[20]をみせ、その1ヵ月後の1931年「三月末の統計によると会員数既に六百十名に達し」[21]たという。発会から1年後には1,000名を越し、第1回夏季講習会終了後には「既に千二百名を突破した」[22]とあるように、発足当初1年間ほどは順調に集まったようであるが、その後会員は伸び悩んだようで、新入会員を紹介する会員募集運動を展開している。

協会発足時の会員は、「特別会員」「普通会員」とも東京・神奈川の会員が多くを占めていたが、東北から九州、南満洲に至るまで幅広い地域からの会員で構成されていた。最初に地方支部ができた宮城県[23]や、秋田県に代表されるように、地方においても多くの会員を集めたことから、協会の方針に賛同する新教育学校や人物を中心に、会員を取り込んでいったと推測される。これは、「発起人名簿」に地方の新教育校として知られる小学校長が含まれていたこととも関連している。

会則第6條では「新ニ本会ニ入会セントスルモノハ会員二名以上ノ紹介ニヨリ役員ノ承認ヲ経ルヲ要ス」とあるように、当初は紹介者を介する必要があり、入会が限定されていた。しかしこうした会員紹介システムでは会員増に限界があったようで、実質的には会則を残したまま、紹介者なしで入会できる仕組みをとっていた。

（4）座談会・研究会・講習会の実施

機関誌発行後、最初の特集号は1931年4月の「郷土教育」号であった。この特集号に先立つ研究会では、郷土の定義や郷土教育の中身をめぐって議論が展開されたが、「新教育」と郷土教育との接点を見出そうとする姿勢は参加者に共通するものであった。郷土教育の研究会は、次の研究課題「カリキユラムについて」に継続討議された。野口は「新教育の立場から云ふと、固定したカリキユラムが非常に教育を束縛するので自由な研究が出来ず、これが為に殆ど新教育の実践が阻害される」[24]という。そしてウォッシュバーンの見解を引き合いに出しながら、個人的性情と同時に社会的性情を養う必要性を主張し、志垣が「在来の新教育は方法的研究に偏したせいか、個人性の発展を重視しすぎてこの社会的要求というものに対して看却した部面が多すぎた」[25]と応じる。こうした座談会の議論を踏まえて、機関誌では「カリキユラム特集号」が組まれた。

カリキュラムをめぐる議論に付随していた問題として、教育と「移り行く社会」との関係性を問う社会状況があった。「社会の変化や思想界の変化に伴つて起つた教育の目的観の変化は、やはり学科課程に変化を起すだろう」という認識から、教育改造の手段としてカリキュラム問題を持ち出している。

さらに、新教育連盟第6回国際会議の議題「教育と変遷しつゝある社会」との関連も意識されている。1932年4月24日の座談会ならびに7月号の研究問題は、同年フランスのニースで開催される第6回世界新教育会議にあわせて「教育と移り行く社会」がテーマとなっている。座談会は、「一体、教育といふものは社会の後について行くべきものか或は一段高い所にあつて社会をリードして行くべきものか。一時盛んだつた自由主義の新教育は政治や経済と没交渉だつたためにそこに行き詰りを生じたのだと思ふ。教育は後について行くべきか先に立つて行くべきかどちらだらう」という志垣の問題提起に対し、羽仁が「吾々は教育の力で時代を作り得る、よく作らなければならぬ、というのが根本だ」という見解を示し、志垣もこうした「教育による社会改造」に同意している[26]。この年開催された世界新教育連盟主催の新教育会議には、日本代表として羽仁もと子・山崎博・大志万準治・榊原喜久治らが派遣された。

　上述した座談会とは別に、協会は夏季・冬季にそれぞれ全国の会員を集めた大会を実施している。この後も恒例行事となる第1回夏季講習会は、静岡県御殿場小学校で開催され、入沢・小林・田中・阿部による講演、原田・高良・赤井・小原による特別講演のほか、田島小・浅草小による研究発表が行われた。この研究発表講習会の内容については、後日『新教育汎論』というタイトルで同年11月に出版された。また、第1回新教育会議（1933年12月26～30日、浅草区富士小学校にて開催）では、出席者約300名を集め、朝鮮や台湾からの参加者もあった。討議題「自力更生と新教育」をめぐって「場内の空気は急角度に高騰」したため、複数の委員が協会の見解を調整し、「自力更生の精神は我が新教育協会の不断の主張に合致するものにして之が徹底を計るには将来の教育は須く歴史的進展過程に立つ郷土的勞作的生活指導によらざる可らず。その実現を適切ならしめんには生活指導の原理により現在の教科課程を再吟味し新しき教科課程の構成を必要とす。吾人はこれが達成を期す」[27]と決議された。このように、教科課程の改造が発会後から協会の主要な研究課題となっていたことに注目したい。

　なお、協会の活動期間を通じた座談会・研究会・講習会等のテーマ一覧について、文末に掲げた。

第2節　日満新教育会議の開催（1933年）前後の動き

　ここでは、機関誌が『新教育雑誌』から『新教育研究』に改題された1933年から1934年にかけての時期を扱う。この2年間は、新たな事業を取り入れながら協会の活動が安定化していくと同時に、「新教育」に対する社会からのまなざしを意識していた様子がうかがえる。

（1）機関誌・スローガン・役員構成等の改革
　先に述べたように、志垣を中心とする機関誌充実の訴えは、第3巻第2号（1933年2月）から『新教育研究』と改題されることによって達成される。「急告」では、1933年より機関誌名を『新教育研究』と改め、これまで年4回の特集号と8回の会報で編集されていた機関誌を毎月96頁にして「出来得る限り内容の充実を計り、日本に於ける唯一の新教育研究機関として益々発展を期したい考へ」[28]が示された。1年間の機関誌発行計画「昭和八年度役員原稿担当予定表」が掲載されており、各月で「論説」「実際研究」「随筆」を執筆する役員の割り振りもなされている。こうした機関誌の内容充実に伴い、会員外の希望者にも販売されることが決められた。さらに、1933年8月から藤谷重雄が機関誌編集担当者となり、藤谷はこの後1938年までの長期にわたって[29]『新教育研究』の編集に携わった。

　また、1932年9月30日の役員会で川崎利市[30]を主事に推薦し、藤谷とあわせて協会の実務体制の確立がはかられていった。彼は愛媛で小学校長を務めていたが、職を辞して協会の企画・運営を担った。1933年には、協会の示す「新教育」の内容をより明確に公にするという意味で、趣意書以外に協会の活動指針となるべきスローガン「新教育は主張する」が議論された。川崎主事が作成した原案を中心として、起草委員として原田・山桝・志垣が任命され、役員会での議論を経て以下の5ヶ条「児童の生活を尊重し、文化創造の新勢力たらしめる」「個性発揮による協力社会の完成に向て誘導する」「生活の具体的環境に立脚して新鮮なる陶冶材を構成する」「労作体験を重んじ自発活動を旺盛ならしめる」「教育者は教育愛、民族愛、人類愛に生きる」が定められた[31]。このス

ローガンは、会則や趣意書とともに機関誌に掲載されている。

また、1933年2月6日の役員会で名誉会員を置くことが決められ、鎌田栄吉・田中館愛橘・武部欽一（文部省普通学務局長）・谷本富・槇山栄治・小西重直[32]が選ばれた。こうした名誉会員は、「相当名声アルモノニシテ本会役員会ニ於テ推薦」する人物として改正された会則にも盛り込まれている。名誉会員を推戴した経緯は、次のように述べられる。「我国教育の権威者は進んで発起人となり、喜んで役員となり、会員となり殊に名誉会員六名の如きは国家教育の元勲者であつて、ともに我国教育の転換刷新に向つて邁進して」[33]いる、すなわち、こうした「相当名声アル」教育学者や文部省関係者が協会の名誉会員となっていることを外部に示すことによって、協会への信頼を高める効果を期待していた。

1934年には、役員組織の大幅な改革[34]を行い、従来の幹事制度から理事制度に改めた。常任理事3名の予定を7名に増員して選挙を行った結果、上沼久之丞・山崎博・田島音次郎・大西文太・相沢熙・小野源蔵・小林澄兄が当選[35]となった。また、当初「発起人名簿」に名を連ねていた教育学者・実践者23名が理事[36]として協会運営に関わることになった。

（2）日満新教育会議の開催と「日本精神」への接近

1933年における協会の主要な事業として、満洲への進出を指摘できる。これまで静岡県御殿場で8月に開催していた新教育夏季研究講習会を「日満新教育会議」として満洲で実施した。この夏季講習会は当初（1932年9月13日の理事会）九州阿蘇地方において「低学年に於けるカリキユラム研究」と題し富士小学校訓導の実際研究と教育学者の批判を中心として実施される予定[37]であった。しかしながら、この間の日満議定書調印（1932年9月）や国際連盟の脱退（1933年3月）といった一連の政治的動きを受け、協会も満州国の動勢に注目し始めたと考えられる。この夏季講習会には、日本から約150名、満洲から約300名の参加者を集めた。8月13日から16日にわたる講演ならびに会議「日満永遠の親善と新教育」に加え、8月20日まで旅順・撫順・奉天・新京見学が実施された。野口はこうした満洲への進出に関して、「日満永遠の親和親善を策するの根本は何と云つても共存共栄の原則である」[38]と

説き、「新教育」の普及がこうした満洲経営に効果的であるという見解を示している。

また、編集部員であった手塚・志垣・小野・川崎を中心にして、機関誌改造に関わる研究体制充実のため、1933年9月に編集部主催の座談会「新教育と日本精神」を企画した。司会を務めた志垣は、冒頭でこの座談会の意図を「新教育はよりインターナショナルであり、在来の教育はより多くナショナルであるかの如く迎えられやすい観を呈してゐる。此の四囲の情勢に照して日本精神の問題を闡明する事はわが協会の主張の為に意義あることだと考へられる」[39] と述べている。日本精神に関する言及は、この座談会後も、翌1934年5月12日の研究会「日本精神と新教育経営」で実践方面に拡大され、さらに夏季講習会の研究題目にとりあげられるなど、継続的に扱われた。1934年の夏季講習会は、「今年は特に大がかりに行ふ関係上、東京に開く」ことになり、2部構成がとられた。そのうち、富士小学校を会場とした第1部[40] で『日本精神と新教育』がテーマとして掲げられている。第2部は浅草小学校で『新体操と新教育』をテーマに開催、午後は富士小学校で第1・2部合併講習となった。なお、この二部構成の講習に対しては、「受講希望者は『日本精神と新教育』の方が『新体操の理論と実際』よりも多く、三対一の割合」[41] であったことから、多くの参加者の意識も「日本精神」に向けられていたことが読み取れる。夏期講習会で開催された座談会の様子は『日本精神と新教育』としてまとめられ、出版された。日本精神についての話題提供も、郷土教育からカリキュラム改革の延長に位置づけられ、これまで協会が実施してきた「新教育」を通じた教育改造の一環として受け止められた。

1933年には前年同様、年末に第2回新教育会議を業平小学校と共同開催した。この教育会議は委員の志垣・渡部・山崎が原案を作成し、「自由主義教育の再吟味と反動教育思想の解剖といふことが中心題目となるべき模様」[42] と報じられた。このほか、当該期の研究会・座談会としては「ナチスの教育に対する批判」（1934年3月17日）、「師範教育の改善と新教育」(4月14日)、「新しき意図による尋一の教育」(4月18日)、「地方の教育を語る」(6月14日)、「第二世の教育をどうするか」(8月4日)といった研究会が設定された。また、「新教育」実践校を視察し、感想

を交換する学校学級経営研究会も始められ、その第1回に玉川学園、第2回に自由学園(1934年10月12日)が選定されている。

　周囲の視線・社会的評価を気にしながら、「新教育」の無害性を強調する動きは、この時期の特徴であった。これを象徴的に示しているのが、文部省からの補助金交付である。補助金交付にあたっては、機関誌の巻頭で「文部当局に於ても我が協会の趣旨を賛同し、大いに之を援助する意味に於て出来得れば補助金を下附してよいとの内意もあり目下補助申請を出願中」[43]と述べられている。結果的に、1933年3月29日付の雑普111号をもって「昭和七年度事業奨励金トシテ金百円交付」された。この100円という金額は、協会全体の昭和8年度予算収入4512円17銭[44]に占める割合を考慮すると、その額面に意味があったのではなく、むしろ文部省から補助金が交付された事実が重視されたと思われる。すなわち、文部省から受けた事業奨励金という可視的な支援は、新教育協会が危険思想を持った団体ではないことを社会に示すという効果を有していた。協会は、この奨励金交付に対して「本協会として誠に光栄の至り」[45]として、入会案内に一層の拍車をかけた。このように、協会はその思想が危険でないことを表明するために、国策と「新教育」との関わりを持ち出していく必要があった。それは、あくまでも「新教育」的アプローチによって、現状の教育課題を解決できるという姿勢を表していたが、こうした「新教育」の意味する内容は、常に問い直されるべき対象となっていった。

第3節　汎太平洋新教育会議の開催(1935年)をめぐって

　ここでは、協会が社団法人化を志向する1935年から、汎太平洋新教育会議(以下、汎太平洋会議と略記)の開催を通じて、研究体制がさらなる多様化をみせる1937年前後の時期を検討の対象とする。

(1) 汎太平洋新教育会議の開催

　当該期における主要な事業は、1935年に協会の主催で実施された汎太平洋新教育会議であった。汎太平洋会議の開催にあたり、協会は「汎

太平洋新教育会議を眼前に控えた新教育協会では、協会の信用を一層高める」[46]ため、会員組織から社団法人への改組に向けて動き出した。結果的に、法人化が達成されたのは会議後のことであったが、1935年6月14日の総会で社団法人改組の件が可決[47]されてから、汎太平洋会議の準備が着々と整えられた。この会議は、「新教育に関する研究・実験・経験の交換」及び「国際親善」の2点を目的に掲げていた。招待国は、アメリカやカナダ、ニュージーランド、メキシコ、フィリピン、インド、ジャワなどの諸国[48]であり、この時点では1933年の満州への進出とは異なる「国際親善」の在り方が要求されたと考えられる。会議を前に、「今日は時局柄我が日本を正しく世界に理解せしむるの必要に迫られて居る時代」[49]という認識を示し、文部省や外務省[50]に対し補助申請を出している。申請にあたって添付された国内向けパンフレット[51]に加え、英語版[52]も作成されており、外務省や領事館を通じて海外に会議案内が伝えられた。

会議では、「公立の新学校の実際」[53]「私立新学校の実際」「学校前の教育」「アダルト、エデュケーション」「家庭教育と女子教育」「初等教育」「中等教育」「芸術教育並音楽教育」「手工教育並勤労教育」「師範教育」「新教育の哲学」「児童と宗教」「変動しつゝある社会と新教育」「体育」「農村生活と農村教育」「映画教育」「ラヂオと教育」「ヂヤーナリズムと教育」「特殊教育」「国際協調に関する教育」「学校に於ける試験と新教育」「塾教育」といった22の多様な分科会が設定された。その一方で、総会では教育勅語や日本文化の講演がなされ、諸外国に日本を正しく伝えるという機会となっていた。このように、汎太平洋会議の目的は、明記された上述の2点（新教育情報の交換、国際親善）に加え、日本的思想や文化[54]を他国に向けて発信することも重要な役割とされた。

野口は汎太平洋会議を主催したことによって、「新教育」が新興教育や自由教育と同類でなく、さらに国際主義に傾倒していないこと、すなわち「新教育」が危険思想ではないことの証明になったとの見解[55]を示した。また、この会議で設定された座談会では、「新教育」の「新」の意味が再考[56]された。そこには、「新」の文字を冠することによって、周囲から偏見の目で見られるため、これを見直す必要があるという主張の一方で、「新」を除くと「新教育」の独自性が失われるという矛盾が

存在した。このように、汎太平洋会議は日本初の国際的教育会議として「国際親善」を深めた一方、当時の日本精神や「新教育」の在り方、その関わりを見直すための契機をもたらしたという点で、大きな意味があった。

（2）汎太平洋新教育会議後の動き

汎太平洋会議終了後、協会では『汎太平洋新教育会議報告書』を出版した。そして、これ以降は1940年に世界新教育会議の日本開催を目指した準備工作を進めることで、協会の存在意義を高めようと試みている。具体的には、1936年度の事業計画として新たに研究部[57]を設けるほか、「新教育」に関する読者からの論文を募集し、新教育賞[58]を授与することを決めるなど、研究体制のさらなる充実をはかっていった。

全体研究の主軸となったテーマは、協会発足以来継続しているカリキュラム問題に加えて、健康問題が論じられるようになっていく。このふたつは、1936年に横浜市間門尋常小学校で実施された夏季研究発表講習会[59]において、第1講座「健康教育の理論と実際」第2講座「カリキュラムの改造について」として題目に掲げられた。これに並行して、試験制度の改善も提起される。赤井は「従来の成績考査方法をもつて新教育の結果を考査してその是非を云々せられ、それに対して、新教育主張者が自らの考査方法を提出しないで、泣きねいりの形を呈してゐるのが最もいけない」[60]と述べ、「新教育」を基準とした考査法の確立を主張している。同時期、ロンドンの新教育連盟でも試験問題が検討対象とされており、本部から送られてきた『試験地獄とその脱出法』（The Education Tangle and the Way Out）を翻訳して勉強会を開くなど、この時期協会では本部と連携した研究活動を展開している。1936年にイギリスで開催された世界新教育会議には、赤井米吉ら9名が派遣された。協会の総会では、世界新教育会議の主題「教育と自由社会」をテーマに研究会が設定されている。

座談会「最近の欧州・印度・支那の教育を語る」（1936年4月）では、ヒトラー政権の実態に関する原田の視察報告や、上沼による支那視察報告がなされた。1937年の夏季講習会では、東京市神田区駿河台下小川小学校を会場として「現代文化と教育」の講習会を開催している。この

会については、「米国ステツエン大学教授ハンガーランド、インドイダール州学務部長イナムダー氏など世界教育会議の出席者を講師に加へたところなど光つて居るので頗る好評」[61] と評価されている。一方で、「義務教育年限延長と内容革新の研究会」（1936年9月）を開催するなど、文部省の学制改革に並行した研究も扱われた。

また、この時期に開催された座談会の新しい試みとして、実業家との語らいの場「如何なる教育が望ましいか」[62]（1936年3月・12月）、「現代文化の基礎をなせる科学の最新傾向を知り併せて科学教育の刷新を期せんとする趣旨」の講習会「現代科学と教育」[63]（同年同月）が設けられた。また「単に教育界のみならず広く政治、実業、学術、思想等各方面の人々に加ふるに軍部の方へも出席を求めて時局の正しい認識を、今後の教育上の重大努力点、北支明朗化の為の文化の工作等につき研究を深め」ることを目的とした座談会「時局の教育を語る」[64]（1937年12月）も開催されている。このように、「新教育」そのものへの関心よりむしろ、社会における教育の適応について議論する場が設定されていく傾向がみられる。

第4節　協会解散に向けて

ここでは、実務担当役員が大幅に入れ替わる1938年から、協会が解散する1941年までの期間に焦点をあて、国民学校構想を主軸とした協会の活動を見ていくことにする。

（1）青年訓導の協会運営への関わり

1938年に入ると、機関誌の改題をきっかけに協会の実務を担う会員層が交代することとなった。機関誌は、第8巻第9号（1938年8月）から『日本新教育』へと改題[65]され、長年編集業務に携わった藤谷が若手会員の活動強化のために1938年6月末に担当を退いていることから、機関誌編集に関してはここでひとつの転換[66]を迎えたといえる。

協会では、「新教育と云ふ語が時代の思潮に即しない風があつて、そのために新教育の真義の普及が妨げられてゐる傾向があるから、これに

対して何らかの方策を講ずべしとの」危機意識のもと、「会の振興に関して予ねてから種々考究中であつたが、その一策として若い会員の活動を強化して会の振興を計ること」なり青年会員中から新教振興委員を上げ」[67]ることを決めた。振興委員には、研究部春日部環（浅草小学校）、庶務部大塚忠実（富士小学校）、編集部木村不二男（蔵前小学校）、藤田正俊（浅草小学校）のほか、会計部に土井昇と芦高庄兵衛が任命されている。1939年初頭には、新たに実務の役割分担も決定し、庶務に大塚・長谷川、会計に土井・芦高、編集に長谷・木村という東京市公立小学校の若手訓導を中心とした新体制が敷かれた。また、協会事務所の移転もこうした小学校と協会の結びつきを促進する要因になったと考えられる。協会では、1936年にこれまで事務所を置いていた城西学園が改築のため、いったん神田小学校を仮事務所としたが[68]、同年中にさらに浅草区富士小学校へ移転[69]している。

　こうした公立小学校訓導の台頭は、これまで協会の主張を理論的側面から支えてきた学識者と協会との間に、自然と距離をつくっていった。これは、若手訓導の活動が前面に出されることによって、学識者の主張が薄らいでいく傾向を生み出したと言い換えられる。例えば、1937年の夏季講習会では、帝国教育会主催の第7回世界教育会議と日程が重なった関係上、学識者の多くが世界教育会議への出席を選択し、協会の講習には不参加となる事態が生じた。こうした状況の穴埋めをしたのが公立小学校の訓導たちであった。また後述するように、この時期、訓導たちを「新教育」研究に駆り立てたのは国民学校を目前に控えたカリキュラム改造であったが、「綜合教授」の受け入れをめぐっても、青年訓導と学識者の対応には温度差が感じられる。

（2）国民学校の教科課程構想への期待

　青年訓導たちは、これまで「新教育」的手法によって研究を重ねてきた合科学習や綜合学習が、ようやく学制改革に伴う教育改造として反映されることに意義を見出していく。実際、協会は文部省から教育改造に関する意見聴取[70]に応じており、深川小学校（「低学年総合教育研究会」1939年2月9日）や富士小学校（「国民学校教科課程実験研究会」同年2月14日）[71]や業平小学校（「国民学校教科課程研究会」同年5月4日）[72]と合

同で研究会・座談会を開いて国民学校案に対する意見書をまとめている。また、国民学校教科から「綜合授業」が除かれるという報に接したときは小林節蔵訓導（富士小学校）[73]を中心に復活運動を展開[74]するなど、教育審議会の動向を確実に視野に入れながら「新教育」実践を展開していった。

　深川小学校で新教育協会主催の研究会の開かれた際、「国民学校新教科課程の実践形態」に関する研究座談会[75]が設定された。ここから、青年訓導と協会学識者との間に生じた距離を見て取れるだろう。小林（富士小学校）は「情報によれば、国民学校教科調査委員会で、第一、二学年に綜合教授を認むる項を削除することになつたとかいふ事であるが、それは事実ですか、入沢先生は委員でいらつしやるが、如何ですか」と質した。これに対して入沢による「その問題については私の立場として公開の席では何とも申されません」との回答を受け、さらに小林は「もしそれが事実だとすれば、それは教育の逆転だと思ひます。何としても之を喰止めなければならないと思ひます」と主張した。これを聞いた志垣は、「僕は削除に賛成」とし、その理由として「奈良式の合科の残骸がのこつてゐる。これからキレイに脱けて真の綜合教育を築くべきで」あり、「区々たる一、二年の綜合教授の問題を云々すべきではない」と述べた。これに対して大塚（富士小学校）は、分科的見方をすることについては志垣に賛意を示しつつ、綜合教授が1・2年生に限定されていることを不満とし、「一、二学年で果してあの四教科（＝国民科、理数科、体錬科、芸能科：引用者注）に分けて取扱が出来得るであらうか。私は一つでなければ本当の取扱は出来ないと思つてゐる。その意味からあの一項はぜひ存置しなければならないと思ふものであります」と述べた。さらに小林はこれを発展的に受けて「一、二学年のみならず、すつと上級まで生活題材により綜合的教育で一貫しなければいけないと思ふのであります。皇道に帰一するといふこともさうする事によつて達成し得ると思ふのであります」とまとめた。議論を通じて、終始カリキュラム改革に対する青年訓導の積極的な姿勢が読み取れる。

　公立小学校の訓導を中心とした活動は、国民学校カリキュラム構想のために、教科内容の細分化を伴いながら継続される。文部省がパンフレット『国民精神総動員と小学校教育』を刊行した際、協会はこれに即応し、1938年に同名の著書を発行する。この著書の中では、文部省の説く国

民精神総動員の理念を各教科に反映させた指導案づくりを行っている。また、1939 年には『国民学校案による綜合教育の実践』を出版し、同様に教科実践レベルにまで綜合教育の研究を深めていった。

　1937 年の後半になると、機関誌の誌面には非常時を反映した言説が主流となっていく。こうした最中においても、「教育社会と青年教師の任務」(1937 年 4 月)、「時局と教育に関する研究会」(同年 12 月)、「情操教育研究会」(1938 年 6 月) 等の座談会・研究会が主催された。1938 年には北京にて東洋新教育会議の開催を計画[76]し、また日本技術教育協会と共同主催で、東京市蔵前高等小学校において夏季職業実習研究発表会を開催[77]している。しかしながら、問題を焦点化しまとまりのある成果を見せたのは、前述の国民学校教科課程に関する座談会のみであった。協会は、1938 年末には、「国民学校案に対する意見書」[78]を公にしている。

　協会は、やがて野口の死をきっかけに 1941 年に解散したとされる。小林澄兄の戦後における回想では、この解散の様子について「われわれはある日ある場所で会合し、このことをきめたときの野口会長のいかにも残念そうな顔つきは、きわめて印象的であった」[79]と述べられていることから、おそらく 1940 年には役員間では解散が合意されていたと思われる。現段階で機関誌の発刊が確認されるのは、第 9 巻第 4 号 (1939 年 4 月) までであるため、解散の詳しい経緯は不明であるが、1941 年 5 月 24 日の評議員会・総会で「協会の社団法人たることを解消して汎太平洋新教育会議開催以前の目的並に事業をもつ団体に復帰することゝなり従つて今後は国民学校教育の理論的実質的研究を主なる事業とすることにな」り、さらに「事業中の図書雑誌の編集及び発行、講習会の開催、世界新教育連盟との連絡等はなくなることになつ」[80]たことが報じられている。協会は 6 月 14 日には蔵前小学校で国民学校研究会を開催するなど、会員組織になった後も国民学校教科課程の改造[81]には関与を続けていった。

おわりに

　本論文では、1930 年の発足から 1941 年の解散に至るまでの新教育協会における活動内を時系列に即して整理した。協会の活動内容から、活

動期間を4期に区分し、それぞれの時期における特性を分析した。以下、本稿を通じて明らかになったことをまとめておきたい。

　協会は、野口会長・入沢副会長のもと、発足当初から全国の新教育論者を役員や理事として取り込んでいった。発起人には、学識者や師範学校主事のほか、地方の新教育実践者を連ねており、理論研究と実践研究のバランスを保ちながら「新教育」研究を展開していった。実践研究に関しては、富士小学校・深川小学校・業平小学校といった東京市内の大正新教育実践校や、田島小学校が中心となっていた。機関誌の発刊を通じて「新教育」情報は伝えられ、発足後約1年間で会員は1,000名以上に達した。また、こうした「新教育」情報発信に加えて、協会は活動の目的に「国際交流」を掲げており、ロンドンに本部を置く世界教育連盟の日本支部としての位置付けもあった。

　協会の運営が安定しつつあった1933年には、満洲への進出を果たし、また同年「日本精神と新教育」に関する研究会を設定するなど、時局との連携は協会にとって常に意識されていた。こうしたなか、日本初の教育者による国際会議として注目された汎太平洋新教育会議（1935年）に向けて、「国際交流」の必要性を説くと同時に正しい「日本精神」を海外に発信すべきという認識も生じていた。「新教育」に対する社会からのまなざしも強く意識され、「新教育」が危険思想でないことを表明するため、協会では名誉会員の推戴や文部省からの奨励金獲得といった様々な対応をとっている。

　ところで、協会が発足から終始実施してきた教育研究活動は、教科課程の改造と総括できる。郷土教育から生じたカリキュラム改革への動きは、「日本精神」や試験問題への言及等を通して、やがては国民学校構想へと結実していく。こうした教育改造に対する志向は、文部省の方針を追いながら継続している。協会役員に大幅な異動があった1938年以降は、若手訓導が中心となってこうした国民学校構想は一層過熱する動きをみせる。

　以上のように、1930年代の「新教育」を見ていくうえで重要な団体である新教育協会について、本稿ではこの活動のアウトラインを描くことを試みた。協会が発信した「新教育」の内容や、国民学校構想の具体的内容については、稿を改めて論じることにしたい。

1 協会は1941年の解散後、1955年に戦前の役員を中心とした「国際新教育協会」として復活する。さらに、「世界教育日本協会」と名称変更され、現在の「世界新教育学会」(The World Education Fellowship Japan Section) に引き継がれている。戦後における復活の経緯については、戦前・戦後を通じて協会運営の中心的役割を担った小林澄兄が詳しく述べている。小林澄兄「新教育協会の誕生および国際交流」小原国芳編『日本新教育百年史』第1巻 総説 思想人物（玉川大学出版部、1970年4月）509-516頁。
2 本稿は、発表済の拙稿「新教育協会（1930-41）の活動内容に関する基礎的考察」『教育基礎学研究』第5号（2008年）の再掲である。シンポジウム報告にあわせて一部見出しを改め、また文末に表を追記した。
3 中野光『大正自由教育の研究』（黎明書房、1968年）268頁。
4 さらに磯田氏は、協会の性質について「教育による社会改革をめざすのではなく、新学校自体の生き残りのために社会状況の変化に則して、適応ないし合理化していこうとする姿勢を当初から示して」いたと述べている。民間教育史料研究会 大田堯・中内敏夫編『民間教育史料研究事典』（評論社、1975年）における「新教育協会」の項（磯田一雄執筆）、296頁。
5 小原国芳編『日本新教育百年史』第4巻 関東（玉川大学出版部、1969年3月）における「東京都」の項（木戸若雄執筆）387-390頁、408-412頁。戦前、常務理事を務めていた小林澄兄が協会の活動を回顧した文章としては、注1が参考になる。
6 大井令雄『日本の「新教育」思想―野口援太郎を中心に―』（勁草書房、1984年）。
7 田嶋一「教育の世紀社と国際新教育運動」民間教育史料研究会『教育の世紀社の総合的研究』（一光社、1984年）637頁。
8 新教育協会発刊の機関誌閲覧に際し、香川大学図書館の神原文庫（『新教育雑誌』創刊号）、玉川大学付属図書館の木戸文庫（『新教育雑誌』『新教育研究』）、東京大学教育学部図書館（『日本新教育』複写版。なお、当館所蔵の『新教育雑誌』『新教育研究』は、前掲木戸文庫所蔵分を複写したものと思われる）等に所蔵されているものを利用させていただいた。なお、木戸若雄氏は『新教育雑誌』創刊号に先立ち1930年12月に「準備号」が発刊されたことを指摘している。木戸若雄『昭和の教育ジャーナリズム』（大空社、1990年）。
9 『教育週報』は、発足当初から協会の運営に関わり、評議員も務めていた為藤五郎を主幹として発刊された教育新聞であり、協会が主催した座談会の内容についても詳しく伝えている。なお本稿で引用した『教育週報』の記事は、すべて復刻版『教育週報』（大空社、1986年）を利用した。
10 野口援太郎「新教育協会創立の由来及今後の理想」『新教育雑誌』創刊号（1931年1月）。
11 「国際的の「新教育協会」生る 先づ新教育講演会を開く 十五日夜創立総会」『教育週報』第270号（1930年7月19日）2面。
12 「新教育を掲げて華々しい講演会 教育界の新人輩を並べ 八月四日教育会館にて」『教育週報』第272号（1930年8月）2面。
13 「新教育協会世界的躍進へ 来年は講習会、雑誌創刊 十三日の発起人会に決定」『教育週報』第279号（1930年9月20日）2面。なお、協会発足に先立ち、東京市の小学校訓導を中心とする教員団体「日本新教育協会」が存在していた。『教育週報』第282号（1930年10月11日）の記事は、新教育協会とこの「日本新教育協会」との合同が結実しなかったことを伝えている（「二

つの『新教育協会』合同、物にならず 野口氏等の協会の申込に銘々の志す道に進まうと」)。木戸若雄氏は、「日本新教育協会」はやがて新教育協会に「円満に吸収されたようである」と指摘する（注5、390頁）が、両者の合同が達成された時期については不明である。

14 創刊号には、協会発足時の役員が以下のように記されている。会長：野口援太郎、副会長：入沢宗寿、研究部：小林澄兄・原田実・稲毛詛風・佐々木秀一・北沢種一・赤井米吉・山崎博・阿部重孝・田中寛一、編集部：志垣寛・手塚岸衛・畠山花城・相沢熙、庶務会計部：上沼久之丞・大西文太、会計監査：為藤五郎・田島音次郎。「会況一束」『新教育雑誌』創刊号(1931年1月)。

15 「愈々実行に 新教育協会 廿日発起会」『教育週報』第289号(1930年11月29日) 2面。なお『新教育雑誌』創刊号には「発起人名簿」として約80名の氏名が掲げられている。ここには、前掲協会役員のほか、小原国芳・倉橋惣三・小泉郁子・下中弥三郎・羽仁もと子・三好得恵・木下竹次・及川平治・谷本富・長田博らのほか、地方で新教育を実践していた小学校長が名を連ねている。

16 「新教育協会趣意書 全国的に運動」『教育週報』第290号(1930年12月6日) 2面。なお、「新教育協会趣意書」の全文は、以下の通り。

　　凡そ真の教育は常に時代と共にあるべく、時代の進展は教育の革新を要求して止まない。今や社会の進運は日に新にして政治、経済、道徳、芸術、思想等民衆生活の全野にわたりて急激なる転回をなしつゝある。然るに現下日本の教育は全くこれと其の歩調を共にせず、旧態依然たるものあるは吾等の憂慮にたへざるところである。

　　惟ふに新時代の教育は児童生徒の個性に即してその天分を完うせしめ、以て協力共存の社会生活を生活せしむるにあるべく、これが為には現代社会の機構に対する認識を新にし、教育の組織方法並に教科課程等あらゆる領域にわたつて転換刷新するところがなければならぬ。

　　吾等こゝにみるあり即ち国内の同志相携へ新教育協会を組織し既に其の方途に出発せる海外の団体と連絡して以て真にして新なる教育の使命を達成せんことを期する。

17 「編集後記」『新教育雑誌』第1巻第11号（1931年11月）。
18 「新教育協会々則」第2條に「本会ハ新教育ノ向上発展ヲ図リ併セテ国際的ニ連絡スルコトヲ以テ目的トス」とある。
19 野口千代彦「教育の国際化に就て」『新教育雑誌』第1巻第7号(1931年7月)。
20 「協会消息」『新教育雑誌』第1巻第3号（1931年3月）。
21 「協会消息」『新教育雑誌』第1巻第4号（1931年4月）。
22 「消息・希望」『新教育雑誌』第1巻第9号（1931年9月）。
23 「新教育協会 宮城県支部発会式」『新教育雑誌』第1巻第12号(1931年12月)。
24 「第二回研究座談会 カリキユラムについて」における野口の発言。『新教育雑誌』第1巻第5号（1931年5月）。
25 同上、志垣の発言。
26 「座談会の議題―教育と移り行く社会 ◇…新教育協会主催」『教育週報』第364号（1932年5月7日）4面。
27 「第一回新教育会議事録 総会、部会とも緊張 全国教育実際家の権威三百 ◇…蘊蓄を傾けて三日間の討議」『教育週報』第398号（1933年1月1日）2面。
28 「急告」『新教育研究』第3巻第2号（1933年2月）。

29 第3巻までは志垣が編集兼発行人となっていたが、第4巻以降新教育協会代表野口の名になっていることから、おそらく1933年前後に志垣が編集業務から身を引いたと思われる。なお、歴代の編集担当者としては野口千代彦(1931年1月〜1932年1月)・桑原弥太郎(1932年2〜3月)・松村泰太(1932年4〜1933年5月)・小池直(1933年6〜7月)と引き継いできたが、従事期間はいずれも短いときは1ヶ月、長くても1年であった。藤谷は、機関誌編集にあたって志垣・相沢・小野・手塚・山崎・川崎らが尽力したと記している。「編集だより」『新教育研究』第4巻第8号(1934年8月)。

30 川崎の主事就任については、以下のように述べられている。「川崎氏は愛媛県在職中早くより新教育に対する研究を積み万難を排してこれが実施のため検討して来た有力なる教育家で、さきにはニースに於ける世界新教育会議に日本代表の一人として出席したことは既報の通りである。氏は前述の如く堅い決心の下に愛媛県波止濱小学校長の職を辞しその生涯を新教育のために捧げる覚悟で無報酬で新教育協会主事となった。同協会はこれがため確固たる活動の中軸を得たので今後一層目覚ましい発展をなすことであらうと大なる期待をかけられて居る。氏は新教育の理論に就ても深い造詣をもって居りその実際方面については更に豊富な体験を有つて居る。今後時間の許す限り全国各地からの講演の需めに応じて出張し新教育の普及徹底に尽す筈である。」「新教育協会 更に活動を開始 川崎氏の主事就任により」『教育週報』第390号(1932年11月5日)2面。

31 「新教育は主張する 何を主張するかについての討議座談会」『教育週報』第415号(1933年4月29日)4面・第416号(5月6日)4面。この記事は、スローガン「新教育は主張する」が役員会において1ヶ条ずつ言葉を選びながら慎重に決められていった過程を伝えている。

32 「新教育協会 新名誉会員 予算をも協議」『教育週報』第404号(1938年2月11日)5面。こうした名誉会員の協会に対する働きとしては、雑誌への寄稿や講演者としての登壇、寄付の斡旋のほか、協会の主張を国策決定の場に吸い上げる役割などが期待されていたと推測される。

33 「文部省から補助」『新教育研究』第3巻第3号(1933年3月)。

34 人事改革の理由として、「会の幹部に居る人々はわが国教育界の理論的、思想的方面に於ける権威者を網羅して居るだけに、何れも公私多端の渦中にあり、会の経営事務方面に関しては割合無関心、不得手の人多く、ために常にその経営的基礎に於て常に苦悩多」い状況を打開するためと述べられている。「新教育協会陣容立て直しか 甦生のため臨時総会」『教育週報』第455号(1934年2月3日)7面。

35 「新教育協会新常任理事」『教育週報』第458号(1934年2月24日)9面。

36 後に国民訓育連盟の理事長となる草場弘も、理事として名を連ねている。

37 「低学年のカリキユラム研究 新教育協会の新題目 来年は九州に講習会」『教育週報』第383号(1932年7月17日)7面。

38 野口援太郎「日満永遠の親善と新教育」『新教育研究』第3巻第9号(1933年9月)。

39 座談会記録「新教育に於ける日本精神」における志垣の発言。『新教育研究』第3巻第10号(1933年10月)。

40 第1部について、「講師は各方面に依頼して、広い見地から日本精神と新教育との関係を十分に論究すべく、協会から入沢宗寿、小林澄兄、原田実氏等、

実際家として上沼久之丞、山崎博氏等、其他学者方面から小泉信三、中村考也、平泉澄氏らに依頼することになり、政治、国際方面から荒木前陸相、杉村陽太郎、松岡洋右、後藤農相、鳩山前文相諸氏に交渉することになつてゐる。」と報じられている。「新教育協会の夏季講習会 日本精神・新体操と新教育」『教育週報』第471号（1934年5月26日）8面。

41 「景気、不景気 今年の各講習会 七月廿四日の現在」『教育週報』第480号（1934年7月28日）5面。

42 「新教育協会の教育会議 この冬に第二回を ◇…本所業平小学校にて」『教育週報』第440号（1933年10月21日）2面。

43 注32に同じ。

44 「昭和八年度予算」『新教育研究』第3巻第2号（1933年2月）。

45 「入会を乞」『新教育研究』第3巻第4号（1933年4月）。

46 「新教育協会を社団法人に改組 新教育会議を控へて」『教育週報』第525号（1935年6月8日）第2面。なお、この記事には社団法人化の利点が野口によって以下のように述べられている。「公益法人にすれば会の信用が高まるし、一方には色々な保護も受ける。例へば講習会を開くやうな時に汽車賃の五割引といふやうな特典がある。文部省に内意を聞いて見たら出来さうだから思ひ立つた訳である。法人組織にすれば役員の責任も重くなるが、以上のやうな訳でさうする事にした。」

47 しかしながら、実際に社団法人化が達成されたのは、汎太平洋新教育会議後の1936年であり、5月23日の総会で報告された。「今後は内容の充実へ 社団法人になつた新教育協会総会」『教育週報』第576号（1936年5月30日）7面。

48 実質的な海外からの参加人数は、アメリカからの参加者35名（代表者パーカスト）、満州からの参加者17名を含む62名であったとされる。協会は、満洲が参加することによって支那が不参加の意を示したこと、インドからの参加者がいなかったこと等に遺憾の意を示している。協会は満州からの参加者16名に対して、教育視察手当を外務省文化事業部に申請し、結果1名あたり185円が支給された。「満洲国教育代表内地教育視察費補給申請の件」（外務省外交史料館「汎太平洋新教育会議ニ出席シタル満州邦代表 張寿昌外十五名」『満支人本邦視察旅行関係雑件／補助実施関係』第16巻所収。アジア歴史資料センターHPより取得。レファレンスコードB05015763800、史料番号H-0592、0146～0150コマ）。

49 「汎太平洋教育会議 順調に基礎工作進む 八月開会の予定」『教育週報』第505号（1935年1月19日）第2面。

50 「汎太平洋新教育会議開催ニ付援助方依頼ノ件」外務大臣広田弘毅宛、1935年2月21日付野口援太郎書簡。これによると、「文部省ヨリモ援助セラルルコト相成居候」とある。（注47に同じ、0102コマ）。

51 臨時増刊として発行された『新教育研究』第5巻第6号（1935年5月、約20頁）が国内向けパンフレットとして配布されたようである。このパンフレットは外務省に会議準備の経過報告を行う際、参考資料として添付されている。（外務省外交史料館「東京市富士小学校長上沼久之丞外二名民国視察手当補給 昭和十一年十一月二日」『本邦人満支視察旅行関係雑件／補助実施関係』第4巻所収。アジア歴史資料センターHPより取得。レファレンスコードB0515686100、史料番号H-0543、0222～0234コマ。なお、この臨時増刊号

は高野山大学付属図書館にも所蔵されている)。
52 汎太平洋新教育会議 (A Pan Pacific New Education Conference) のプログラムや交通案内が英文で書かれているパンフレットが、外務省に対する補助金申請の際に添えられている。この海外向けパンフレットが綴られている簿冊中には、満洲国から参加する教育者に対する費用援助もあわせて要求されている。(注47に同じ、0109～0122コマ)。
53 山崎は、「初等教育及び公立新学校の実際部門の研究発表は、日本精神に立つての論議が多くあつた」と述べている。山崎博「汎太平洋新教育会議と日本教育の新動向(続)」『教育週報』第542号(1935年10月5日) 7面。
54 汎太平洋新教育会議2日目午前中に開催された講演会の発表者・講演題目は以下の通り。吉田熊次「教育に関する勅語」、瀧精一「日本の美術」、野口米次郎「日本の詩歌」、根岸由太郎「日本の歌舞伎」。こうした日本側の発表に対する外国会員の反応として、ニューヨーク大学哲学教授スウエービーは、「第一に日本人は人生を愉快に見て居る。宿命的悲観的でなく、希望的な見方をしてゐる。次に愛国心が強く、能率的でよく勉強し、外国人に親切である。こんな事を綜合したのが日本精神だと思ふ」という感想を述べている。「外国会員との座談会 日本を褒めること褒めること 外国人はお世辞たつぷり」『教育週報』第534号(1935年8月10日) 2頁。
55 野口援太郎「新教育の躍進と次の課程」『新教育研究』第5巻第10号(1935年9月15日)。
56 「日本に於ける新教育の動向 新教育会議の座談会」『教育週報』第535号(1935年8月17日) 第6面。
57 「新教育協会 基金調達 研究部も設置」『教育週報』第548号(1935年11月16日) 第7面。この研究部新設によって、1937年度予算には事業費1300円程度が計上された。小林澄兄が部長、原田実が副部長となり、「教育理論、教育経費、新教科課程の三部門を設け、全国会員の十二年度に於ける研究は之を集めて審議の結果優秀なるものには新教育賞(二百円一名、百円三名)を贈る」ことになった。
58 「会員の研究に新教育賞 新教育協会の新事業」『教育週報』第620号(1937年4月3日) 7面。
59 この講習会の詳細については、著書『教育革新 日本教育の改造』(1937年)としてカリキュラムに関する報告がまとめられた。
60 赤井米吉「教育経営と成績考査法の検討」『新教育研究』第6巻第3号(1936年3月)。
61 「暑気に怯げず(ママ)講習会好況 見た景気・聞いた景気」『教育週報』第637号(1937年7月31日) 7面。
62 「新教育協会が実業家と語る会『現代は如何なる教育を要求するか』」『教育週報』第602号(1936年11月28日) 7面。
63 「科学と教育の講習会 斯界の権威者を動員して 新教育協会主催」『教育週報』第602号(1936年11月28日) 7面。
64 「各方面の人士と時局の教育を語る 新教育協会」『教育週報』第655号(1937年12月4日) 7面。来賓には、「野村学習院長、矢崎博之少将、門野商業会議所会頭、池崎文部参与官、杉森早大教授」が出席し、「各民族間に普遍妥当性のある優秀な文化を建設すべき」と意見が一致したことが報じられている。「今後の教育は大国民主義たれ 新教育協会研究会」『教育週報』第

658号（1937年2月25日）5面．

65 なお、1938年8月25日の役員会では、機関誌の改題に連動して「協会綱領の変更に関する件」についても議論された。「綱領を改め機関誌も改題 新教育協会の転向」『教育週報』第693号（1938年8月27日）5面．

66 藤谷が編集業務から身を引く直前の1937年に『教育週報』の記者から藤谷に対して「かう云ふ時代に対して最も努力して居る点は？」という質問がなされ、藤谷は以下のように答えている。「かう云ふ時代にも本質的な新教育の使命は守らなければならないが、また極力進歩的な部面を守ることに努力はして居るが、今のところではデモクラチックな立場から教育実際の改善に力を注いで居る」。また同記者は、協会の機関誌に新教育者らしからぬ執筆者の論考も掲載されている、という感想を漏らしている。ABC「教育雑誌編集 武者修行 新教育研究」『教育週報』第635号（1937年7月17日）3面．

67 「青年会員を動員 新教育の振興へ 新教育協会に振興委員会」『教育週報』第685号（1938年7月2日）2面．

68 「新教育協会移転」『教育週報』第569号（1936年4月11日）7面．

69 「新教育協会仮事務所移転」『教育週報』第590号（1936年9月5日）6面．

70 「教育改革の意見聴取 次は女教員代表？ 新教育協会からも」『教育週報』第670号（1938年3月19日）2面．

71 この研究会の参加者は、「高山、田島、山崎といつた協会の先輩連に加ふるに、当日の発表者である大塚、小林、林、長谷部、そしてこれを援護する立場にある木村、長谷、小野、金子、杉本等の青年層が動員されて」おり、これに山下徳治・上田庄三郎といった評論人、紀男爵も加わっていた。藤谷重雄「国民学校教科課程実験研究会所感」『教育週報』第719号（1939年2月25日）6面．

72 小林節蔵「国民学校教科課程研究会」『教育週報』第730号（1939年5月13日）3面．

73 小林訓導による国民学校研究は、東京市の教員を中心とした「国民学校協会」の結成に結実していく。「文部の支援で研究に乗出す 国民学校協会」『教育週報』第787号（1940年6月15日）2面．

74 「国民学校教科から「綜合教授」抹消の噂 新教育協会、復活運動に起たん」『教育週報』第770号（1940年2月17日）2面．

75 「国民学校教科課程を語る座談会（上）新教育協会で…その実践形態討究」『教育週報』第772号（1940年3月2日）4面．

76 「東洋新教育会議具体化に乗出す 会場は北京、会期は八月」『教育週報』第661号（1938年1月15日）2面．

77 「職業実習へ 労作教育の発展 新教育溶解技術教育協会研究会」『教育週報』第697号（1938年9月24日）2面．

78 「国民学校案に対する意見書 新教育協会」『教育週報』第709号（1938年12月17日）5面．

79 小林澄兄「新教育協会の誕生および国際交流」小原国芳編『日本新教育百年史』第1巻総説（思想人物）（玉川大学出版部、1970年）510-511頁．

80 「新教育協会改組 身軽な団体へ 総会で法人解消決議」『教育週報』第837号（1941年5月31日）第9面。また、この記事に続いて「新教育協会 過去の足跡 打撃は野口氏の死」として、以下のように解散理由が記されている。「時勢の変遷は一概に新教育といふ文字を自由主義と解釈するの風などあつて、会の活溌なる活動を妨ぐる事情もあり、また教育理論家としての精鋭を選

すぐつたことの会のその経営運用の手腕家を有しないことが禍して、近来兎角その活動が鈍つて居た」。
81「国民科研究会 新教育協会主催」『教育週報』第837号(1941年5月31日)第10面。

表1　新教育協会座談会・研究会・講習会等のテーマ

実施年	月日	題目名	備考
1931年	3月12日	「郷土教育について」	
		「カリキユラムについて」	
		「父兄と教師の会」	
1932年	3月28日	「師範学校附属小学校改善案」	
	4月24日	「教育と移り行く社会」	第6回世界新教育会議と同テーマ
		「自力更生と新教育」	夏季講習会
1933年	8月16日	「日満永遠の親善と新教育」	夏季講習会座談会（満洲にて）
	9月	「新教育と日本精神」	
1934年	3月17日	「ナチスの教育に対する批判」	
	4月14日	「師範教育の改善と新教育」	
	4月18日	「新しき意図による尋一の教育」	
	5月12日	「日本精神と新教育経営」	
	6月14日	「地方の教育を語る」	
	8月14日	「第二世の教育をどうするか」	
		「日本精神と新教育」	夏季講習会
		「新体操と新教育」	
		「若き教育者の自覚と悩み」	夏季講習会座談会
1935年	4月8日	「国際協調と教育外交」	
	5月10日	「児童の創造性と教育」	
	10月19日	「学校衛生児童栄養」	それぞれ1時間ずつ
		「児童の社会性級長選挙」	
		「時局問題」	
1936年	3月4日	「如何なる教育が望ましいか」	実業家との座談会
	4月8日	「最近の欧州・印度・支那の教育を語る」	
		「教育と自由社会」	第7回世界新教育会議と同テーマ
		「健康教育の理論と実際」	夏季講習会
		「カリキユラムの改造に就て」	
		「健康教育を語る」	夏季講習会座談会
	12月3日	「如何なる教育が望ましいか」	実業家との座談会
	12月3日	「現代科学と教育」	
1937年	4月24日	「教育社会と青年教師の任務」	
		「現代文化と教育」	夏季講習会
	12月18日	「時局の教育を語る」	
1938年	4月予告	「時局と学級経営につきて」	
	6月25日	「情操教育研究会」	
1939年	1月16日	「新教育を語る座談会」	
	2月10日	「国民学校教科課程実験研究会」	富士小学校にて
	5月4日	「国民学校座談会」	業平小学校にて

「シンポジウム」のまとめ

渡部宗助＊

1.

　今年（2012年）3月の研究大会におけるシンポジウムは、「植民地と「新教育」－1930年代を中心－」をテーマにして行われた。その開催趣旨については、代表・西尾達雄が述べているように、前年（2011年）のテーマを引き継ぐものだが、対象時期を1920年代から1930年代に下降させると共に、その狙いを「5項目」にまとめて提起した。

　今回の特徴は、第1に報告を台湾、朝鮮・韓国、日本という3国・地域の研究者にお願いしたことである。前年度は「満洲」、「台湾」、「朝鮮」という3つの地域を対象に、2人の日本人と韓国からの留日学生にその報告をお願いした。今回は「植民地（台湾と朝鮮）」と「宗主国・日本」という関係を意識すると同時に自らの立ち位置を重視する報告をお願いしたことである。第2にはその結果でもあるが、共通性よりもむしろそれぞれの地域における「新教育」の運動・実践の「特性」と言うべき姿を報告してもらったことである。第3には、前年度のように日本在住の3人の報告者が事前に会合・討論し、課題や方法（例えば、3地域夫々の「教育会雑誌」を主な「資料」する等）を深めるという機会・条件設定することができなかった、というマイナス的背景があったことである。

2.

　3人の「報告」は、それぞれに1930年代を念頭にいれて3地域の「特性」を描き出すべく先行研究を踏まえた貴重で有益なものであった。3人の「報告」は本書に収録されているので省略するが、コーデネイター・

＊日本大学文理学部（非常勤）

司会役の立場から多少のコメントをしたい。

　林初梅（リン　チュウメイ）報告では、1930年代の台湾における「郷土教育」論と実践が、「小学校」（内地人児童）と「公学校」（「台湾人」児童）とでは異なる課題を抱えていたが、双方とも「直観教授」「教育の実際化」という「新教育」上の共通の方法的意識を持っていたこと、児童の使用言語、生活基盤、生育歴の違いを背景にして、「愛郷心」から「我が国土愛」へ導かねばならぬという命題の実現は双方にとって極めて困難であったことを明らかにしてくれた。台湾生まれの内地人児童にとっての「郷土」とは、母語（日本語）と現実の在台湾生活、そして親が抱く「内地の郷土」という「想像」の領域であった。他方、台湾人児童にとっての「郷土」とは生活言語としての「母語」（「台湾語」）と生活、文化・歴史と自然そのものであり、そこから「我が国土（日本）愛」へというのは文字通りの「幻想」であったろう。郷土史教育の実施について、教員側に「公学校（台湾人児童）の場合は否定的な意見が多く、小学校（内地人児童）の方は肯定的意見が多い」という分析結果が、この問題の所在を端的に表していたと思う。

　林報告は、「郷土教育」そもそも論から、1920年との連続性、1930年代「内地」の郷土教育論を押えたスケールの大きい報告であった－保科孝一の植民地を視野に含んだ論考（1914）の紹介は貴重－、その分1930年代台湾の教育矛盾・課題における「郷土教育」（論と実践）の位置、機能の分析・整序が希薄になったという印象を残した。それは彼女の方の事情と言うよりも、対象自体にリアリテイと迫力が乏しかったことの結果であったと思う。

　第2報告者の尹素英（ユン　ソヨン）さんは、朝鮮の1930年代における「新教育運動の変容」を「簡易学校」を事例に論じた。普通学校さえ設置されなかった農村部に、1934年から設けられたこの「官制の特殊な」簡易学校（2年制）に、実は「新教育運動」の影響が残っていた事を論証してくれた。簡易学校に関する先行研究自体が希少な中で、簡易学校（史）研究としても新しい地平を開いたものであったように思う。

　この学校の創案はかの大野謙一（総督府学務課長、後に学務局長）だが、『朝鮮と簡易学校』（1935）の著者・池田林儀は「簡易学校はペスタロッチを昭和に復活させたようなもの」と賛辞を呈したという。「教育即生

活」、「公民教育と労作教育」を併せ実践しようとしたこの簡易学校には、確かに「新教育」の運動と実践の影響が読み取れるものであった。それが、当時の朝鮮「農村更生」政策・運動の一環であり、「よい日本国民づくり」として展開されたのだが、1校1教員が配置された中で朝鮮人教員が約80％を占め、視学官などの監視下にあっても「民族教育」の実践も見られると言う。新教育運動の「変質」と決めつけるのではなく「変容」と評したのは、そのような実践も見落とすまいとする、彼女の秘められた思いがあったのであろう。

　3番目に、シンポ開催地・日本の「1930年代の新教育－新教育協会の活動を中心に－」を永江由紀子さんが報告された。日本の新教育運動の退潮期と言われてきた1930年代に、一方において国際的活動が展開され、他方において時局的とも言うべき「日本精神」が語られて「国民学校」案への接近が企てられた。この間の動向を、新教育協会の機関誌の丹念な追跡とこの新教育運動の動向を好意的に報じた『教育週報』に拠って描いてくれた。

　多少物足りなかったのは、「国際的活動」が新教育協会側からの視点であって、相手側の対応が見えて来ないことであった。例えば、日満新教育会議の開催地（大連）の動きはどのようなものだったろうか。さらには、新教育協会解散（1941年5月？）という深刻な事態に至るのだが、それが余りにも平穏に語られている。所詮、自然死程度の意味だったとも言えようが、そこまでに追い込まれた「内・外」の力学というものもあったのではないか。戦後日本における「新教育」復活との関係で見ると、1930年代は重要なエポックだっただけに、これは報告者にのみ期すべきことではなく、研究会が解明すべき課題であろう。

3.

　このように3つの報告はそれぞれに1930年代における「新教育（運動）」の局面を抉りだしてくれた。筆者はコメンテイター・司会としての「レジメ（討論メモ）」を用意し、配布したのだが、それは「総花」的であった。研究史的に必要な枠組みとそこに嵌めるべき事項は汲み取っていたと思うが、この3人の報告とは部分的にクロスするだけであって、結論としては「討論メモ」と「3報告」とはミスマッチであっ

たように思われた。

　それは、日本とその植民地における「1930年代」とはどういう時代であったか、そしてそれぞれにどういう教育上の矛盾を抱え、それをどう打開しようしていたか、「新教育」運動はそのどの部分を担おうとしていたか、それらを前面（「項目０」）としてではなく、仮説的にでも全面的に述べるべきであった、という自省である。そうすれば、「新教育」に関わる個別研究としての３報告を横に結び付けることも、あるいは聞く者にとっては自ずと３報告の位置関係が見えたのではなかろうか。

　討論では、各報告に個別的質問がなされて、各報告者と参加者にとって有益であったと思われる。例えば、「1930年代の台湾社会において、特に農村部はどういう状況・課題があったのか？」という旨の質問が林さんに出されて、フロアから「霧社事件」の影響なども語られた。尹さんには、「1930年代の「簡易学校」は植民地下の朝鮮人の子どもたちに、何をもたらしたのか」という質問も出された。それは、核心を突く問いではあっても、論証は極めて難しいことで、植民地教育史研究固有の方法論が求められるのではないか。永江報告には、1930年代日本の「新教育」の担い手たちは「農村教育」をどう捉えていたか、を筆者自身は尋ねたかった。疲弊した日本の農村教育と朝鮮の「簡易学校」との間に何か共通項があったのか、別世界だったのか。

　このようにシンポを「まとめ」てみると、シンポの企画・立案の当初には「満洲」地域が入っていてその報告を位置づけていたのだが、準備の過程でその実現を断念したのが惜しまれた。確かに植民地教育史の世界では研究者層が薄いが、該地における「教育権回復運動」についての研究はあり、それを「新教育」の視点からとらえ直してみるようなことはできたのではないか、とも思う。さらに、筆者は多民族国家「満洲国」の初等段階では「労作教育」とそれを支える「身体づくり」なしには教育が成立しなかったのではないか、そしてそれは「新教育」が植民地において最も「適合」的領域であり、方法であったのではないか、という仮説を抱いている。

　前年（2011年）のシンポジウムが「1920年代」であったから次は「1930年代」だ、というテーマ設定にはそこに継続性の意識があり、それ自身は否定すべきではなかった。しかし、その「異と同」を深める議論を省

いてしまった安易さがあり、各報告者にもこれまでの研究のエッセンスをお願いした。テーマに沿った「収斂」の意識は、準備過程で希薄化してしまった。「企画・実施」の一員として反省の弁である。

Ⅱ．研究論文

台湾植民地期初期の日本語教育
―― 伊沢修二の教育政策をめぐって ――

林 嘉純[*]

はじめに

　1895（明治28）年から約50年間、台湾は日本の植民地になり、日本語教育政策が行われた。この50年間に実施された教育政策については、多くの研究者によって、それが「国語教育」であったのか、それとも「外国語教育」であったのかという二つの見解をめぐって論じられてきた。例えば国府（1936）、蔡（1977）がある。また阿部洋（代表）が史料文献を収録し、整理して出した『日本植民地教育政策史料集成（台湾篇）』によると、収録された教科書の内容の分析から、台湾における教科書の「国語教育」は「日本語教育」が中心であった[1]ことが指摘されている。そして、50年間の教科書編纂・発行状況をもとに分析がなされ、4時期（国語伝習所時代、台湾公学校令公布以後、台湾教育令公布以後と国民学校令）[2]に区分されることもわかった。
　植民地期教科書編纂事業は学務課の編纂係に属し、取扱っていた事業は教科用図書及び辞書の編纂に関するものであった。学務課分掌規程によると、「教育は国運の利害との関連、同化の方針の普及…学校の増加、本当の教育、適当の施設、内地の如く画一の制度を施行すべからざること、適当の法規の改正、学校教授管理の方法、生徒の心智と言語に対し、新案を講究し、研鑽すべき、経費などがある。その結果、学務課は（教務係・視学係・編纂係）となった[3]」とある。また蔡[4]によると、当時発布された「国語伝習所規則」、「台湾公学校規則」、「台湾教育令」と「新台湾教育令」の主旨から、台湾人に対する教育方針はこれらの規則に基

[*] 拓殖大学大学院言語教育研究科（博士後期課程在学）

づいて実施されたということである。

　以上のことから台湾植民地期50年間に実施された教育方針は編纂された教科書及び教科書内容と大きな関連があるものと思われる。教科書の内容については、既に多くの研究者によって分析がなされ、出された論文がある。その一つに、国府[5]によるものがあるが、それによると当時の台湾に於ける教育は、5期（①グアン法　②内容中心主義　③練習主義　④イェスペルセン式　⑤構成式）に分かれているという。また、蔡は、①二語併用教授法　②グアン氏言語教授法　③イェスペルセン式法　④構成式の4期[6]の説を提示している。また近藤（1998）は「伊沢修二の「対訳法」は彼の統治論である「混和主義」と深く結びついた必然的な教授法[7]だった」と述べている。

　筆者はこれら研究文献、資料を読んでいるうちに、初期の伊沢の「対訳法」あるいは「二語併用教授法」から、その後山口喜一郎の「グアン法」への転換について興味を持った。「対訳法」の後に、1898（明治31）年当時国語学校の教授であった橋本武が台湾教育会の前身である「国語研究会」で「グアン氏言語教授方案」（以下はグアン法と略称）について講説した。山口がそれを受けて、1899（明治32）年4月から国語学校付属学校で公学校児童に実地実験を行なった。その結果、1900（明治33）年学務課から「台湾公学校国語教授要旨」が発行された。これは当時公学校の国語読本の根拠となり、「台湾教科用書国民読本」が編纂された。しかし、実際の「台湾学校国語教授要旨」の内容を見てみると、「グアン法」を「甲の教授法」とし、同時にもう一つの異なった「乙の教授法」[8]というものが採用されていることがわかる。「甲の教授法」はグアンのある目標を達成するための一連の動作からなる教授法であるが、「乙の教授法」は実物提示と問答法による教授法である。具体的には山口によると「先づ児童の熟知せる物体を取り、其の形質を列記し、教授時間と程度とを量りて教材を仮定する。次に各生をして其の物体を観察せしめたる後、其の物の形状性質重量大小運動及び効用等につき、一々土語もて問答し、仮定せる教材の記載を削正す。（略）[9]」と述べている。そしてこの「乙の教授法」が後の台湾の中心的な教授法になっていく。

　筆者の修論[10]では、この「乙の教授法」は伊沢が留学していた米国で一世を風靡していた「ペスタロッチ原理の教育理念」、すなわちブリ

タニカ国際大百科事典によれば、「書物により言葉や文字を媒介として観念的に物事を教授し学習させるのに対し、具体的な事物、実際の事物を直接観察させたり触れさせたりして教授し学習させる教育方法[11]」というものであるが、それと深く関連があることについて述べた。更に「ペスタロッチ原理の教育理念」は明治初期日本国内の師範学校の教育と深く関係があるということも述べた。そして伊沢が米国で受けた「ペスタロッチ原理の教育理念」は実は「実物提示」と深く関連があるし、また明治初期日本国内でも出版された『日本庶物示教』[12]の中に、「問答法」ということも記載されている。

本稿では、伊沢の米国留学が台湾植民地期初期の教育に対し、どのような影響を与えたか、またどのような関連性があるのかについて、伊沢の留学した当時の米国の教育法及び伊沢の教育政策の背景を深く追究し、台湾初期の教育の背後にある「欧化主義」とどのような関連があるかを明らかにしたいと思う。

1. 初期の教育政策

台湾植民地期に於ける教育に関しては、関（1997）の「国家輸出の教育」、近藤（1998）の「混和主義」説、陳（2001）「同化」説、そして「皇民化政策」など様々な研究がある。台湾は日本の最初の植民地として日本語教育が実施されたが、日本国内の外国人に対する日本語教育は、歴史的に、16世紀のポルトガル宣教師の日本語教育が見られる。しかし植民地に対する教育は前例がなく、台湾初期初代の学務部長としての伊沢の功績を見ることが一つの基準となっている。

1.1 台湾教育方針の主旨

台湾初期の伊沢の教育方針を見る前に、まず50年間の教育方針を見てみることにする。台湾総督府から発布された教育方針の規程から、4つの時期に分けられ、下のようにまとめられる。

第一期「国語伝習所規則」（明治28年6月22日公布）

第二期「台湾公学校規則」(明治 31 年 8 月 16 日公布)
第三期「台湾教育令」(大正 8 年 1 月 4 日公布)
第四期「台湾教育令」(大正 11 年 2 月 6 日公布され、(大正 8 年公布)が廃止)。

四期の主旨の内容：
第一期：「国語伝習所ハ本島人ニ国語ヲ教授シテ其日常ノ生活ニ資シ且本国的精神ヲ養成スルヲ以テ本旨トス。」

第二期：「公学校ハ本島人ノ子弟ニ徳教ヲ施シ実学ヲ授ケ以テ国民タルノ性格ヲ養成シ同時ニ国語ニ精通セシムルヲ以テ本旨トス。」

第三期：「内地人と別個の教育系統を採用せる理由は、本島新附の民は、皇化に浴する事尚未だ久しからず、国語修得の上に、一大難関を有するからであった。併し将来民度の向上を来せる際、本令の内容を改正すべき事は、第三条に教育ハ時勢及民度ニ適合セシムルコトヲ期スヘシとあるに依っても、明らかなことであった。」

第四期：「内台人による差別教育は、之を初等教育に止め、その他は大体内地の教育制度に依拠し、内台人の教育に差別を徹廃する事としたものである。第四条に公学校ハ児童ノ身体ノ発達ニ留意シテ之ニ徳育ヲ施シ生活ニ必須ナル普通ノ智識技能ヲ授ケ国民タルノ性格ヲ涵養シ国語ヲ習得セシムルコトヲ目的トス。」

　以上の内容から 50 年間の教育方針は、あるステップの積み重ねで進んでいったことが見て取れる。しかし、初期台湾における本島人と内地人は、お互いに意思疎通が満足にできない状況の中でどのように教育が実施されていったのか、この問題について伊沢の教育政策から見ていきたい。伊沢の日本語教育草創期の業績については、既に多くの研究者によって語られてきているので、ここでは細かい説明を省略する。本稿は伊沢の業績の背景を追究するため、まず伊沢の教育観から探っていくことにする。

2. 伊沢の教育観と教育背景

　『台湾教育沿革誌』の第三篇・第三章「公学校」の内容によると、伊沢は 1896（明治 29）年 7 月非職するまで、「公学校の設置」の計画を立て、提言した。しかしこの計画は当時の総督府予算大削減のために停滞した。そして、この計画はやっと伊沢の非職後の 1898（明治 31）年 4 月になって再び公学校設立の準備に着手されることによって始まった。

　教育方針を制定することは、当局の政策方針に合わせるほかに、一定の教育観に基づくのが普通であるが、当時日本は植民地に対する教育政策の経験は全く白紙の状況の中で、伊沢は自らの経験（日本国内）と教育観を以て、初期の教育方針を独自に定めた。伊沢がどのような教育観と経験を持って教育方針を制定したのか、そして制定した要因とは何なのか、これらの要因は台湾初期の教育にどのような影響を与えたかについて更に追究したい。

2.1 伊沢の米国教育とオスヴィーゴー運動の背景

　伊沢の教育観を知るためには、まず彼がどのような教育を受け、また日本国内の教育界にどのような影響を与えたかについて知る必要がある。彼は 1870（明治 3）年高遠藩貢進生に選ばれ、大学南校に入学、1872（明治 5）年 9 月に退学した。明治初期日本国内は優れた教師を養成することを目的として、1872（明治 5）年に公布された学制に基づき、官立師範学校（東京）が設置された。その後、全国七大学区に各 1 校が設置され、その 1 つとして 1874 年 2 月には、愛知師範学校（第二大学区、1874-1877）が設置された。伊沢はその初代校長となった。これがその後の彼の長い教育歴の始まりとなった。そして翌年 7 月に師範学校学科取調のため、アメリカへ派遣された。

　1875（明治 8）年、師範学校学科取調のため、伊沢修二、高嶺秀夫、神津専三郎の三名がアメリカに向けて出発したが、伊沢はマサチューセッツ州立ブリッジウォーター師範学校、高嶺はニューヨーク州立オスウィーゴー師範学校、神津はニューヨーク州立オーバニー師範学校に入学した。ここで注目すべきことは、当時、高嶺が入学したオスウィーゴー

師範学校の校長はシェルドンであり、ペスタロッチの教育理念に基づく実物教授法の実践をもって全米に広く知れわたり、まさに全盛時代を迎えようとしていたということである。

小野[13]の研究によると、高嶺が入学した頃、校長シェルドンは実物教授法を担当しており、また2年間寄宿し、しかも絶大な感化を受けたクルージーは教育学の教授を担当していたのである。高嶺がこのシェルドンとクルージーが中心となって運営されていたオスウィーゴー師範学校で2年間受けた師範教育、教師教育は「ペスタロッチ原理の教育理念」から深く影響を受けたものであった。

村山の「オスウィーゴー運動研究」[14]によると、シェルドンの実物教授運動は米国の師範学校に3つの方向に向かう革新的な影響を与えたという。その3つの方向の第2点が各地の師範学校の教授法や組織の編成替えをもたらしたということである。この点から当時伊沢が留学したマサチューセッツ州立ブリッジウォーター師範学校にも、この「実物教授」に関する教材、教育方法、教育精神などの原理や考え方が導入されていただろうということが推測できる。

小野[15]によると、1878（明治11）年伊沢は帰国後、10月に東京師範学校長補となり、高嶺はその教員となった。伊沢は米国へ留学し、そして親友になった高嶺が提唱する「心性開発を重視するペスタロッチ主義」という意見に共感し、1879（明治12）年に二人が東京師範学校の教育改革にあたることになり、二週間熱海に滞在し、改革案を立てている。そして「ペスタロッチ原理の教育理念」は東京師範学校で行なわれた三大教則改正によって日本の師範学校教育に影響を与え、新局面を迎え展開することとなった。伊沢と高嶺が提唱した「心性開発を重視するペスタロッチ主義」の理念は、ペスタロッチ原理に立脚した教育方針のもとに作られたものと考えられる。三大教則改正の内容とペスタロッチ原理については、2.3に詳しく述べたい。

2.2 伊沢のブリッジウォーター師範学校

2.1は、伊沢の教育背景にある「ペスタロッチ原理の教育理念」との関連を簡略に説明したが、伊沢が米国留学によってどのような人物と出会い、どのような教育観に影響を受けたのか、そして、その影響につい

て日本国内の教育界や彼の著書から述べることにしたい。

　伊沢は1875（明治8）年アメリカに行き、同年の10月に『教授真法』を輯訳、出版した。この本の背景については、『伊沢修二選集』[16]の資料に「明治8年10月24日　愛知県師範学校長時代当時幼童教育に適切なる良書無きを憂え、米人ダビット・ペルキンス・ページ氏の著　セオリー、エンド、プラクチック、ヲフ、チーチングを骨子とし、これを増補するに他書を以てし、史学地理教授については本邦の事実に適合する様訂正増補したもの」と記されている。また上沼の研究によると、『教授真法』が著した著者ダビット・ペルキンス・ページ氏はニューヨーク州立オルバニー師範学校長であって、彼は「早期教育による人間精神の育成にとって必要な、<u>教師の自覚と責任を説き、「実物科」をはじめとする各科教授法について述べている</u>。翻案風に記述した近代的な教育学教科書としては、おそらく最初の試みであったと考えられる[17]」と述べている。（下線は筆者による）

　伊沢はアメリカのマサチューセッツ州立ブリッジウォーター師範学校に入学し、校長ボイデン（A.G.Boyden）の訓育方針に深く傾倒し、その影響のもと1882-83（明治15-16）年に続けて『教育学』上巻と下巻を出版した。小野によると、「ブリッジウォーター師範学校留学の何が、伊沢にとって最も意味があったのかといえば、いうまでもなくそれはボイデン校長の影響であった。（略）伊沢修二の教職観あるいは教師教育観の基本理念はもっぱら伊沢が留学中に体得し、確立したものであった[18]」と述べている。

　また、ボイデンの教職観とは、1.職業上の意識を学ぶこと　2.生徒の知識と学力を高め、見解を広め、教師は教材研究（科学的かつ哲学的視点から）すること　3.生徒は人間性（身体的、知的、感情的、道徳的、精神的）学習をすること　4.学校内外での現実生活に即した実際研究をすること　5.合理的な指導のもとで、各段階の教育指導に観察することとされている。この五項目が伊沢の教職観に影響を与えたことは、帰国後の東京高等師範学校での教則改正の実績にも見て取れる。

　水原の研究[19]によると、「伊沢は東京高等師範学校長になって、師範学校の生徒に教育の真理真法を教授するため、先駆的試みとして新しい教科書を作ったと述べている。そしてこれも伊沢の教育に対する積極的な姿勢を窺うことができると同時にまた基本的な考え方として、ペスタ

ロッチとフレーベルに共鳴していたことが看取される」と述べている。この点から、ページの「教育の真理真法」は「ペスタロッチ原理の教育理念」と何らかの深い関連があるものと考えられる。この点については、伊沢が訳した『教授真法[20]』の内容を参照されたい。この「教育の真理真法」は、それまでの伊沢の読書中心の学術知識の伝達という理念とは異なっており、伊沢の教育理念の転換は、留学によって受けたアメリカ式の教育理念に基づくものだと考えられる。

2.3 伊沢の教則改正と「ペスタロッチ原理の教育理念」

伊沢と高嶺が東京高等師範学校でどのような教育改革を行なったかについて、小野は「伊沢がいう「真の師範教育の本義に依り」行なった改革は、1.教則の改正、2.試業法の更定、3.簿冊の整頓の3つの分野にわたるものであった[21]」と述べている。以下に「改正の要項」の内容について簡略に説明する。

1. 本校の目的　従来の目的は小・中学校の授業法を研究するを以て本旨とし、改正に於いては、専ら普通学科小学中学の<u>教員たるべき者を養成するところ</u>なりとし、其の意義を広くし、<u>且学科と教授法とを分離せざること</u>とした。
2. 教則　教科課程を予科・高等予科・本科の三とし、予科と高等予科は普通学科を授け、本科は学術を修め、予科及び高等予科を各々四級に、本科は上下二科、修業年限は予科及び高等予科は各々二年、本科を一年とした。
　　学科に於いては、<u>教育学を独立させ</u>、<u>倫理学・学校管理法を加え</u>、金石学・地文学・測量術・唱歌を加えた。諸学科は格物学・史学・哲学・数学・文学の五類に、…略…

（下線は筆者による）

上記の「改正の要項」の内容から、伊沢は「教員養成」と「教育学、道徳教育」などを重視していることが見て取れる。また伊沢の「改正の要項」の特徴について「第一、教授法研究を第一義的使命とし、伊沢がいう「事物の真の知識を得る方法、及これを人に伝へる方法」、つまり「師

範教育を以て第一には真の知識を得しめ、第二には其の教育法を授くるに在りとした[22]」ということを述べている。

ここまで、伊沢の教育観の背景について述べてきた。伊沢の教則改正や翻訳し出版した書の内容と米国で受けた教育観などから、「ペスタロッチ原理の教育理念」と類似点があると考えられる。特に米国の師範学校で実施された「実物教授」といわれる「ペスタロッチの原理」という点から、伊沢が台湾の初期の日本語教育で行なった方法と同じことであることがわかった。この点について、3.1. で見ることにする。

「ペスタロッチの教育原理」に関する研究は長田（1934）、福島（1968）がある。「ペスタロッチの教育原理」とは、一体どのような原理であるかについて、1.教授理念　2.教授論[23] の二点を分け、その特徴を取り上げて説明する。

1. 教授理念の特徴：
(1) 人道的教育精神で、教育の実践は主として初等教育段階のものである。
(2) 児童を育成することは暗い直観から明瞭な概念へ。すなわち精神力の開発に関係する。知的・技能的（芸術教育、美の表現のこと、体育など）及び道徳的宗教的陶冶である。
(3) 精神力・感情力・技能力の三つの統一教育。即ち心性・徳の養成である。諸力の発展には感情の陶冶が主要なものである。
(4) 諸能力の開発及び陶冶を目的とする。精神力及び身体力の陶冶が重要であるが、更にその上は道徳的の陶冶と均斉に結合し教育すること。
(5) 普遍的に教育を施すこと、知情意を調和均斉した人をつくることである。

2. 教授論（教授法）の特徴：
(1) 思惟は精神の要素で、概念と判断はその産物である。教授は暗い直観から明らかな概念へ進む。系統中における概念を明らかにすること。そして直観を明瞭にするため、実物を観察し、一つの音を以て確かめる。それから物体を単元として、それ

が結びついているように見える物から引き離して、目に掴むことを教え、印象を付け、最後に明確的に物の名を知ること。すなわち混乱より確定へ、確定より明瞭へ、明瞭より分明へということである。
(2) 概念は思惟力から出て来るものであり、思惟力は直観的印象から創作的に独立的に前進する能力である。創作を行なう材料は経験から得られるものであり、すべての認識の基礎となるもの。<u>自然そのものをよく直観することが認識の基礎</u>であるし、教授の基礎である。
(3) 直観から概念への発展を進むに連れて考察の発達へ。児童期は観念や言葉が形成される時代である。言葉の完成は<u>自然の音を模倣する</u>という発音力、次は思慮深くある行動を伴って<u>事物の特徴を確認する</u>。最後は<u>事物の特徴を想像力や判断力</u>（抽象力の場合もある）によって事物について認識する。抽象は必ず直観を前提とする。ペスタロッチは自然の発達ということを極めて重要視する。
(4) 教授は真実の知識の媒介によって学問の力と器官とを陶冶する。また反対に学問の器官の発展によって真実の知識を産出する。
(5) 知育上の二つの原理がある。一つは「初歩的前進の原理」である。即ち「本質的なる根本成分」である。直観においても「本源の相」とか「本源の型」などを出発点とする。もう一つは「近きより遠きへの原理」である。即ち外面的感覚的直観より明らかな概念へ。

（下線は筆者による）

　上記「ペスタロッチの教育理念」は伊沢の教育観、彼が出版した書の内容、あるいは東京師範学校で行なわれた「改正の要項」などの内容と重なり、「ペスタロッチ原理」の教育理念や教授法などとの関連があると見て取れる。また村山の研究によるとペスタロッチの教授原理[24]には、次の三点がある。

1. 児童の諸能力は、多様な発達をなすものであるから能力をすべて正しい秩序において引き出すためには、児童の心性に適合した授業を注意深く展開すべきである。
2. 心性の教育は、学習の開始と共になされるべきであって、その学習の程度においても、その量においても、精神発達の自然の秩序（natural order）に従って正確になされねばならない。
3. 教育は、外部から知識を心性に詰め込むその量を目的とするのではなく、心性それ自体の内部的発達によって、学習し得るその量を目的とすべきである。

上記取り上げた「ペスタロッチの教育原理」の特徴と伊沢の台湾における教員養成の実施[25]の内容と東京高等師範学校の教則改正の内容を照合してみると、小野が指摘した伊沢の「心性開発を重視するペスタロッチ主義」への共感ということと共通するものは、1.教師の養成と教授法の研究の重視　2.児童の心性を引き出すことである。また 3.2 のシェルドンの教育改革の内容と照合すると、伊沢とシェルドンの教育改革の内容にも共通点があることがわかる。その共通点とは「ペスタロッチ原理の教育理念」である。

2.4 日本明治期師範学校と「実物教授」

帰国後の 1879（明治 12）年、伊沢と高嶺は、日本の東京高等師範学校に近代教育を導入し、いわゆるペスタロッチの教育思想に基づく生徒の自発性を重視する開発教育を師範学校を中心に全国に広めたといわれるが、それよりも以前にペスタロッチの考えを日本の師範学校に導入した人物がいた。

日本の近代国家の建設と共に近代学校を創設するという理念のもと、創設期の東京師範学校は「全国師範学校の師範」として位置づけられ、同時に他の官立師範学校の設置が推進されたため、教科専門教養の形成が、教員養成上の重要な課題となった。そして当時「学制」を制定するための検討の内容に、近代的な教育の必要性に応じ、「西洋人一人ヲ雇入レ之ヲ教師トスヘキコト　此ノ洋人相当ノ人当時南校ニアリ南校ニ其代人ヲ入ルヘシ」という検討があった。ここで述べられている西

洋人教師として南校の教師とされる人物は、1871（明治4）年8月来日し、南校の英語及び普通學の教師となったマリオン・スコット（Marion McCarrell Scott）のことである。

スコットの教育について、水原[26]は、当時教員養成は日本にとって全く新しいことで、どのような組織にするかは、在来の学校を参考にするだけでは十分ではなかったという。そこで大学南校の教師をしていたスコットが、アメリカにおける師範学校の方法に従って教員養成を開始することとなった。そして当時小学校教則もまだ制定されていなかったため、日本の事情を斟酌しつつ欧米の教授法をもととして小学校教育の方法を確立するとともに、生徒にこれを伝習し、師範学校教育の第一歩を踏み出したのである。また教場内部の様子、図書、教具も全くアメリカの小学校と同じであったという。また、日本の明治初年の教科書の多くがアメリカの教科書の翻訳であったとのことである。そしてスコットによって導入された新教授法には、当時アメリカで盛んになっていたペスタロッチ主義の実物教授の方法が含まれていたと述べられている。この実物教授（object lessons）は当時「庶物指教」と呼ばれていた。しかし当時はペスタロッチ主義の教授方法が正しく理解されるまでには至っていなかった。この事実からスコットは日本に来る前から、既にアメリカでペスタロッチ主義の実物教授の方法について理解していたものと考えられる。このことから当時アメリカでペスタロッチ主義の教育理念は単にニューヨークのオスウィーゴー州だけでなく、さらに別の学校でも教授方針として取り上げて実際に行なわれていたことがわかる。

3. 台湾初期における伊沢の教育方針と教授法

上に述べたように、伊沢は米国の教育観から深く影響を受けていたことがわかる。更に彼がその教育観を日本国内の教育界の改革に応用したこともわかった。そしてそれが台湾の教育にどのように影響を与えたかについて見てみる。

伊沢は台湾初期の教育については、「台湾教育に就て[27]」という当時発行されていた『教育時論』という雑誌の社説に述べている。彼は台湾

教育の第一歩はまず「言語教育」と「道徳教育」であるということについて論じ、また「言語教育」については、日本語の普及と教師養成の重要性ということについて論じている。そして教師の教授法について「実物を示し、之によりて、物を取り扱ふ言語、或は形用する言語等を教へざる可らず…」。また「道徳教育」には、「古来土人道徳の基礎たる、孔孟の教義を其儘に教授するの可否是なり。想ふに、孔孟の教義たる、其大体に於ては、本邦の道徳と甚しく乖離する所あらず」ということを論じた。この点について、3.3 に詳しく説明するので、ここでは省略する。

3.1 伊沢初期の日本語教授法

「台湾公学校規則」を見る前に、台湾初期の教育方針の第一期「国語伝習所」時期に、伊沢が実際に日本語を教えた時に用いた教授法を見てみたい。

伊沢は台湾で計画した『台湾学事施設一覧』の内容や、現地で行なわれた教育政策、教育理念と教授法などを見ると、米国の師範学校で行なわれていたペスタロッチ主義の教育理念と深く関係があることがわかる。伊沢の教育理念、日本国内の教育現場で携わってきた経験、それらが台湾の教育にも大きな影響力を及ぼしたであろうことも推測できる。これは次の資料からも見て取れる。

伊沢は1895（明治28）年6月台湾の台北に赴任後、どのようにペスタロッチの教授法を用いて日本語教育を行なっていったのだろうか。『台湾教育沿革誌』の資料によると、6月16日に台北に到着し、6月18日に大稲埕の民家で学務部の事務を始めたが、最初に遭遇した問題は言葉の壁である。そのため伊沢は「新領地台湾教育の方針」を出した。この方針は「目下急要ノ教育関係事項」と「永遠ノ教育事業」の二つに分けられる。そして日本語教育を行なうための会話書を編纂するため、台湾人の生徒を募集し、学堂を開き、教育を始めた。最初に集められた生徒六名で日本語教育を始めた。そして最初に入学した台湾紳士の子弟六名の教授方法は、下記のようなものであったことを述べている。

「最初柯秋潔・朱俊英に対して伊沢氏部長自ら英語を以て教へ、吧連徳をして之を土語に訳さしめるといふ風で、主として実物を示

し、その名称等を授けた。併しその後次第に組織的となり、先づ片仮名を授け、次にこれを組合わせて単語を授け、会話に及ぼすといふ風に改められた。伊沢氏の談に、教授法も教科書も全然ないのであるから、研究と応用とを混合し、教授しつつ教授法を研究し、多少得る所があれば尚一歩進めて研究するといふ有様であり、又教科書編纂と教科書使用とは同時であって、編纂しては教へ、教へては編纂するといふ有様であった」[28]

これをみると、当時伊沢は吧連德に英語で説明し、そして吧連德は台湾語で訳しながら授業を進めていたことがわかる。また教授法も段階に分けて、最初は「実物」を示しながらその名称を教え、次は組織的に片仮名を導入した後、単語を教え、次の段階では会話ができるようになったと考えられる。そしてそれは初めから完成されたものではなく、教えながら研究と応用を混ぜ合わせて、教授法の研究と教科書の編纂を同時に行なっていたようである。この記載から伊沢が行なった教授法は「実物」教授の一種であることもわかる。またわずか2年間で作成した教育政策や教科書編纂などからもペスタロッチ主義の教育理念との関係が見て取れる。

3.2 シェルトンの教育改革と実物教授

伊沢は台湾初期学務部長として、短期間のうちに、学堂を創設し、教科書の編纂、国語伝習所の創立、公学校の設立のための計画書など、いわゆる「系統的な教育体系」を作り上げたが、これらの業績は彼の国内での教育経験をもってしてはじめて可能であったものと考えられる。そして国内でのその教育経験の背景には、米国に留学し、米国の「ペスタロッチ原理の教育理念」から深く影響を受けたことと深く関わりがあることがわかる。ここで当時米国のオスウィーゴー運動の創始者シェルトンの教育改革と実物教授について述べ、伊沢の「公学校」の教育計画との関連性に触れたい。

シェルトンは1853年にオスウィーゴーの最初の教育委員会の教育長に選任された。彼は「無償学校制度の施行」[29]のため、教育改革を実施した。改革事項は 1.学区制の改革　2.学校制度の組織化・体系化の整

備である。そして改革の特色は「無学年制学校」の設立である。この改革の特色は、算数学校の開校であり、入学者は貧困な不定期労務者の少年、無教育な子ども、自制心に乏しい年長少年（11～21歳）を入学させるために設立したものである。課程は数学以外に読み方・書き方・綴り方、時に地理・簿記などである。この学校は男女共学の全日制学校と夜間学校（男子のみ）によって構成されている。

　学制改革の外に、人間の道徳性をことの外重視したシェルドンは、道徳的訓練（moral training）のコースを設け、教師たちは道徳的訓練を児童に効果的に指導するため厳格な訓育の必要性を要求された。

　シェルドンはオスウィーゴーの教育を少し向上させたが、それまでの教師の教授法に関して、「形式的、余りにも暗記中心の教授法」に頼っていたことを深く反省し、児童自らが「思考すること、観察すること、推理すること」を促すような何物かを欲し、1859（安政6）年にトロントを訪問した際に、多数の教具（地図、書籍、ボール、動物の絵、積木、穀物の標本、陶器など）に出会った。これらの教具は新教育運動を展開させる大きな動因となり、いわゆるペスタロッチ原理に立脚した教育方針の基づく教授法となっていった。

3.3 伊沢の「公学校」の教育計画

　上に述べたシェルドンの教育改革の理念と実物教授の教授法、これらが伊沢の「公学校」設立の教育計画にどのような関連性があるかについて見てみよう。

　村山によると、オスウィーゴー州立師範学校の教育課程には、「実物は子どもの多様な感覚を陶冶するものではないから、教師は子どもの知覚的概念的諸能力を生じさせ、敏速にし、また発達させるよう十分留意して実物を用いること」[30]と述べている。教師は授業の展開に関して、「事前に綿密な教材研究と自信を持って子どもを教育する」また、「児童の休憩は、午前と午後、各二回計四回の時間が毎日の授業に設けられ、とくに体操と唱歌の練習は、交互に行なわれて、児童は活気に満ちた雰囲気のもとに学習が展開されるよう」[31]と述べている。これは台湾教育方針の第二期「台湾公学校規則」の内容と照合してみると、何らかの共通点があることがわかる。

『近代日本のアジア教育認識・資料編　第30巻』の「伊沢修二氏の演説」と「台湾総督府公学模範学校規則案を評す」という二つの資料から、伊沢の「公学校」における「ペスタロッチ原理の教育理念」という構想が見て取れる。

「伊沢修二氏の演説」[32] とは、伊沢が帝国教育会に於いて、「台湾公学の設置に関する意見」と題し、行なった演説である。以下はその内容を箇条書きにしたものである。

1. 台湾全島各地に、台湾人に国語伝習所と、内地人に国語学校と、また付属学校の三つ、(この中二校は公学模範学校とし、公学校の基礎)、付属女学校、各地伝習所の乙科(幼年科)を公学の組織に改め、三か所の師範学校を置くなどの設置を行なった。
2. 台灣の従来の教育を受ける場所—書房の代わりに、公学模範学校を設け、広く教育を施す。公学校の趣意は旧来の教育の形を残し、新しい精神を注入し、無用の文学(四書五経・詩文)を廃止し、有用の学術を起こす。有用なる日本語、地理、歴史などの知識を行なう。
3. 公学校は小学(三年)・中学(四年)にすること、就学年齢は、小学(8～14歳)、中学(14～18歳)とする。
4. 学科は修身では、まず礼儀作法から、礼から始め、次第に勅語(儒教の精神と似たる所あり、漢文に綴れば了解すべし)の主旨を貫徹する。また算術の授業、地理、歴史、図画、唱歌、体操等も新方法に依り教授する。

(下線は筆者による)

上記伊沢の演説の内容に、伊沢の「公学校設置」の教育方針の意図が見て取れる。次に「台湾総督府公学模範学校規則案を評す」[33] の内容について見てみよう。これは山田邦彦が伊沢に「公学模範学校規則案」と題し、批評を求め出した書簡である。山田がそれを読んで、その疑問点と意見について述べたものである。山田が提起した点から伊沢の教育方針の意図を窺うことができる。以下に箇条書きで示す。

1. 公学模範学校の本旨の規則案第一条は、本島の「幼年者及青年者に徳教を施し、実学を授け以て国民たるの性格を養成し、一般公学の模範に供するを以て本旨とす」。
2. 第十一条教授要旨中に、「身体ノ発達ヲ完クシ」「生徒ノ衛生」の教科目中に、体操を設け、「常ニ生徒ノ姿勢ニ注意シ肢体ノ成長ヲシテ均斉ナラシメ且健康ナル身体ト快活ナル精神トヲ保チ能ク規律ヲ守ルノ習慣ヲ養成センコトヲ要ス」
3. 教科目は「国語、作文、読書、習字」があり、詩を禁じ、その代わりに和歌、発句を以て授ける。日本風に同化させるため、日本語を用い、漢詩の如き、人の感情に訴えるように教え、次第に自然の感情で日本語を用いる。いわゆる思想感情を同化させ、精神思想を同化させる。
4. 「唱歌体操」の課程によって、身体の発達と共に、精神の快活を謀ること。

(下線は筆者による)

　以上、この二つの資料から伊沢の「公学校設立」の意図は米国のシェルドンの「ペスタロッチ原理の教育理念」と様々な点で深く関連していることが見て取れる。また山田の「公学模範学校規則案」の中の質疑から、伊沢の意図の背後にあるものが、「ペスタロッチ原理の教育理念」であるということが理解されれば、公学校に於ける教育方針の実施に「ペスタロッチ原理の教育」があるということがより明確なものとなるだろう。

おわりに

　本稿は、台湾初期の教育方針が伊沢の教育観と「ペスタロッチ原理の教育理念」とにどのような関連があるのかについて知るため、伊沢自身の教育観の背景から追究してみた。そして各種資料から、伊沢の教育方針の背後に「欧化主義」という教育観が含まれていることがわかった。そしてこの「欧化主義」という教育観を台湾植民地期初期の教育方針の

中に取り入れて「日本語教育」を実施したということがわかった。

　本稿では最初から最後まで「ペスタロッチ原理の教育理念」という言葉を用いたが、何故ここで「欧化主義」という言葉を出してきたのかというと、その理由は、村山の「オスウィーゴー運動の研究」の資料によると、シェルドンが「実物教授」を米国のオスウィーゴー師範学校に取り入れたことは事実であるが、実は、この「実物教授」の元祖は、イギリスの「本国及び植民地学校協会」が設立した学校にペスタロッチ主義が採用されたことにある。その後、シェルドンが米国の師範学校に導入したという経緯がある。その経緯については村山の著書を参照されたい。上に述べたことから、伊沢が米国で受けた教育観は「ペスタロッチ原理の教育理念」と関連があることがわかったが、どこまで関連があるかについて、今後の課題として、更に深く追究したいと考えている。

　筆者は今まで伊沢の学歴・背景について文献や資料を読んで、伊沢の教育観と「ペスタロッチ原理の教育理念」にどのような関連があるかについて調べてきた。上に述べた内容から、伊沢がオスウィーゴー州立師範学校に入学しなかったといっても、「ペスタロッチ原理の教育理念」と無関係であるとは言えないが、また関係があるという直接証拠も今の段階では見つからない。ただ村山の著書「オスウィーゴー運動の研究」の内容を読むと、シェルドンは「ペスタロッチ原理の教育理念」をオスウィーゴー師範学校に導入する以前に、更に米国の他の州の師範学校にも、この教育理念を導入し、実施していたことがわかる。また、伊沢がブリッジウォーター師範学校で受けた教育理念、そして翻訳した『教授真法』の教育理念を見ると「ペスタロッチ原理の教育理念」と何らかの関係があることがわかる。今の段階では、ただ関係があるとしか言えないが、実際に「ペスタロッチ原理の教育理念」を徹底的に実施したのはシェルドンであり、当時の他の米国の師範学校教育に広く影響を与えていたであろうということは明らかである。このことから伊沢への影響が推測できるだろう。そして、伊沢が台湾初期の教育方針に関して、まず第一期に「国語伝習所規則」による教師を養成し、その後第二期に「公学校規則令」という教育方針を作成したが、そこに「ペスタロッチ原理の教育理念」の影響が見て取れる。更に、ペスタロッチ教育の米国での象徴である「庶物指数＝問答法による実物教育」は、伊沢が去った後の

「グアンの教授法」の導入とともに現地の日本語教育によって導入された「乙の教授法」となり、その後の台湾の日本語教育の中心的な教授法となっていくのである。

1 阿部洋（代表）(2008)『日本植民地教育政策史料集成（台湾篇）第36巻』龍渓書舎復刻版第1刷 p.12
2 前掲 p.14
3 台湾教育会 (1982)『台湾教育沿革誌』青史社 pp.57-59
4 蔡茂豊 (1977)『中国人に対する日本語教育の史的研究』台北：蔡茂豊 pp.29-57
5 国府種武 (1936)『台湾に於ける国語教育の過去及現在』台湾子供世界社
6 蔡茂豊 (1977)『中国人に対する日本語教育の史的研究』台北：蔡茂豊 pp.157-158
7 近藤純子 (1998)「伊沢修二と「対訳法」－植民地期台湾における初期日本語教育の場合」『日本語教育学会』（日本語教育98号）p.121
8 山口喜一郎 (1943)『日本語教授法原論』新紀元社 pp.410-413
9 前掲 p.412
10 林嘉純 (2009)「植民時期台湾に於ける初期の日本語教育－伊沢修二と『ペスタロッチ』について一考察－(1895.6～1897.7)」拓殖大学大学院言語教育研究科修士論文
11 ブリタニカ国際大百科事典小項目事典　オンライン版 (2012)
12 芳川修平（明治 12.5.13)『日本庶物示教』同盟舎
13 小野次男 (1983)「伊沢修二・高嶺秀夫のアメリカ留学」『教育学雑誌第１７号』p.8
14 村山英雄 (1978)『オスウィーゴー運動』風間館 pp.276-277
15 小野次男「伊沢修二・高嶺秀夫のアメリカ留学」『教育学雑誌第１７号』pp.1-3
16 信濃教育会編 (1958)『伊沢修二選集』信濃教育会 p.1052
17 上沼八郎 (1988)『伊沢修二　新装版』吉川弘文館 pp.51-52
18 小野次男「伊沢修二・高嶺秀夫のアメリカ留学」『教育学雑誌第１７号』p.6
19 水原克敏 (1990)『近代日本教員養成史研究』風間書房 pp.77-78
20 太闢・百爾金士・白日（ダビッド・ペルキンス・ページ）著，伊沢修二編訳 (1875)『教授真法』名古屋，田中稔助
21 小野次男「伊沢修二・高嶺秀夫のアメリカ留学」『教育学雑誌第１７号』pp.2-3
22 前掲 p.3
23 福島政雄 (1968)『ペスタロッチ』福村出版
24 村山英雄 (1978)『オスウィーゴー運動』風間館 pp.127-128
25 伊沢が台湾初期の教育方針を立てた内容について、「台湾学事施設一覧」や「新領地台湾教育の方針」という内容からみることができる。その詳細は近代アジア教育史研究会（代表）阿部洋 (2004)『近代日本のアジア教育認識・

資料編 [台湾の部]』龍溪書舎 pp.22-23 と台湾教育会(1982)『台湾教育沿革誌』
　　　青史社（1982）p.157 参照。
26　水原克敏（1990）『近代日本教員養成史研究』風間書房 p.44
27　近代アジア教育史研究会（代表）阿部洋（2004）『近代日本のアジア教育認識・
　　　資料編 [台湾の部]』龍溪書舎 pp.22-23
28　台湾教育会（1982）『台湾教育沿革誌』青史社（1982）p.157
29　村山英雄（1978）『オスウィーゴー運動』風間館 pp.116-128
30　前掲 p.141
31　前掲 p.142
32　阿部洋（代表）（2008）『日本植民地教育政策史料集成（台湾篇）第 36 巻』
　　　龍溪書舎復刻版第 1 刷 pp.81-82
33　前掲 pp.86-88

植民地朝鮮と日本の中等音楽教員をめぐる東京音楽学校卒業生の機能と役割
——京城師範学校教諭の吉沢実の活動事例を中心に——

金 志善[*]

1. 序論

　本論文は、植民地朝鮮と日本における西洋音楽の受容において大きな役割を果たした東京音楽学校卒業生の進路から東京音楽学校の機能と役割を考察し、特に、東京音楽学校甲種師範科出身であった吉沢実が植民地朝鮮で行った活動事例から東京音楽学校出身者が朝鮮における西洋音楽の受容と定着にどのように関わっていたのか解明するものである。

　東京音楽学校は、前身の音楽取調掛（1879）から始まる。音楽取調掛は、1887年に東京音楽学校に昇格され、日本の音楽家と音楽教員を養成することを目的とした[1]。特に、音楽取調掛・東京音楽学校は、日本の近代音楽教育の発祥の中心としての役割を担ったのである。それは、初中等音楽教員を育成し、様々な唱歌教科書を編纂出版することで[2]日本が取り入れた日本式の西洋音楽を、音楽教育を通じて普及した。東京音楽学校師範科は、乙種と甲種に分かれ、乙種は初等音楽教員を、甲種は中等音楽教員を養成し、音楽家育成の目的であった専修部（1900年8月まで）や本科（器楽部、声楽部）においても教育科目（教育学、音楽教授法など）を履修すれば無試験検定で中等音楽教員になれた[3]。そのため、多くの東京音楽学校卒業生は、音楽教員として日本の近代音楽教育を支え、西洋音楽の普及・定着に大きな寄与を果すことになった。

　しかも、東京音楽学校卒業生は日本のみならず、植民地朝鮮においても音楽教育活動を通じて西洋音楽の定着に大きな役割を果たした。当時、朝鮮では、官公立の中等音楽教員を育成する専門機関が存在せず、

---

[*]東京大学大学院人文社会研究科附属次世代人文開発センター研究員

日本からの中等音楽教員に頼るしかない状況で、その中等音楽教員は、東京音楽学校出身の教員が多くを占めていた[4]。朝鮮において中等音楽教員の役割を担った東京音楽学校出身者は、教育活動を通じて朝鮮の西洋音楽の受容と定着に深く関わりを持っていた。

このように、東京音楽学校卒業生は日本と植民地朝鮮において中等音楽教育活動を通じて西洋音楽の受容と定着にその担い手となり、大きな役割を果たした。しかし、植民地朝鮮において音楽教育界をリードしてきた東京音楽学校卒業生の活動に関する研究は、あまり進んでいない状況である。植民地朝鮮における唱歌、音楽教育に関する研究は、主に、唱歌集の分析や音楽政策に関する研究が中心となっており[5]、その教育を担当していた教員についてあまり関心を払っていない状況である[6]。

従って、本論文では、日本と植民地朝鮮の西洋音楽の普及・定着において大きな役割を果たした東京音楽学校卒業生の進路を中心に東京音楽学校の機能と役割について考察し、特に、植民地朝鮮の教育において大きな影響を及ぼした師範学校を中心に当時京城師範学校音楽教諭であった吉沢実の活動事例から植民地朝鮮が教育を通じて西洋音楽の受容と定着にどのように関わってきたのかその実態の一部を明らかにする。

2. 日本における東京音楽学校の機能

東京音楽学校は、音楽家と音楽教員養成を目的として設立され、1889年1月の東京音楽学校規則制定により、学科は予科と本科に分けられ、本科は師範部と専修部に分けられた[7]。しかし、1893年6月28日勅令第62号により、同年9月1日から東京音楽学校は約5年半に渡り、高等師範学校附属音楽学校に格下げとなった[8]。1899年4月4日勅令第116号により高等師範学校附属音楽学校は、再び東京音楽学校と改称され、1900年9月1日に同校の規則が大きく改定された。従来の学科（予科、師範部、専修部、研究科、選科、小学唱歌講習科）は廃止され、新たに予科、本科、研究科、師範科、選科が設置された。本科は、声楽部と器楽部に分けられ、師範科は甲種と乙種に分けられた[9]。

カリキュラムについて、東京音楽学校設立当初の1889年と大幅改定

される 1900 年を中心に確認する。東京音楽学校規則は、1889 年に制定され、学科を予科と本科とし、本科を師範部と専修部に分けた。予科（修業年限1年）と本科師範部（修業年限2年）、専修部（修業年限3年）の学科課程についてみると、予科は師範部と専修部で共通に1年間受けることとなっていた。本科師範部と専修部の共通する教科目は、「倫理、声楽、楽器、音楽論、音楽史、文学、英語（外国語）、教育、体操舞踏」であり[10]、専修部のみ受ける教科目は和声学で、教科科目は西洋音楽が中心となっている。師範部は第1学年に週30時間、第2学年に週33時間教授され、専修部は第1、2、3学年に週30時間ずつ教授された[11]。師範部が専修部より多くの時数を取ったのが「音楽論」と「文学」、「教育」で、「音楽論」は師範部が第1、2学年合わせて週6時間の教授に対し、専修部は第1学年のみ週2時間の教授を行った。また、「文学」は師範部が第1、2学年合わせて週5時間の教授に対し、専修部は第1学年のみ週2時間の教授が行われた。「教育」の場合、師範部が第2学年に週3時間に対し、専修部が第3学年に週2時間の配置がされている。専修部は実際に演奏などで必要とする技術の和声学や実技（声楽、器楽）、外国語に多くの教授時数が配置されているが、師範部との教科課程において大きな差は見られない。専修部卒業生の約45％が教員職を、また、師範部卒業生の約45％が教員職を得たことは、教科課程での大きな差がなかったことと通じるところがあると思われる。

東京音楽学校は、その後、1900 年に規則が大幅に改正され、学科を予科（修業年限1年）、本科（修業年限3年）、研究科（修業年限2年）、選科とし、本科を声楽部と器楽部と楽歌部に分け、師範科を甲種（修業年限3年）と乙種（修業年限1年）とした。改正された 1900 年の本科と師範科の学科課程は、本科（声楽部、器楽部、楽歌部）と師範科（乙種、甲種）の教科目の違いが大きく目立つようになった。本科と師範科の共通する教科目は、「倫理、唱歌、和声学（乙種は除く）、音楽史（乙種は除く）、英語、体操」であり、それ以外の科目は、本科と師範科のそれぞれの趣旨に相応する教科目として配置された[12]。本科の場合、音楽家養成に合わせた科目である実技（声楽、器楽）をはじめ、楽曲、歌文、支那詩文、西洋詩文、楽式一班、音響学、審美学、楽器構造法、調律法が教授され[13]、西洋音楽を中心とした教育が行われていた。また、

師範科の場合、音楽教員養成に合わせた科目であるオルガン、楽理、詩歌評釈（甲種のみ）、教育学（甲種のみ）、唱歌教授法（乙種のみ）が教授され[14]、本科同様の西洋音楽とともに教員として必要とされる教育学などが教育された。

　1900年から1912年までの甲種師範科生をみると全員が音楽科教員免許を取得しており、本科生の場合も教職科目を履修すれば中等音楽科教員免許状を習得できた。教科目を確認する限り、本科の声楽部と器楽部の学科目は、師範科を超える範囲であり、西洋音楽を中心とした専門的な知識を学べる状況であり、音楽教員になるのにふさわしい条件は整っていた。このように、東京音楽学校は教員養成が目的であった師範部、および師範科の卒業生を初め、音楽家養成が目的であった専修部、および本科卒業生も日本における中等音楽教員として活動を行う条件がカリキュラムの中に含まれていた。

　実際に東京音楽学校卒業生はどのような進路を歩んだのか。『東京音楽学校一覧　従大正元年至大正二年』には、1885年から1912年までの明治期における音楽取調掛を含む東京音楽学校の卒業生の進路が確認できる[15]。卒業生の数は1887年、音楽取調掛が東京音楽学校に昇格する以前に入学し、卒業した音楽取調掛全科卒業生は、1888年を最後に男子13名、女子7名である。以降、東京音楽学校となり、1889年に最初の卒業生を出してから1902年までの専修部卒業生は、男子32名、女子42名、師範部卒業生は男子36名、女子17名である。1900年、規則が大きく改定され、1901年最初の乙種師範科卒業生を輩出してからの本科声楽部卒業生は男子12名、女子21名、本科器楽部卒業生は男子36名、女子52名である。師範科は3年制の甲種と1年制の乙種に区別され、甲種師範科卒業生は男子64名、女子129名、乙種師範科卒業生は男子61名、女子98名である。

　これら東京音楽学校卒業生の就職について『東京音楽学校一覧　従大正元年至大正二年』を中心に確認すると、東京音楽学校卒業生は、官公立学校に在職する傾向が強いことが窺える[16]。全科卒業生は6名（約30％）、専修部は19名（約26％）、師範部は20名（約38％）、声楽部は8名（約24％）、器楽部は19名（約22％）、甲種師範科は142名（約74％）が官公立学校に在職している。特に、甲種師範科は、193名のう

ち就職未定及未詳と死亡の 32 名（約 17％）を除く全員（約 83％）が教職に就いている。教職である「本校在職」、「官公立学校在職」、「私立学校在職」、「小学校在職」に就職した全科生は 20 名のうち 8 名（40％）、専修部生は 74 名のうち 33 名（約 45％）、師範部は 53 名のうち 24 名（約 45％）、声楽部は 33 名のうち 15 名（約 45％）、器楽部は 88 名のうち 40 名（約 45％）である。音楽家を養成する全科、専修部、本科（声楽部、器楽部）の卒業生であっても半数近い卒業生が教職に就いた結果となった。このように、東京音楽学校卒業生のうち、その多くが教職に就いていることで、東京音楽学校の果たした大きな機能は、教員養成であったということができる[17]。このように多くの卒業生が教職に就いていたことについて、彼らの進路事例を取り上げながら次節で詳しく検討する。

次頁の表によると、専修部、師範部、本科（器楽部、声楽部）、師範科甲種卒業生は、教員として就職先のうち中等教育機関である中学校、高等女学校、師範学校に多く勤めている。1900 年 9 月 1 日の東京音楽学校規則改正に伴い、第 4 章第 11 条には「師範科ハ師範学校中学校高等女学校及小学校ノ音楽教員ヲ養成スルノ目的ヲ以テ之ヲ置ク」[18] と、第 12 条には「師範科ヲ分チテ甲乙二種トス甲種師範科ハ師範学校中学校高等女学校教員ニ適切ナル学科ヲ授ケ其修業年限ヲ二学年二学期トシ乙種師範科ハ小学校教員ニ適切ナル学科ヲ授ケ其修業年限ヲ一学年トス」[19] と記されている。甲種師範科は中等教員を、乙種師範科は初等教員を養成することが目的で卒業生は小学校に勤めた。特に、甲種師範科の場合、1902 年 4 月 1 日、規則第 16 条の改正により、甲種師範科に官費生をおくことになった。第 4 章第 16 条に「師範科生徒ハ授業料ヲ免除シ学習上必要ナル図書楽器ヲ総ヘテ貸付ス又一学年三十名ヲ限リ官費生トシテ学資ヲ支給スベシ。但シ学資ノ支給ヲ受ケタル者ハ卒業ノ後服務規則ニ従ヒ就職スベキモノトス」[20] とされ[21]、甲種師範科の官費生は卒業後に服務する義務があった。

本科の場合、教育関係科目を履修すれば中等音楽科教員の無試験検定を受けることが出来た。東京音楽学校規程（1909 年 4 月文部省令第 13 号）第 3 条に「卒業ノ後師範学校、中学校、高等女学校教員無試験検定ヲ得ント欲スル者ハ前表ノ学科目ノ外左ノ学科目ヲ修了スルコトヲ要ス」[22] とされた。その学科目は、ピアノ、教育学、音楽教授法である[23]。

『東京音楽学校一覧』による就職先事例

名前	性別	出身地	卒業年度	学科	就職先	掲載年度
高木次雄	男	東京	1889	専修部	第二高等中学校 岩手県尋常師範学校 岩手県師範学校 青森県師範学校 会社員	明23 明25〜明30 明31 明34〜明37 明38〜明41
田村虎蔵	男	鳥取	1895	専修部	兵庫県尋常師範学校 東京高等師範学校	明29〜31 明32〜明44
高塚鏗爾	男	東京	1897	専修部	東京市有馬小学校 長野県師範学校 熊本県高等女学校 富山県師範学校	明30〜明32 明33〜明39 明40 明41〜明44
石渡タマ	女	千葉	1889	師範部	日本女学校	明35〜明42
福長竹男	男	埼玉	1891	師範部	滋賀県尋常中学校 滋賀県尋常師範学校 茨城県尋常師範学校 茨城県師範学校 愛知県第二師範学校 高知県師範学校	明24〜明25 明26〜明27 明28〜明30 明31〜明34 明35〜明40 明41〜明44
野村成仁	男	東京	1895	師範部	千葉県尋常師範学校 東京府第一中学校 福井県師範学校 京都府第二中学校	明29〜明32 明33〜明38 明39 明40〜明44
古澤きみ	女	静岡	1905	本科 器楽部	東京府第一高等女学校 青山学院	明39〜明40 明41〜明43
小松耕輔	男	秋田	1906	本科 器楽部	学習院	明39〜明44
遠藤ミサホ	女	新潟	1908	本科 器楽部	大阪府夕陽丘高等女学校 大阪府私立相愛高等女学校	明42 明43〜明44
横山イト	女	東京	1904	本科 声楽部	千葉高等女学校 千葉高等女学校教諭兼女子師範学校教諭	明37〜明38 明39
島田英雄	男	東京	1905	本科 声楽部	第四中学校 東京芝中学校	明38〜明39 明40〜明44
伊藤鈴	女	東京	1908	本科 声楽部	東京府第四高等女学校 日本女子大学校付属高等女学校	明41〜明42 明44
井出茂太	男	長野	1903	師範科 甲種	長野県飯田中学校教諭 長野県松本女子師範学校教諭 長野県松本師範学校教諭	明36〜明40 明41〜明43 明44〜明45
岩倉一野	男	石川	1904	師範科 甲種	山形県米沢高等女学校 広島県呉高等女学校 岡山県女子高等学校 石川県高等女学校	明37〜明39 明40 明41〜明42 明43〜明44
田淵はつ	女	和歌山	1905	師範科 甲種	和歌山県高等師範学校 和歌山県高等女学校 滋賀県女子師範学校	明38〜明40 明41〜明42 明43〜明44

出典：『東京音楽学校一覧　従明治二十四年至明治二十五年』〜『東京音楽学校一覧　従明治四十四年至明治四十五年』により作成。一覧掲載年度については、『東京音楽一覧』に掲載された卒業生の現職情報を表記したが、卒業生がその年度に正確にその活動を行っていたとは限らない。執筆者がまとめた東京音楽学校卒業生の進路のうち教員として勤めている卒業生の中、学科別に3名ずつを無差別に抽出し事例とした。

本科出身者の多くが教員職を勤めることができたのは、教職科目を履修し、中等音楽教員の無試験検定を受けたからである。

1886年、師範学校制度が制定された。師範学校令（1886年勅令第13号）第1条に「師範学校ハ教員トナルヘキモノヲ養成スル所トス但生徒ヲシテ順良信愛威重ノ気質ヲ備ヘシムルコトニ注目スヘキモノトス」[24] と、第3条に「高等師範学校ハ東京ニ一箇所尋常師範学校ハ府県ニ各一箇所ヲ設置スヘシ」[25] と記されている。これに伴い、尋常師範学校における音楽教員の需要が拡大することになる。1897年（明治30）には、師範教育令が制定され、尋常師範学校は師範学校と改称され、1920年代後半までに女子部は女子師範学校として分離された。その科目は「尋常師範学校ノ学科及其程度」（1886年5月26日文部省令第9号）第1条により「尋常師範学校ノ学科ハ倫理、教育、国語、漢文、英語、数学、簿記、地理歴史、博物、地理化学、農業手工、家事、習字、図画、音楽、体操トス。農業、手工及兵式体操ハ男生徒ニ課シ家事ハ女生徒ニ課ス」[26] とされ、音楽は必修科目であった。音楽の内容は「単音唱歌複音唱歌楽器用法及音楽上ノ各称記号旋律和声拍子等ノ要略」[27] とされた。

尋常師範学校の音楽の教授は、男女生徒により差が見られる。第1、2学年は週2時間を、第3学年は女子生徒に週2時間、男子生徒には週1時間を、第4学年は女子生徒に6時間、男子生徒に週2時間の音楽の教授が行われ、女子生徒の方が多く教授された[28]。

次に、高等女学校についてみると、高等女学校は、1880年に設立された東京女子師範学校予科として始まり、それが2年後の1882年に廃止され、東京女子師範学校附属高等女学校が設置されたことにより、高等女学校の基礎が確立された[29]。1891年に中学校令が改正されることにより、高等女学校は尋常中学校の一部とされ、1895年には高等女学校規程が制定された[30]。中学校令に基づく高等女学校は、1899年に新たに高等女学校令が公布されることで中学校令から分離された[31]。高等女学校令（1899年勅令第31号）第1条では「高等女学校ハ女子ニ須用ナル高等普通教育ヲ為スヲ以テ目的トス」[32] とされ、高等女学校が一気に増えることでそれに伴う音楽教員が必要となった。というのは、「高等女学校ノ学科及其程度ニ関スル規則」（1899年2月21日文部省令第7号）第1条に「高等女学校ノ学科目ハ修身、国語、外国語、歴史、地理、

数学、理科、家事、裁縫、習字、図画、音楽、体操トス又随意科目トシテ教育、漢文、手芸ノ一科目若クハ数科目ヲ加フルコトヲ得」[33] とされ、音楽の教授は必須科目であり [34]、その程度は「単音唱歌及複音唱歌ヲ受ク又便宜楽器用法ヲ受ク　音楽ヲ受クルニハ歌詞楽譜ノ高雅純正ニシテ教育上稗益アルモノニ就キテ練習セシムヘシ」とされた。高等女学校の音楽教授は、第1学年から第4学年まで毎週2時間ずつ行われた [35]。高等女学校の設置数は男子の中学校より多く、1910年を基準に193校あった高等女学校の数は1920年には倍増し、在籍者も中学校を上回るほどであった [36]。高等女学校令施行規則第24条には「音楽ハ音楽ニ関スル知識技能ヲ得シメ美感ヲ養ヒ心情ヲ高潔ニシ兼テ徳性ノ涵養ニ資スルヲ以テ要旨トス。音楽ハ単音唱歌ヲ授ケ又便宜輪唱歌及複音唱歌ヲ交ヘ楽器使用法ヲ授クヘシ」[37] とされていた。

　このように、各師範学校、高等女学校の急増により音楽教員の需要が高まる中、1921年4月に高等師範学校等卒業者服務規則（1921年4月26日文部省令第29号）が制定され、高等師範学校、女子高等師範学校、臨時教員養成所教員養成所、東京美術学校図画師範科及び東京音楽学校甲種師範科卒業者の服務義務が一括規定された [38]。特に、中等教育の拡充が行われたにもかかわらず、高等師範学校や女子高等師範学校はこれに応じた制度改編が行われなかったため、中等教員の供給は臨時教員養成所や教員検定制度に依存しなければならなかった [39]。

　臨時教員養成所は、臨時教員養成所官制第1条に「臨時教員養成所ハ師範学校、中学校及高等女学校ノ教員タルヘキ者ヲ養成スル所トス」と、第2条に「臨時教員養成所ハ文部大臣の指定スル帝国大学及直轄諸学校内ニ之ヲ置ク」とされ [40]、当初は東京女子高等師範学校に設置された第六臨時教員養成所の一校のみであったが、中等教育の拡充に伴い各科目の担当教員を養成するために臨時教員養成所が増加するようになった。音楽科の場合も中等教育機関の拡充により師範科、本科出身者の数だけでは供給に間に合わず、より多くの中等音楽教員を供給するために東京音楽学校内に設置された第四臨時教員養成所で中等音楽教員の養成を行った。臨時教員養成所規程第1条に「臨時教員養成所ニハ国語漢文科、英語科、数学科、博物科、物理化学科、家事裁縫科、体操家事科、理科、家事科、歴史地理科、音楽科、体操科ノ一学科若ハ数学科ヲ置ク」

とされ、第7条の7に「音楽科ノ学科目ハ修身、教育、唱歌、楽器（オルガン又ハピアノ）、国語、音楽通論、和声論、音楽史、体操、英語（随意科目）トス」[41]とされた。また、第四臨時教員養成所規則第2条に「修業年限ハ二箇年トス」とされ、第四臨時教員養成所は甲種師範科（修業年限3年）と違い、2年制の速成コースであった。高等師範学校等卒業者服務規程（1921年4月文部省令第29号）をみると第1、2条に「本令ハ高等師範学校、女子高等師範学校、臨時教員養成所、東京美術学校図画師範科及東京音楽学校甲種師範科卒業者ニ適用ス　卒業者ハ卒業証書受得ノ日ヨリ左ノ期間引続キ教育に関スル職務ニ従事スル義務ヲ有ス」[42]とされ、第四臨時教員養成所卒業生も中等音楽教員としての服務義務が生じた。

　教員検定制度による中等音楽教員検定試験は[43]、「中学校卒業者、高等女学校卒業者、小学校本科正教員または尋常小学校本科正教員の免許を有する者」などの資格者に予備試験と本試験が行われた。予備試験では「楽式一般、楽典、和声学、音声学、音楽史、教育学（教員免許状を有する者は省略）」の6科目が行われ、予備試験に合格した者のみ本試験を受験することができた。本試験では3科目の実技試験が行われ、「①唱歌、音階、新曲、課題曲　②楽器奏法（ピアノまたはオルガンを選択。任意でヴァイオリンも演奏し、参考点とすることができる）　③教授法実施」であった。しかし、音楽科の試験は他の科目と違いピアノなどの実技試験があり、これらの実技は独学で試験に臨むことが難しいため、志願者自体が少なく、合格者は少なかった[44]。

　本科の場合、教職科目を履修すれば中等音楽教員の無試験検定を受けられるということであって服務義務はなかったが、学資などの支給を受けた甲種師範科や第四臨時教員養成所出身者は、服務規程により服務の義務が生じた。甲種師範科と第四臨時教員養成所卒業生は、卒業後1年間は指定される学校に服務する義務があった。学資支給を受けた甲種師範科生徒の場合、4年半の服務義務が、第四臨時教員養成所生徒の場合、3年間の服務義務があった。また、学資支給を受けていない甲種師範科師範科生徒の場合、1年半の服務義務が、第四臨時教員養成所生徒の場合、1年の服務義務があった。

　このように、日本における中等音楽教員は、東京音楽学校出身が多く占

めており、東京音楽学校の機能と役割は音楽教員養成であったのである。特に、中学校や女学校、師範学校のような中等教育機関が増加することにより、一時的に不足していた音楽教員については、東京音楽学校内に第四臨時教員養成所を設置し、師範科同様に音楽教員を育成していた。本科出身者は、教育関係科目を履修後に無試験検定で教育職が得られ、師範部、師範科、第四臨時教員養成所卒業生は、卒業後に服務義務があり規定された年数、教員職を勤めなければならなかった。また、教員検定制度による中等音楽教員検定試験により中等音楽教員になることのできる方法は設けていたが、ピアノなどの実技試験があったため独学の難しさがあり、志願者も合格者も少ない状況だった。そのため、東京音楽学校が持つ音楽教員養成という象徴的な意義は、日本における西洋音楽の普及に至大な影響を及ぼしたのであった。そして、日本のみならず、日本の植民地であった朝鮮においてもその影響が及ぶことになった。

では、植民地朝鮮における東京音楽学校の機能について考察する。

3. 朝鮮における東京音楽学校の機能

植民地朝鮮における中等教員は、その多くが日本人教員であった。それは、朝鮮には中等教員を育成する高等師範学校は存在せず、日本から教育を調達したためである。1921年度から1929年度までの官公立中等学校の教員について『朝鮮総督府統計年報』を確認してみると日本人教員が圧倒的に多い[45]。

植民地朝鮮における中等教員養成は、1920年代から始まる[46]。朝鮮には、中等教員を養成する機関は設立されず、中等教員委託生制度[47]、私立学校有資格教員指定制度、農業教員養成制度[48]によって中等教員とした。また、京城帝国大学の予科修了者[49]、京城高等工業学校附置理科教員養成所や京城帝国大学付属理科教員養成所[50]、京城高等工業学校付置理科教員養成所設置[51]、京城帝国大学付属理科教員養成所[52]により、物理、化学、数学、物象、地理の中等教員養成を行った。なお、1922年、私立学校教員ノ資格及員数ニ関スル規程（1922年3月28日、府令第28号）が定められ[53]、これにより私立学校の教員の資格を有する者が指定

された[54]。

しかし、音楽における中等音楽教員養成は、他科目より劣悪な状況であった。中等音楽教員においては、1923年に私立学校教員資格認定ニ関スル件（1923年11月12日、府令第128号）が制定され[55]、1928年2月から梨花女子専門学校音楽科卒業者が私立高等普通学校での音楽科目における教員資格を認定されたのみで、官公立中等学校においては朝鮮での音楽教員育成機関がなかったため、日本からの教員に頼るしかない状況であった。

植民地朝鮮における日本人中等音楽教員については、『近代日本音楽年鑑』（以下、年鑑）と『東京音楽学校一覧』（以下、一覧）の資料を基に把握されている[56]。両資料から見る日本人中等音楽教員は、そのほとんどが東京音楽学校出身である。既存の研究を基に『年鑑』と『一覧』にみる東京音楽学校出身の中等音楽教員の専攻科と勤務先を確認してみると、富永鹿野（師範科乙種、京城高等女学校）[57]、三島チカエ（師範科甲種、釜山高等女学校）、小出雷吉（専修部、京城第一高等普通学校）、大場勇之助（本科・研究科、京城高等女学校）、岡本新市（師範科甲種、海州師範学校）、内田虎（師範科甲種、京城公立女学校）[58]、須階ときを（師範科甲種、進明女子高等普通学校）、松田きみ（第四臨時教員養成所、羅南公立高等女学校）、桼柔能（本科、京城高等女学校）[59]、田中実（本科、安東高等女学校）、西原田鶴子（第四臨時教員養成所、慶尚北道公立女子学校・大邱公立女子学校・馬山高等女学校教諭）、保坂由布（第四臨時教員養成所、平壌女子高等普通学校）、吉沢実（師範科甲種、京城師範学校）、瀧澤レツ（師範科甲種、京城公立高等普通学校）、織田永生（師範科甲種、京城公立高等普通学校）、内川美谷子（師範科甲種、羅南公立高等女学校）、片岡晴太郎（師範科甲種、平壌師範学校）、彼末愛子（師範科甲種、平壌公立高等女学校）、栗本清夫（専修部、京城中学校）、佐藤オト（本科、高等普通女学校）、園部チヨ（師範科甲種、京城女子高等普通学校）、天野ヨシ（師範科甲種、京城高等女学校）がいる[60]。このように、東京音楽学校出身の中等音楽教員は、高等女学校で勤務するものがもっとも多く、次いで女子高等普通学校、師範学校の順である。

朝鮮では、日本と朝鮮の学制が同じになる1938年以前までは、日本

語を常用する者が通う学校(日本人学校:小学校、中学校、高等女学校)と、日本語を常用しない者が通う学校(朝鮮人学校:普通学校、高等普通学校、女子高等普通学校)が分かれて存在していた。主に、朝鮮人が通う公立学校で教鞭をとった人物は、小出雷吉、保坂由布、須階ときを、瀧澤レツである。また、師範学校をみると、京城に置かれていた師範学校では日本人学生が大半を占めており[61]、地方の師範学校では朝鮮人学生が大半を占めていた[62]。その朝鮮人学生が大半を占めていた師範学校の教員を確認すると、岡本新市、小林多治、津田義信、片岡晴太郎である。彼ら以外の日本人音楽教員は、主に、日本人が通う学校で教鞭をとっていた。

このように、東京音楽学校出身の中等音楽教員の勤務先は、在朝鮮日本人学校に集中していた。その原因は以下の通りである。1930年現在、主に日本人が通う中等教育機関は、中学校11校、高等女学校24校があり、合計35校が存在した[63]。同年現在、主に朝鮮人が通う官公立中等教育機関は、高等普通学校15校と女子高等普通学校6校があり[64]、合計21校が存在した。日本人が主に通う高等女学校と朝鮮人が主に通う女子高等普通学校の校数にかなりの差が存在し、高等女学校は女子高等普通学校の4倍もある。1938年以降の毎週音楽教授時数をみると、5年制の中学校では週1時間の音楽の教授が行われていたが、5年制の高等女学校の場合、1学年から3学年までは週2時間、4、5学年は週1時間の音楽教授が行われ[65]、男子校より女子校の方で音楽授業がより多く行われた。

このように、『年鑑』、『一覧』に見る中等音楽教員の勤務先が高等女学校に多く占められたのは、男子校より女子校の方が音楽教員を多く配分されており、高等女学校が女子高等普通学校より1930年現在で4倍も多いためである。日本の植民地である朝鮮では朝鮮人の就学率が日本人より低く、日本人が主に通う学校が増加した結果、音楽教員においても学校の数に応じた形で構成された。また、師範学校と高等女学校に多く勤めていたのは、師範学校と女子校で音楽授業が多く行われたからであった。

このような朝鮮の低い就学率の原因は、日本との教育の不平等が招いたことであった。日本では、1905年11月7日に在外指定学校職員の名称、

待遇及び任用、解職に関する規程が勅令第230号として制度され[66]、在外指定学校であった朝鮮の居留民団立の学校に日本から優秀な校長や教員を招聘できる便宜を図った[67]。その後、朝鮮が日本の植民地となり、1913年10月制令7号により居留民団立の学校が解除され、1914年3月20日文部省令第6号により在外指定学校に関する規程が改正された[68]。日本の植民地である朝鮮に日本人人口が急増する中で、日本人の定着に最も必要で、基幹事業の一つである教育事業を確立しようとしたのである[69]。その後、日本人の教育制度を整備する基本方針としては、外地での日本人教育を日本国内と差のないようにし、地域的な状況による例外的な場合を除いて、学校教育の趣旨、授業年限、教科編成などを日本と同等に行うようにしようとした。これらの流れにより、音楽教育においても東京音楽学校出身が音楽教員として外地に出向いたのではないかと考えられる。

　初等教育の就学率をみると、1912年の1万当りの在朝鮮日本人学生は897.9名で95.4％の就学率に対し朝鮮人学生は28.5名の2.1％に過ぎなく、その格差は約32倍もあった[70]。また、1942年の1万当りの在朝鮮日本人学生は1379.2名で99.9％の就学率に対し、朝鮮人学生は697.2名で47.7％まで増えたように見えるが、その格差はまだ約2倍もあった[71]。特に、中等教育段階ではその差はより広がった。1912年の朝鮮人学生1万名当り約1.8名が中等教育を受けているのに対し、日本人学生1万名当り約65名で、その差は約36倍にもなった。1942年には朝鮮人学生1万名当り約33.7名に対し、日本人学生は約520名で、その差は15倍であった[72]。

　在朝鮮日本人の教育と、朝鮮人の教育の不平等により、初等教育の就学率の差が大きく、中等教育においてはその差がより広がったことで、中等学校数も日本人が主に通う学校の方が、朝鮮人が主に通う学校より多数であった。東京音楽学校卒業生が植民地朝鮮で日本人が主に通う中等教育機関に多く勤めた結果となったのは、学校の数に応じたためであり、東京音楽学校卒業生が在朝鮮日本人の中等音楽教育を担当することで、音楽教育において日本と同等の教育が実現された。また、東京音楽学校卒業生は、数少ない朝鮮人が主に通う中等教育機関においても中等音楽教員として音楽教育を担当し、音楽教育を通じて日本式の西洋音楽

の導入・普及に役割を担ったのである。

4. 吉沢実の活動事例からみる音楽教育の実態

　本節では、東京音楽学校師範科出身で、京城師範学校の音楽教員として長年朝鮮で活動を行った吉沢実の活動から朝鮮の音楽教育の実態について考察する。前述のように、東京音楽学校卒業生は、朝鮮での教育活動を通じて朝鮮における西洋音楽の受容に大きく関わりを持っていた。その多くの東京音楽学校卒業生が携わった中等教育機関の中で、音楽教育の影響を最も大きく及ぼしたとされるのが師範学校であった。

　師範学校は、初等教員の育成を目標としている。そのため、師範学校で教授された音楽教育は、後に初等教員が担い手となって、初等音楽教育に大きな影響を及ぼす重要な教育であった。朝鮮人の初等教育の就学率は、年々増加していて、初等教育機関で学んだ日本式西洋音楽教育は児童に直接的な影響を及ぼすこととなる。朝鮮人の初等教育機関への就学率は、1912年には全体で2.1％に過ぎなかったのが、1922年には9.5％、1932年には17.8％、1942年には47.7％まで増加した[73]。これは、朝鮮総督府が計画した3面1校、2面1校計画、そして1937年からの10ヵ年計画で当時初等教育機関を2倍に増やす計画を立てたことで[74]、1937年から1942年まで朝鮮人就学率が急激に増加することになった。これに伴う師範学校の増設も行われ、前章の『年鑑』、『一覧』に現れた小出雷吉、岡本新市、吉沢実、小林多治、片岡晴太郎、律田義信のような人物が朝鮮の師範学校で音楽教員として教鞭を執ったのであった。師範学校の学生は、京城師範学校を除いては朝鮮人の割合がはるかに多かった。

　しかし、その学生が朝鮮人であろうが日本人であろうが、彼らは後に朝鮮の初等教員として初等音楽教育を行う人物となるのは、変わりはなかった。なぜなら、師範学校卒業生は、1年から7年までの朝鮮内の初等教育機関における服務義務が生じたからである[75]。朝鮮の官立師範学校には、1922年に設立された京城師範学校をはじめ、1929年に公立師範学校から官立師範学校となった大邱師範学校、平壌師範学校があった。それら京城・大邱・平壌師範学校の卒業生は、普通科であるか演習

科であるかにより、また、食費、手当、被服費が支給された官費であるか私費であるかにより、服務義務期間は異なっていた。

また、朝鮮各道に設立された公立師範学校の場合、その道にある初等教育機関における義務服務があった。京畿道公立師範学校の学則をみると、第26条に「卒業者ハ卒業証書受得ノ日ヨリ引続キ三年間道知事ノ指定ニ従ヒ本道内ニ於テ普通学校ノ教員ノ職ニ従事スル義務ヲ有ス」[76]とされ、京畿道内にある初等教育機関で義務服務を行われなければならなかった。

このように、日本式西洋音楽を、初等音楽教育を通して受容、普及、発展させる文脈からみると、師範学校の音楽教員はその担い手となる重要な役割を果たすことになる。このような師範学校の重要性を認識した上で、初等音楽教育のために取り込められた師範学校の教員の具体的な活動が、朝鮮における唱歌教育を通じた西洋音楽の定着にどのように関わってきたのか考えたい。特に、師範学校の中で最も大きな活動を行った（官立）京城師範学校を中心に、同校で音楽教員として長年教鞭を執っていた東京音楽学校出身の吉沢実の活動を中心に確認する。

師範学校の中で最も影響力を持っていた京城師範学校には、同校及びその附属学校教職員が会員となり朝鮮初等教育研究会を設け[77]、京城師範学校における教育学の知識の普及と研究活性化をその目的とした。その主な活動は、雑誌『朝鮮の教育研究』（1928～1941）を発刊し、教育学の知識や教科教育法を教育現場に普及、統一化することであった。また、京城師範学校附属学校内には、音楽教育研究部があり、そこでは唱歌・音楽指導要目や細目などの発表が行われた。京城師範学校の「研究部ニ関スル規程」をみると[78]、音楽研究部以外にも研究部があり、その目的は研究及び教授連絡の統一を計り、その効果を挙げることであった。

京城師範学校音楽教育研究会の大きな実績は、朝鮮向けの『初等唱歌（1935）』の発刊であり、この唱歌教材を発刊することで、唱歌教育の改善、向上のために良い教材を提供することを目的とした。その『初等唱歌』の発刊に大きな関わりを持っていたのが、吉沢実[79]であった。吉沢は、1926年に東京音楽学校甲種師範科を卒業後、京城師範学校音楽教諭となり、音楽教育研究会の中心メンバーとして『初等唱歌』の編纂を主幹した。吉沢は、当時の朝鮮の唱歌、音楽教育について、文化が

植民地朝鮮と日本の中等音楽教員をめぐる東京音楽学校卒業生の機能と役割　117
　　　―京城師範学校教諭の吉沢実の活動事例を中心に―

急速に進歩しているのに対して唱歌教育における唱歌集が 20 年も未改善のままで、教育要旨も変化していないと指摘、また、6 年間の唱歌教育を受けても学生は自ら新曲を歌えず、教師は簡単な複音も教えられない現状であると当時の唱歌教育の限界性を指摘した[80]。その改善策として『初等唱歌』を発刊すると吉沢は述べ、その編纂の趣旨について「一般者より郷土的新歌詞を募り、尚斯道の権威者に委嘱し児童の心情に合致し芸術的、教育的方面は無論、郷土に即し朝鮮特有の情緒・風景・人物・史実等、郷土的関係材料の作詞、作曲を願ひ、尚各学年、各学期に細目的排列をなし、諺文歌詞の曲を配し東西南北鮮何れの地方に於ても充分其の選択に余裕を存するべく委員一同合議編纂し、以て理想的唱歌集を発行することに努力せり」と述べた。

　ここで注目すべきは、作詞・作曲において朝鮮の情緒を取り入れようとしたという点である[81]。確かに、1922 年の第 2 次朝鮮教育令以後、朝鮮総督府編纂の唱歌集には、大きな変化があった[82]。それは、学生対象の公募により選ばれた歌詞が唱歌集に載せられたのである。しかし、京城師範学校音楽教育研究会編纂の『初等唱歌』は、詞のみならず、曲においても朝鮮の情緒が考慮され、また、朝鮮人作詞家・作曲家の曲が含まれ、朝鮮語唱歌も収録されている。また、『初等唱歌』には吉沢により作曲された 9 曲も収録され[83]、吉沢は、『初等唱歌』の実際の内容とともに編纂に大きく関わっていた。

　このように、吉沢は『初等唱歌』の編纂を主幹していたが、これ以外にも『新制音楽要義』の出版にも関わっていた。『新制音楽要義』は、京城師範学校教諭であった五十嵐悌三郎、吉沢実、京城女子師範学校教諭であった安藤芳亮が 1937 年に共同で出版した音楽理論書である。『新制音楽要義』の著者たちは、その出版の趣旨に音楽文化の進展は師範教育にあるという重要性を認識し、必要とする師範教育に合う音楽理論書を教科書兼参考書として出版すると記している[84]。初等教育を担う教員の養成に欠かせない理論とその理論を伝えるための教育法であった。

　朝鮮で使われた既存の音楽理論書は、すでに日本で出版されたものがそのまま朝鮮でも認可され使われていた。その中での『新制音楽要義』の出版は、長年朝鮮の音楽教育に携わり、朝鮮の音楽教育現場を最も知る 3 名が当時の音楽教育政策に伴い朝鮮の音楽教育に合う音楽理論書を

提供しようとした試みの成果であった。

『新制音楽要義』の編纂に携わった五十嵐、吉沢、安藤の三人の師範学校教員は、初等教育の重要性を認識し、その初等教育を担うこととなる師範学校の教育が大切であることを捉え、本書を通じて朝鮮の音楽教育において西洋音楽が理論の正統であることと、唱歌教育の正当化における教育方法を認識させた。朝鮮における西洋音楽は、唱歌教育により受容されたというのが一般的な通論である。朝鮮総督府は、近代教育の象徴である唱歌教育を取り入れ、その教育制度において行われたのであるが、それを実行することにおいて大きな影響力を及ぼしたのが師範学校で音楽を担当していた日本人音楽教員であった。日本人音楽教員は、朝鮮総統府の教育政策に直接関与することは難しかったものの、教育実施におけるその内容の検討や教育政策における唱歌教育の正当化において働くには十分であった[85]。

特に、朝鮮の教育現場で長年音楽教育に携わっていた五十嵐・吉沢・安藤の師範学校教諭は、教育政策として決められていた「唱歌」教育を、朝鮮人に合う形での教育をするために必要とする内容や教育方法を、後に初等教員となる師範学校学生を対象とした『新制音楽要義』の教材を通して模索していた。当時、朝鮮で使われていた既存の理論書は、すでに日本で出版されたものをそのまま朝鮮でも使用していたことを考えると、彼らによる音楽理論書は朝鮮でより説得力を持って存在感を見せていたのではないだろうか。

吉沢は『朝鮮の教育研究』に「発声に就いて」[86]、「音感の訓練に就いて」[87]、「学芸会について」[88]などの論文を執筆しており、京城師範学校以外にも高等音楽学院（1936年6月初旬に安基永により創立）においても非常勤講師として勤務していた[89]。また、吉沢は『初等唱歌』以外にも作曲活動を行っており、京成師範学校音楽教育研究会編纂の『初等唱歌』には《チョロリコ　コリス》、《テウセンノフユ》、《入陽の丘》、《灯台》、《凧》、《御代の栄え》、《雲》、《パカチ》、《西湖》の9曲が吉沢により作曲され、1937年7月11日に行われた朝鮮文芸会第1回新作歌謡発表会では《勤労歌》、《蛍》を[90]、同年9月30日に行われた朝鮮文芸会愛国歌謡大会の発表会には《敵前上陸》、《宿舎》、《慰安袋》が吉沢により発表された[91]。そして、音楽文化の向上発展を図り音楽を通じて「内鮮人」音楽関係者の団結により結成

された京城音楽協会（1938年10月30日に組織）では幹事を務め[92]、その演奏会ではピアノ伴奏も行うなど[93]、教育活動以外においても多様な活動を展開していた。

　植民地朝鮮における西洋音楽の受容、普及において唱歌・音楽教育の影響が大きいというこれまでの研究成果からも、師範学校音楽教員の役割は重要であると言える。東京音楽学校出身の吉沢は、京城師範学校音楽教育研究会の中心人物として朝鮮の唱歌教育を通じて西洋音楽の普及、定着に取り組んでいた。このように、東京音楽学校卒業生は中等音楽教員として、日本の近代音楽教育のみならず、植民地朝鮮においても教育を通じた西洋音楽の受容と定着に大きな役割を果たした。

6. 結論

　本論文では、植民地朝鮮と日本における西洋音楽の受容において大きな役割を果たした東京音楽学校卒業生の進路から東京音楽学校の機能と役割は中等音楽教員養成であったことを考察し、植民地朝鮮においても東京音楽学校卒業生が中等音楽教員として活動を行っていたことを明らかにした。特に、東京音楽学校甲種師範科出身であった吉沢実の植民地朝鮮における活動事例を中心に朝鮮の唱歌、音楽教育の一部の実態を確認し、東京音楽学校出身者が植民地朝鮮における西洋音楽の受容と定着にどのような関わりを持っていたのか、その一例を上げ解明した。

　東京音楽学校の設立趣旨は、音楽家、音楽教員を養成することにあり、音楽家を目指す専修部や本科（声楽部、器楽部）と音楽教員を目指す師範部や師範科ともに中等音楽教員の資格を得られるようなカリキュラムで教育が行われた。当時、日本における中等音楽教員は、主に、東京音楽学校の師範部、師範科、専修部、本科卒業生が占めており、中等教育機関の増加に伴い一時的に不足していた音楽教員については、東京音楽学校内第四臨時教員養成所の卒業生が、師範科同様に音楽教員を勤めていた。このように日本における東京音楽学校卒業生の進路からみる東京音楽学校の機能は、音楽教員育成であったと言える。

　東京音楽学校卒業生の多くは、日本のみならず、植民地朝鮮において

も中等教員として活動を行っていた。植民地朝鮮には、官公立中等音楽教員を育成する機関がなく、そのほとんどを日本に頼るしかない状況であったため、中等音楽教員の多くは東京音楽学校卒業生が担っていた。『近代日本音楽年鑑』と『東京音楽一覧』によると、第四臨時教員養成所を含む東京音楽学校師範科、本科、専修部出身者の多くが、師範学校や高等女学校などの中等教育機関で教鞭を執っていた。

特に、中等教育機関のうち師範学校での音楽教育活動は、後に初等機関における唱歌、音楽教育において大きな影響を及ぼすこととなるため、最も重要とされていた。その中で、東京音楽学校甲種師範科出身で、当時の師範学校の中で一番影響力を持っていた京城師範学校音楽教諭であった吉沢実の活動を通じて、音楽教育を通じて西洋音楽が受容、定着（改善）される一例を確認することができた。吉沢は、京城師範学校附属学校内に設置された音楽教育研究会の中核人物として当時の唱歌教育の改善や向上のために『初等唱歌』（1935年）を編纂し、朝鮮総督府編纂唱歌集との差別化を計った。また、当時、師範学校教諭であった五十嵐悌三郎と安藤芳亮ともに、教育政策として決められていた「唱歌」教育を、朝鮮人に合う形での教育をするために必要とする内容や教育方法を模索して、後に初等教員となる師範学校学生を対象とする『新制音楽要義』を執筆した。これは日本で出版されたものをそのまま使用していた従前の朝鮮の音楽理論書と違い、朝鮮でより説得力を持っていた音楽書であった。

このような吉沢の教育活動は、当時、東京音楽学校出身者が植民地朝鮮の音楽教育において西洋音楽の受容と定着に大きな担い手となっていたことを示している。また、吉沢は、教育活動以外にも作曲、演奏（ピアノ）、音楽協会での活動を通じて朝鮮の西洋音楽界においても大きな役割を担っていた。

以上、東京音楽学校出身の中等音楽教員が植民地朝鮮の唱歌教育を通じて西洋音楽の普及、定着に取り込んでいた実態の一部が見えてきた。植民地朝鮮というイデオロギーと結びついて形成された西洋音楽の受容と定着が「西洋音楽」という大きな概念の中で唱歌・音楽という当時ならではの音楽文化が当時の東京音楽学校出身の中等音楽教員の活動により正当な音楽として反映されたことが明らかになった。

1 東京芸術大学百年史編集委員会（1987）286 頁。
2 『唱歌掛図初編』（1881 年 9 月出版届）、『小学唱歌集初編』（1881 年 11 月出版届）、『唱歌掛図初編続』（1881 年 11 月出版届）、『小学唱歌集第二編』（1883 年 3 月出版）、『唱歌掛図第二編』（1883 年 3 月出版）、『小学唱歌集第三編』（1884 年 3 月出版）、『幼稚園唱歌集』（1887 年 12 月出版）『中等唱歌集』（1889 年 12 月刊行）、『中学唱歌』（1901 年、中学校用文部省検定教科書）、『中等唱歌』（1910 年 1 月 22 日出版）：東京芸術大学百年史編集委員会（1987）110 頁、506～510 頁。
3 近代日本の音楽教員について行われた研究は、坂本麻実子（2005、2006、2007、2008、2009）が代表的である。坂本（2005）は、明治期において中等音楽教員が東京音楽学校甲種師範科出身者だけではニーズを満たさない現状から、東京女子高等師範学校出身者も高等女学校や師範学校女子部・女子師範学校で音楽を担当することができたが、その音楽科教員免許状況や勤務先などの調査から当時の中等音楽教員の事情の一面を考察した。また、坂本（2006）は、明治を中心に中等音楽教員のスタートラインであった東京音楽学校合格を基点に、受験に失敗した小学校教員を主人公とした『田舎教師』を中心に当時の中等音楽教員について総合的に研究を行った。
4 これについては、金志善（2010、2011a）において植民地朝鮮で活動を行った日本人音楽教員について『日本近代音楽年鑑』や『東京音楽学校一覧』を調べ、分析した結果、明らかになった。
5 今までの植民地朝鮮における音楽教育に関する研究は、音楽教育政策、唱歌集（メロディや歌詞）の分析がメインで行われてきた。音楽教育政策に関する先行研究は、閔庚燦（1995）、朴成泰（1999）、オ・ジソン（오지선、2002）などがあり、朝鮮総督府の唱歌教育政策とその動向について考察を行った。また、唱歌集など教科書の分析に関する先行研究は、山本華子（1994）、チョン・ヨンジュ（천영주、1997）、パク・ウンギョン（박은경、2001）、シン・キェヒュ（신계휴、2002）などがあり、朝鮮で発行された唱歌集の言説などを把握できる。なお、唱歌集の歌詞内容を分析したイ・ビョンダム・キム・ヘジョン（이병담・김혜정、2007）があり、原典資料の約 120 編の唱歌集を調査し解題を付け、約 1000 編の唱歌について音楽的な解題を付け整理した『韓国唱歌の索引と解題(한국창가의 색인과 해제)』（1997）と高仁淑『近代朝鮮の唱歌教育』（2004）がある。
6 植民地朝鮮における音楽教員に関する研究は、藤井浩基（2008）と朴成泰（1999）があり、藤井浩基（2008）は、東京音楽学校卒業生ではないが京城女子高等普通学校教諭を勤めていた石川義一（アメリカのパシフィック大学音楽部卒業）、京城女子高等普通学校・京城師範学校教諭を勤めていた五十嵐悌三郎（山形県師範学校卒業後、師範学校、中学校、高等女学校音楽科教員免許取得）について言及をし、「文化政治」期を中心とした音楽奨励事業や音楽教育について考察を行った。また、朴成泰（1999）は、大韓帝国期における音楽教育政策を中心に当時東京音楽学校出身であった小出雷吉が学部編纂の『普通教育唱歌集』に関わりを持っていたことと、朝鮮における音楽教育活動について考察を行った。
7 「師範部ハ音楽教員タルベキ志願ノ者ニ入学ヲ許シ修業年限ハ予科共通シ

テ凡ソ二ヵ年トス」。「専修部ハ音楽ニ特別ノオ能ヲ且フル者ヲ特ニ選抜シテ入学ヲ許シ修業年限ハ予科共通シテ凡そ四ヵ年トス」；東京芸術大学百年史編集委員会（1987）429〜430頁。

8 東京芸術大学百年史編集委員会（1987）407頁。
9 東京芸術大学百年史編集委員会（1987）465頁。
10 東京芸術大学百年史編集委員会（1987）461〜462頁。
11 師範部の教科目の「楽器」において風琴の時間のみを合算したもので、バイオリンと箏の時数は数えていない。また、専修部の教科目の「楽器」においても洋琴の時間のみを合算したもので、風琴やバイオリン、ヴィオラなどの楽器の時数は数えていない。詳しい内容は、東京芸術大学百年史編集委員会（1987）462頁を参照。
12 東京芸術大学百年史編集委員会（1987）466〜467頁。
13 東京芸術大学百年史編集委員会（1987）466頁。
14 東京芸術大学百年史編集委員会（1987）467頁。
15 年度別卒業生数は、『東京音楽学校一覧　従大正元年至大正二年』160〜164頁を参照。
16 就職別卒業生数については『東京音楽学校一覧　従大正元年至大正二年』165〜166頁を参照。
17 これについて、坂本麻実子（2006）が明治期を中心に東京音楽学校や東京女子高等師範学校の卒業生が中等教員として活動を行ったことについて詳しく分析している。
18 『東京音楽学校一覧　従明治三十四年至明治三十五年』（1902）35頁。
19 『東京音楽学校一覧　従明治三十四年至明治三十五年』35頁。
20 『東京音楽学校一覧　従明治三十六年至明治三十七年』30頁。
21 1905年には、官費生の定員が30名から60名に変更された。：『東京音楽学校一覧　従明治三十八年至明治三十九年』32頁。
22 『東京音楽学校第四臨時教員養成所一覧　自昭和四年至昭和五年』20〜21頁。
23 『東京音楽学校第四臨時教員養成所一覧　自昭和四年至昭和五年』21頁。
24 文部省内教育史編纂会（第三巻、1938）497頁。
25 文部省内教育史編纂会（第三巻、1938）497頁。
26 文部省内教育史編纂会（第三巻、1938）498頁。
27 文部省内教育史編纂会（第三巻、1938）501頁。
28 文部省内教育史編纂会（第三巻、1938）501〜502頁。
29 文部省内教育史編纂会（第二巻、1938）292〜293頁。
30 文部省内教育史編纂会（第二巻、1938）215〜216頁、224〜225頁。
31 文部省内教育史編纂会（第四巻、1938）274頁。
32 文部省内教育史編纂会（第四巻、1938）274頁。
33 文部省内教育史編纂会（第四巻、1938）278〜279頁。
34 中学校においては、中学校令施行規則（明治34年3月5日文部省令第3号）第一条に「中学校ノ学科目ハ修身、国語及漢文、外国語、歴史、地理、数学、博物、物理及化学、法制及経済、図画、唱歌、体操トス。外国語ハ英語、独語又仏語トス。法制及経済、唱歌ハ当分之ヲ欠クコトヲ得」とされ、唱歌は必修科目ではなかった。：文部省内教育史編纂会（第四巻、1938）178

35 文部省内教育史編纂会（第四巻、1938）288〜289頁。
36 稲垣恭子（2007）5〜7頁。
37 文部省内教育史編纂会（第四巻、1938）288頁。
38 文部省内教育史編纂会（第七巻、1939）506〜507頁。
39 4つの男女高等師範学校に在学する生徒総数は、1916年に1676名、1921年に1768名、1926年に2719名で少しは増加したが、中等学校教員の需要には満たなかった。
40 『東京音楽学校第四臨時教員養成所一覧　自昭和六年至昭和七年』4頁。
41 『東京音楽学校第四臨時教員養成所一覧　自昭和六年至昭和七年』5〜6頁。
42 『東京音楽学校第四臨時教員養成所一覧　自昭和五年至昭和六年』45〜46頁、文部省内教育史編纂会（第七巻、1939）506〜507頁。
43 音楽科中等教員検定試験については、坂本麻実子（2006）30〜38頁を参照。
44 坂本麻実子（2006）33頁。
45 『朝鮮総督府統計年報』（1932）632〜638頁。
46 植民地朝鮮の中等教育、教員に関する研究は、金英宇（1967）、李元必（1988、1992）、稲葉継雄（2001、2005）チョン・ソニ（丁仙伊、2002）などを参照。
47 『朝鮮総督府官報』（1920年6月26日、第2363号）295頁。
48 文部省内教育史編纂会（第十巻、1939）995〜998頁。
49 『京城帝国大学予科一覧』（1930）25頁。
50 『朝鮮総督府官報』（1941年4月18日、第1269号）187頁。
51 『朝鮮総督府官報』（1941年4月18日、第1269号）187頁。
52 『朝鮮総督府官報』（1944年7月14日、第5232号）121頁。
53 文部省内教育史編纂会（第十巻、1939）1035頁。
54 朝鮮総督府告示第105号（1922年4月15日）：文部省内教育史編纂会（第十巻、1939）1039頁。私立中等教育機関における教員資格については、文部省内教育史編纂会（第十巻、1939）1037頁、1039頁を参照。
55 文部省内教育史編纂会（第十巻、1939）1039頁。
56 両資料による中等音楽教員については、金志善（2010、2011a）を参照。
57 竹村鹿野と同一人物とされる。
58 竹村虎と同一人物とされる。
59 金沢柔能と同一人物とされる。
60 金志善（2010）264〜269頁と（2011a）34〜37頁を参照。
61 李元必（1988）31頁。
62 李元必（1988）35頁。
63 『朝鮮総督府統計年報』（1932）632頁、636頁。
64 『朝鮮総督府統計年報』（1932）634頁、638頁。
65 尹八重（1973）263頁。
66 文部省内教育史編纂会（第四巻、1938）941〜942頁。
67 文部省内教育史編纂会（第六巻、1938）6頁。
68 文部省内教育史編纂会（第六巻、1938）6〜8頁。
69 より詳しい在朝鮮日本人学校や日本人教員など日本人教育に関する研究については、稲葉継雄（1999、2001、2005）、クォン・スギン（권숙인、2008）、趙美恩（2010）、山下達也（2011）などを参照。

70 オ・ソンチョル（오성철、2000）125頁、趙美恩（2010）212頁。
71 オ・ソンチョル（오성철、2000）125頁、趙美恩（2010）212頁。
72 趙美恩（2010）211頁。
73 オ・ソンチョル（오성철、2000）133頁。
74 『朝鮮総督府施政年報』（1943）148～149頁。
75 『京城師範学校総覧』（1929）124～126頁。
76 『京畿公立師範学校一覧　創立第二年』（1923）11頁。
77 雑誌『朝鮮の教育研究』に関する研究は、キム・ボンソク（김봉석、2012）などを参照。
78 研究部ニ関スル規程　第一　学科研究会規程　第二条に「学科研究会ヲ十六部ニ分ツ。修身、教育、国語漢文、朝鮮語、英語、歴史、地理、数学、博物、物理化学、法制経済、図書手工、音楽、体操、職業、農業、商業、工業、家事、裁縫」となっている。：『京城師範学校総覧』（1929）244～246頁。
79 吉沢は、1926年に東京音楽学校甲種師範科を卒業後、京城師範学校教諭として音楽教育を担当していた。『朝鮮総督府及所属官署職員録』には1930年度から1943年度にかけて京城師範学校に勤めていた吉沢の記録が記されている。
80 吉沢実、「京城師範学校音楽教育研究会編　初等唱歌編纂の趣旨」『文教の朝鮮』（1934年3月）99～101頁。
81 『初等唱歌』の内容の分析については、キム・ジソン（김지선、2011b）106～113頁を参照。
82 朝鮮総督府が編纂した唱歌集としては、次のものがある。『新編唱歌集』（京城：京城総務局印刷所、1914）、『羅馬字新編唱歌集』（京城：総務局印刷所、1915）、『普通学校唱歌集（第一学年～第四学年）』（京城：凸版印刷株式会社、1920）、『普通学校補充唱歌集』（京城：朝鮮書籍印刷株式会社、1926）、『みくにのうた』（京城：朝鮮書籍印刷株式会社、1939）、『初等唱歌（第1学年用～第6学年）』（京城：朝鮮書籍印刷株式会社、1939～1941）、『ウタノホン（一ネン～二ネン）』・『初等音楽（第三年用～第六年用）』（京城：朝鮮書籍印刷株式会社、1942～1944）。
83 第1学年:《チョロリコ　コリス》、《テウセンノフユ》、第3学年:《入陽の丘》、第4学年:《燈台》、《凧》、第5学年:《御代の栄え》、《雲》、《パカチ》、第6学年:《御代の栄え》（第5学年と同じ曲）、《西湖》。
84 五十嵐悌三郎・吉沢実・安藤芳亮（1937）序文。
85 『新制音楽要義』の初版が何冊を印刷されていたのか確認できないものの、1937年6月に初版が発行された以来、3年も経たない1940年3月には第3版が発行されるほど、当時の音楽書としては売れていたとされる。
86 吉沢実、「発声に就いて」『朝鮮の教育研究』（1930年9月）51～58頁。
87 吉沢実、「音感の訓練に就いて」『朝鮮の教育研究』（1938年10月）26～33頁。
88 吉沢実、「学芸会について」『朝鮮の教育研究』（1940年3月）47～51頁。
89 『三千里』1937年5月号、38～39頁。
90 『朝鮮』1937年8月号、105～106頁。
91 『京成日報』1937年9月26日
92 『毎日新報』1938年10月31日。

93 『京城日報』1938 年 12 月 4 日。

【参考文献】
(史料)
『朝鮮総督府官報』
『朝鮮総督府施政年報』
『朝鮮総督府統計年報』
『京畿道公立師範学校一覧』(1924)
『京城師範学校総覧』(1929)
『京城帝国大学予科一覧』(1930)
『東京音楽学校一覧』(1889〜1941)
『東京音楽学校第四臨時教員養成所一覧』(1926〜1931)

(新聞及び雑誌)
『毎日新報』
『京城日報』
『三千里』
『朝鮮』
『文教の朝鮮』
『朝鮮の教育研究』
京城師範学校音楽教育研究会編(1935)『初等唱歌第一学年』大阪:日本唱歌出版社。
京城師範学校音楽教育研究会編(1935)『初等唱歌第二学年』大阪:日本唱歌出版社。
京城師範学校音楽教育研究会編(1935)『初等唱歌第三学年』大阪:日本唱歌出版社。
京城師範学校音楽教育研究会編(1935)『初等唱歌第四学年』大阪:日本唱歌出版社。
京城師範学校音楽教育研究会編(1935)『初等唱歌第五学年』大阪:日本唱歌出版社。
京城師範学校音楽教育研究会編(1935)『初等唱歌第六学年』大阪:日本唱歌出版社。
京城師範学校音楽教育研究会編(1937)『初等唱歌解説書第一学年用』京城:株式会社朝鮮地方行政学会。
京城師範学校音楽教育研究会編(1939)『初等唱歌解説書第三学年用』京城:朝鮮図書出版株式会社。
京城師範学校音楽教育研究会編(1939)『初等唱歌解説書第四学年用』京城:朝鮮図書出版株式会社
京城師範学校音楽教育研究会編(1939)『初等唱歌解説書第五学年用』京城:朝鮮図書出版株式会社。
京城師範学校音楽教育研究会編(1939)『初等唱歌解説書第六学年用』京城:朝鮮図書出版株式会社。

(日本語文献)
五十嵐悌三郎・吉沢実・安藤芳亮(1937)『新制音楽要義』京城:朝鮮地方行政学会。
稲垣恭子(2007)『女学校と女学生―教養・たしなみ・モダン文化―』東京:中央公論新社。
稲葉継雄(1999)『旧韓国教育と日本人』教育』福岡:九州大学出版会。

稲葉継雄（2001）『旧韓国～朝鮮の日本人教員』福岡：九州大学出版会.
稲葉継雄（2005）『旧韓国～朝鮮の「内地人」教育』福岡：九州大学出版会.
京城師範学校音楽教育研究会編（1935）『初等唱歌』（第一年～第六年）京城：朝鮮図画出版株式会社.
京城師範学校音楽教育研究会編（1937）『初等唱歌解説書』（第一学年用）京城：株式会社朝鮮地方行政学会.
京城師範学校音楽教育研究会編（1939）『初等唱歌解説書』（第三学年用～第六学年）京城：朝鮮図書出版株式会社.
高仁淑（2004）『近代朝鮮の唱歌教育』福岡：九州大学出版会.
坂本麻美子（2006）『明治中等音楽教員の研究―『田舎教師』とその時代―』東京：風間書房.
佐野通夫（2006）『日本植民地教育の展開と朝鮮民衆の対応』東京：社会評論社.
東京芸術大学百年史刊行委員会（1987）『東京芸術大学百年史　東京音楽学校編　第一巻』東京：音楽之友社.
松下鈞（1997）『近代日本音楽年鑑』（全19巻、復刻版）東京：大空社.
文部省内教育史編纂会（1938）『明治以降教育制度発達史』（第二、三、四、六、七、十巻）東京：教育資料調査会.
山下達也（2011）『植民地朝鮮の学校教員　初等教員集団と植民地支配』福岡：九州大学出版会.
金志善（2011a）「植民地朝鮮における中等音楽教育と教員の実態―『日本近代音楽年鑑』と『東京音楽学校一覧』をめぐって―」『こども教育宝仙大学紀要』第2号、東京：こども教育宝仙大学、27～44頁.
坂本麻実子(2005)「明治時代における東京女子高等師範学校の音楽教員養成機能」『桐朋学園大学研究紀要』第31号、東京：桐朋学園大学、49～66頁.
坂本麻実子（2007）「第四臨時教員養成所における音楽教員の養成」『桐朋学園大学研究紀要』第33号、東京：桐朋学園大学、55～65頁.
坂本麻実子（2008）「東京音楽学校における唱歌教員養成の終焉―乙種師範科の生徒募集中止をめぐって―」『富山大学人間発達科学部紀要』第2巻第2号、富山：富山大学、13～18頁.
坂本麻実子（2009）「実科から本科に組織変更した高等女学校と音楽教員の需要」『富山大学人間発達科学部紀要』第3巻第2号、富山：富山大学、1～8頁.
藤井浩基（2008）「音楽にみる植民地期朝鮮と日本の関係史―1920～30年代の日本人による活動を中心に―」大阪：大阪芸術大学大学院博士論文.
朴成泰（1999）「大韓帝国における愛国唱歌教育運動と学部の植民地音楽教育政策―小出雷吉による『普通教育唱歌集』の編纂をめぐって―」『音楽教育学』第29巻第2号、東京：日本音楽教育学会、13～28頁.
閔庚燦（1995）「韓国における西洋音楽の受容―朝鮮総督府の音楽教育政策と日本洋楽の影響を中心に―」東京：東京芸術大学修士論文.
山本華子（1994）「朝鮮植民地時代における学校唱歌教育―初等教育用唱歌集およびその所収唱歌の分析を中心に―」東京：東京芸術大学修士論文.

（韓国語文献）
閔庚燦(1997)『韓国唱歌의 索引과 解題』서울:한국예술종합학교한국예술연구소.
오성철（2000）『식민지초등교육의 형성』서울：교육과학사.

정선이 (丁仙伊、2002)『경성제국대학연구』서울 : 문음사.
권숙인 (2008)「식민지 조선의 일본인―피식민 조선인과의 만남과 식민의식의 형성―」『사회와 역사』第 80 集、서울 : 한국사회사학회、109 ～ 139 頁.
金英宇 (1967)「初等教員養成 制度的変遷에 関한 歴史的研究」『春川教育大学校論文集』第 4 集、春川 : 春川教育大学校、67 ～ 88 頁.
김지선 (2010)「일제강점기 국내의 일본인 음악가들과 그 활동」『韓国音楽史学報』第 45 集、서울 : 韓国音楽史学会、261 ～ 291 頁.
김지선 (2011b)「잡지 기사에 나타난 식민지조선의 창가음악교육의 실태 -『문교의 조선』과『조선의 교육연구』의 교원에 의한 기사를 중심으로 -」『韓国音楽史学報』第 46 集、서울 : 韓国音楽史学会、97 ～ 130 頁.
박은경 (2001)「学部編纂『普通教育唱歌集』연구」『천안외국어대학 논문집』창간호、천안 : 천안외국어대학、499 ～ 519 頁.
신계휴 (2002)「朝鮮総督府 編纂 初等音楽教科書分析 研究」『교육논총』19 集、인천 : 인천교육대학교、43 ～ 69 頁.
오지선 (2002)「조선총독부의 음악교육정책에 관한 연구」서울 : 서울대학교대학원 (碩士学位論文).
尹八重 (1973)「近代韓国教育의内容―韓国教育課程発達史 (Ⅱ) ―」『서울교육대학교논문집』第 6 集、서울 : 서울교육대학교、231 ～ 274 頁.
이병담・김혜정 (2007)「조선총독부 초등학교 음악교육의 일탈과 실상 - 일반 창가의 체계와 내용을 중심으로 -」『日語日文学』第 34 集、釜山 : 大韓日語日文学会、231 ～ 251 頁.
李元必 (1988)「日帝統治期의 教員養成에 관한 研究」『釜山教育大学論文集』第 24 集、釜山 : 釜山教育大学校、17 ～ 69 頁.
李元必 (1992)「日帝強占期의 中等教員養成法制에 관한 研究」『釜山教育大学論文集』第 28 集、釜山 : 釜山教育大学校、248 ～ 267 頁.
趙美恩 (2010)「일제강점기 재조선 일본인 학교와 학교조합연구」서울 : 성균관대학교대학원 (博士学位論文).
천영주 (1997)「일제강점기의 음악교과서 연구 -1931-1945 년 관공립학교를 중심으로 -」『음악과민족』제 13 호、부산 : 민족음악학회、1 ～ 18 頁.

植民地期朝鮮の子ども雑誌『オリニ』
――読者欄を中心に(1923 - 1934)――

韓 炫精＊

はじめに

　本論文は、近代教育における新教育の位置を、植民地期朝鮮での新教育的実践において考察することによって、従来の新教育の可能性や限界に関する理解を再考することを目的とする。植民地期朝鮮における新教育的実践の中で、ここで対象にするのは子ども雑誌である。

　20世紀初期の西欧社会に新教育運動が広がった背景には、近代国家成立以来、既に普及していた学校制度に対する否定的な側面への指摘と、その対案としての非形式的な教育の重要性の認識があった。新教育は子どもの自己活動を重視することで自律的な個人を求めるが、その批判的出生の基になった国家義務教育の範囲を超えられずに、自律的に順応する国民を形成することに帰結するという疑いがある[1]。新教育思想が主張する'子ども中心'の'子ども'概念も、学校制度によってなされる基準、つまり年齢で分ける基準によって存在可能となった概念である[2]。したがって児童の自己活動というものは学校教育によって、'子ども'概念というものは学校制度によって自己定立しているということができる。日本の大正自由教育に関する代表的研究[3]も、国家義務教育に対する民間側の学校改革的努力として新教育及び新学校を位置づけてきた。

　一方、近代国家の学校教育を基準に近代教育の諸局面を見ると、矛盾する部分が見えてくる。植民地の教育がそれである。1920年代植民地期朝鮮の場合、初等教育機関である普通学校の拡大と新教育的実践は同

＊日本女子大学（非常勤）

時に行われた。当時朝鮮では、日本大正期自由教育の影響を受けながらも、朝鮮子ども（権利）運動や子ども向け雑誌発行を進めていた。これは一見、遅れている植民地において当然の受け入れ方に見えるが、一方では新教育思想が植民地という状況へ転移する中で、本来の発想とはずれる実践を起こした可能性であるともいえる。

本論文では、植民地朝鮮における新教育的実践といわれる子ども雑誌『オリニ』（1923 - 1934、1948 - 1948）を分析することで、新教育思想の'児童中心主義'が朝鮮社会にもたらした実践を考察する。

①雑誌『オリニ』について

『オリニ』は、民間信仰共同体の天道教が設立した言論社である開闢社[4]傘下の「オリニ社」によって1923年3月から1934年（122号）まで、また解放後1948年5月（123号）から1949年（137号）まで発行された韓国最初の子ども文芸雑誌である。オリニは子どもを意味する朝鮮語である。編集者は1923年〜1931年5号まで方定煥、1931年6号〜1931年7号まで李定鎬、1931年8号からは申ヨンチョル、1932年10月からは崔泳柱、1934年1月からは尹石重が担当した。雑誌『オリニ』の記事執筆陣は1920年代に日本に留学した朝鮮人の若い世代のグループである「セットン会」で、彼らは童謡、児童劇、少年小説、歴史物語、奇話、笑話、美談、偉人伝などを分担して執筆した。『オリニ』は植民地期朝鮮の各地方の少年会の成立を促し、それらをつなげる機関紙の役割を果たした。『オリニ』刊行当初の目的は「堕落せずに綺麗なままでの幼い子ども、あるいはそのような心にふさわしいものを与える」ことであった。1976年に「普成社」によって10巻の影印本として復刻されている。発行状況は表1のとおりである。『オリニ』は当初毎月2回発行を目指したが、実際は毎月1回の発行にとどまった。また、全体部数137巻の中で影印本では35巻が抜けており、解放前122巻の中の88巻、解放後15巻の中の14巻が影印本に収録されている。

②韓国教育学の植民地期教育研究における
　『オリニ』の位置及び先行研究について

雑誌『オリニ』は、まず児童文学的関心から韓国における児童中心主

義の起源であり、初期の児童文芸を見ることのできる貴重な資料として扱われてきた。『オリニ』は教育学において当然ながら植民地期の民族主義運動の一環としても位置づけられてきた。しかし、児童と民族の密接な関係の視点は、1990年代に入ってから「近代性」を軸に見直されはじめた。1980年代の『オリニ』研究は民族教育的観点や児童文学制度的観点において位置づけられたが、1990年代には近代的メディアとしての書物のあり方や読書習慣及び読者への関心が近代的主体としての児童の形成過程を問う道として開かれた[5]。児童を各社会の言説空間の中で形成される概念として理解するならば、植民地下のハングル児童雑誌『オリニ』は読者の中にどのような空間を提供して何を遂行したのだろうか。そこで、本論文は雑誌『オリニ』の「読者欄」に注目する。読者欄は雑誌の全体からみると後ろに付いている瑣末な部分に過ぎない。しかし、読者欄は従来、考察されてこなかった読者の実体や子どもの言説空間に関心を当てるために重要な欄である。読者欄の投稿文は、編集者に選別されることを通じて、編集者の意図、つまり当時理解された「子どもらしさ」の概念を反映する。同時にそれは「読者の声」として読者にフィードバックされることで、ある種の共鳴作用と主体化作用を持つという特徴がある。言い換えれば、読者は選別された文章を自分たちの書いた自分たちらしい文章として意識することで、自分たちという同胞意識と自分たちらしさという主体意識の両方を確立していく。

　したがって本論文の狙いは、児童中心主義を揚げる雑誌『オリニ』を通じて、同胞意識と主体意識を兼ね備えた、均質な「朝鮮人の子ども」が読者層として成立していくプロセスを明らかにするために、読者欄の内容分析と可能な限りの当時の読書習慣と教育状況との比較を通じて、雑誌『オリニ』が植民地朝鮮社会においてどのような役割を果していたのかを明らかにすることにある。そのことを通して子どもをめぐる思想が皆同じように見えても、実践にあたってはその思想がおかれた構造によってそれぞれ異なることを明らかにするのである。

　以上の展開のために、本論文では言説分析の方法を取る。雑誌の編集者と投稿者の両方を視野にいれ、朝鮮における民族主義と呼応した新教育思想の児童中心主義を明らかにする。つまり、この雑誌『オリニ』がどのような文脈の読者に享受され、それがどのように紙面に現われたの

かという点を考慮することで、当時の児童中心主義と社会編成との関わりを新しい視点から捉えようとするものである。

1. 雑誌『オリニ』の読者欄

雑誌『オリニ』は表1のように刊行されたが、本稿で分析する対象は、解放前(1923年～1934年)88巻の「読者欄」である。『オリニ』は四六判、右開き、縦書きで、文字は人名や地域名や題目、そして文章の中のカッコづきの漢字以外は全文がハングルである。値段は1923年の郵送込みで10銭から1926年に15銭へ変わるが、1927年7月にまた10銭へ戻る。1934年には30銭に値上がりをし、海外の場合、送料は3銭になっていた。雑誌の分量は刊行初期を除いて大体70頁前後を維持している。読者投稿者は葉書に名前や住所や毎月のオリニ読者証を貼って送るように決まっていた。読者の文章は1923年7号に始めて掲載され、1934年2号まで続く。投稿の形式は様々で、大きくは懸賞問題当選、相談室、童謡、作文、主題議論、写真欄などである。それらの期間で、相談室が969件、童謡が165件、作文が123件、主題議論が55件、読者写真が373人である。『オリニ』の初期の読者動員は、各地方の少年会の活動を報告及び紹介しながら、読者の作文及び便りを募集する方法をとっていた。そ

表1 『オリニ』発行状況

	1923	1924	1925	1926	1927	1928	1929	1930	1931	1932	1933	1934	1948	1949
発刊数	11	12	12	12	8	7	9	10	11	9	5	2	7	8
	1-1	1		1	1	1	1	1				1	123	130
	1-2	2	2	2	2	2	2	2	2		2	2	124	131
	1-3	3	3	3	3	3	3	3					125	132
		4	4	4	4	4	4	4						133
		5	5	5		5	5	5		5	5		127	134
		6	6	6	6	6	6	6	6	6			128	135
		7	7	7	7	7	7	7	7		7		129	136
	1-8	8	8	8	8		8	8			8			137
	1-9	9	9	9			9	9		9				
	1-10	10	10	10				10						
	1-11	11	11	11										
		12	12	12										
残存数	7	12	11	11	7	7	9	10	5	5	2	2	6	8

この間に14巻が失われている

れが徐々に懸賞問題当選、諸種の便り、作品掲載、写真紹介などによって読者の参与を導き出していた。多数の読者参加を求めた懸賞問題を除いて、本論文では読者の表現を見ることのできるものとして表2の②、③―ⅰ、ⅱ、ⅲを、また読者の特徴をみるために④を扱った。

表2　読者欄の内容量：①>②>④>③

①懸賞問題	毎月問題を出して、月初め5日以内に到着する正答中で抽籤⇒賞品：各道別の競争になる問題	
②読者相談室	当月掲載作品に関する感想、自分の町の読者数の自慢、作品作者に関する関心、雑誌への要求（発刊日の督促）→読者同士の住所交換や安否の手紙、他地方に移動した知り合い探し→情報問い合わせ	969件
③入選作品（童謡、作文、自由画、主題討論、ユーモア学校）	子ども向きの童謡、童話、童劇、自由画などの作品投稿、編集者が出したテーマに沿って片方の主張を投稿、笑える物語の投稿。 ⅰ童謡（1924年1月2号から） ⅱ作文（1923年11月10号から掲載） ⅲ主題討論 ⅳユーモア ⅴ自由画	165件 123件 55件
④読者写真欄（最後のページ）	（1925年3月3号～1931年11号）総てで373人の読者の写真が名前、所属及び住所、年齢と共に掲載	373件

以下に引用する「読者欄」の文章は、筆者の日本語訳によるもので、翻訳の責任はすべて筆者にある。読者欄の文章は表3のように4つに分類される。

第一に、朝鮮や地域（故郷、他郷）に関する表現を、第二に、日常を語る読者の子どもらしさの実状を、第三に、読者の読み書きの環境から読者欄の文章の形式的側面や読者同士の文章の特徴を、第四に、編集者と読者の間に存在する検閲者を連想させる表現や削除を中心に分析する。

表3　読者欄の内容分類

Ⅰ	国と地域	127	朝鮮の外から朝鮮の周辺部から、国内であるが他地に移動している内容
Ⅱ	家族と大人	27	家庭の状況と心配、家族関係、大人へのわれわれの願い、自分の願望
Ⅲ	子どもの表象	27	読み書きの環境（学校や少年団での話、または不進学、仕事）
		54	書き言葉（語尾、方言）
Ⅳ	日本植民地	26	日本植民地状況が現れる時（雑誌検閲側からの批判、削除、矛盾）

2. 読者欄の分析

(1) 国と地域
①雑誌の流通網
　雑誌『オリニ』は開闢社の傘下にある児童雑誌である。開闢社は民間信仰団体である「天道教」が1920年に設立した言論社で、信徒組織を中心に全国的な流通網を構築していた。

表4　開闢社の全国分配所数

北←　　　　　　　　　　　　　　　　　　　　　　　　　　　　　　→南

咸北	咸南	平北	平南	黄海	京畿	江原	忠北	忠南	全北	全南及び済州	慶北	慶南
4	29	34	30	15	19	8	5	2	8	13	11	10

その他、間島4、奉天5、哈爾濱1、大連1、東京1、大阪1

　この経路を通じて1924年に総合雑誌『開闢』は7〜8000部を、児童雑誌『オリニ』は1万部を発行していた。さらに、1925年からは「国内要地と同胞が集団的に住んでいる地点に支社や分社を設置」する計画をたて、全国的な支社や分社システム流通網を確立する。海外の満州や間島にも8箇所の支社や分社を、また日本の東京や大阪にも支社を設立した。全国の分配所記事から調査すると、1920年代に作られた開闢社の全国分配所は各道別に表4のように分布している[6]。『オリニ』も開闢社の系列であるだけに、同じ流通網を使った可能性が高い。『オリニ』は大都市の書店や文具店で、また地方の団体や個人分売所や郵便局を通じて販売された。

②国境と故国
　表4を見ると『オリニ』を読者に届ける経路である雑誌分売所の数は京畿以北がはるかに多い。販売所の規模に差があるものの、支所が多い地域の児童が読者として反応する可能性が高い。しかし、読者欄に出ている投稿読者の出身地は全国にバランス良く分けて掲載されている。それは少なくとも編集者が各地方の読者数に比例した形で載せていないことを表している。それでは編集者の意図はどこに現れるだろうか。本稿

が注目すべきことは、編集者の選別基準が各地方の読者数に依拠せず、むしろ「朝鮮」という土地の国境に沿っているという点である。「読者相談室」を見ると初期の 1923 年から末期の 1934 年 2 号まで国境外の読者の文章が絶えず登場する。

○「一度も行ったことのない私の故国を懐かしがっている私は…お爺さんの頃、家族が故国を離れて鴨緑江を渡ってここに来たと言われますが、私はここで生まれました。故国が懐かしいです。吾々の故国を私はオリニ雑誌を読めば読むほど私の所属がもっと懐かしくて耐えられません」(中国読者 1924 年 5 号)

○「私の故郷は忠南の鰲川ですが、親や兄弟と離別して友たちとも離れて日本の大阪に来て寂しく過ごしています。もっぱら慰めになるのは親の便りとオリニを読むことだけです」(大阪読者 1925 年 5 号)

○「私は故国を遠く離れて他国で『オリニ』をもらって読んでいます。暖かい故国を離れてこんなに寂しく過ごしているここは索漠としたシベリアの野です。毎日夜ごとに故国に帰りたくて泣いても帰れないから故国のお話でもしばしば聞きたかったです。この洞里も朝鮮小学校が出来て、小学校の中に学友会が出来て先生の紹介で学友会で毎月オリニを注文してみるようになりました。『オリニ』を読むと私の体が故国に行って座っているようで私の故国に近づいているようです」(中国鉄嶺読者 1927 年 3 号)

○「私は遠く他国に来て寂しく過ごしている幼い者ですが、『オリニ』を読んで面白くてそのまま安東県鎮江山公園へ行って一気に読み切りました。我々の国でも今こんなに面白い雑誌ができたか。あ、朝鮮の中にいらっしゃる先生と『オリニ』の友だち皆さん、遠く他国で寂しく過ごしながら『オリニ』一冊を 1 日中読んでいる幼いものが沢山いることを覚えていてください」(中国安東県読者 1926 年 7 号)

○「三千里にいらっしゃるお兄様たち、海外にいる私を導いてください」(間島三途江市読者 1934 年 1 号)

○「満洲に来て 18 年になるが、雑誌や新聞は見ることも出来なかっ

たです。先月『オリニ』を読みました。とっても面白く、有益です」(満洲大松青年会 1934 年 1 号)

　読者欄に定期的に現れる国境外の読者の文章は、国土を一つの国「故国」、「三千里」に比喩することで国土を抽象化している。つまり、こうした語りは、朝鮮の領土の外縁的境界を知らせると同時に、朝鮮という国土全体を抽象化する作用を持つのである。そして、白頭山から済州まで彼らが離れてきた各地域の具体性が薄められ、朝鮮の国土を、誰が読んでも故国、親兄弟、暖かさという共通の感情を持てるような抽象性の語りの中で獲得する時、『オリニ』のハングル文章を読むという行為は、国境を越えて存在する一つの「同胞意識」を創造するのである。編集者が間島、日本などに散らばっている児童の文章を載せることで、民族は土地や国境を基盤としながらも、同時にそれを越えて存在するものとして読者の前に立ち上がってきたはずである。

③地方と田舎、故郷と他郷
　このような朝鮮国土の均質化は、海外のみならず国内でも行われている。言い換えれば、朝鮮国土は、まず外縁的に境界付けられるが、同時に内部の均質化も図られているのである。「読者相談室」に現われている文章には投稿者の出身地に関する表現が出ている。

　　○「こんなに遠い田舎に住んでいるわれわれにも『オリニ』雑誌が来て嬉しいです」(全北扶安読者 1924 年 6 号)
　　○「私は朝鮮の端で遠く皆さんと先生の健康を祈っております」(新義州読者 1924 年 9 号)
　　○「吾々沙登は通信が不便で『オリニ』が毎月 16、17 日に来ます。もっと早く送ってくだされば幸いです」(巨済島沙登　読者、1925 年 6 号)
　　○「私は朝鮮の中でも北の国、白頭山下で寂しく過ごしている読者です」(咸北茂山 読者、1926 年 5 号)
　　○「金剛山の深い谷間に、一人で来ている私は愛する友達全部と離れて、山の中で友達というのは燐境の鐘の音のみと…」(1927 年

2号)
○「鴨緑江の深い水、黄色く流れる川の船に座って…『オリニ』を読んでいます」(中江鎮読者、1927年7号)
○「私は三水の僻村で農業に従事している少年です。皆さん、これからよろしくお願いします。」(三水読者 1930年3号)
○「私の住んでいるところは山谷海辺であり、社会の内容というのがすぐには分からない交通不能の寂しいところで、ただ漁業で生活を続けるだけの貧しいところです。…このような草地で『オリニ』を9月号から受けてみたら…」(殷栗郡 1931年11号)
○「白頭山下の私たち恵山鎮でも今までなかった『オリニ』読者が7人も出来て読者会を組織しました」(甲山郡恵山鎮読者 1932年5号)

　読者の文章は自分がいる場所を「われわれのような田舎…」、「朝鮮の端で(1924.6.)」、「貧しくて、哀しい田舎の隅に住んでいる…(1924.9号)」、「私は三水の僻村で(1930.3.)」などと表現することで、周辺部を朝鮮の内部から分節している。これらは、海外読者が作りあげた故国とは異なる次元の分節である。つまり、自分の位置が朝鮮の端(国境、田舎、島)であると指し示すことで、『オリニ』を通じて繋がる共同体の心象地理をより深めるためのものである。『オリニ』を通じて同質感を持たせる方法は　読者の入選童謡や作文欄の中で「故郷」や「家族」に関する表現が均質化している傾向があることからも伺える。

○「友たちも…故郷へ帰ったが私は家が200里も離れているから故郷帰りを願いながらも、帰られなく、友達を失くした鴨のように一日中あちこち寂しく歩き回りました」(1925年3号、平壌読者、「月を見ながら」)
○「私が住んでいた故郷は、花が咲く山奥、桃の花、杏の花、小ツツジなど、色とりどりの花で装った宮殿や町、その中で遊んでいた時が懐かしいです。花の町。鳥の町。私の昔の故郷。青い野原の南から風が吹くと、川のシダレ柳が踊っている町、その中で遊んでいた時が懐かしいです」(1926年4号、馬山読者、「故郷の春」)

○「村の入り口に立っている老いたエノキよ、…貴方と離別してきてからもう3年になり、また春になった。いくら他郷にいても貴方への思いが切実でなかったことはない。…花が咲き、柳笛の音を聞けば聞くほど、故郷だけが懐かしいのが今の春である。」(1926年5号、大田読者「故郷のエノキ」)
○「お母さん！私は学課を終えて只今帰りました。…学費など一銭もない身の上にも関わらず、分別なく故郷を離れ出たのだからこれくらいの苦労はあたりまえでしょうが、帰ってくることだけを待ちわびるお母さんを思いだすたびに勇気が出ます。…しかし、お母さん、今日だけは特に悲しいです。生まれて初めての客地生活の寂しい窓側に雨が降ったから心がもっと泣きたいのです。…」
(1926年6号、平壌読者「雨が降る日に」)

これらの文章を読んでいると読者が朝鮮のどこにいても同じ故郷及び家族を感じることができる。投稿者の実際の故郷は一行目の名前に続いて記されている出身地でしか確認できない。文章の中では確認できない。このような故国や故郷という言葉は、それが使用される中で、国土の均質化や心の均質化に繋がっているといえよう。

(2) 子どもらしさ
① 家族と大人

雑誌『オリニ』の読者の実態を明らかにするために、当時の「子ども」読者の年齢を見ると興味深い結果が出る。子ども読者の範囲が曖昧であるからである。雑誌発行初期に次のような読者の質問が記載された。

> 読者：先生、何歳までが少年ですか。また何歳まで投稿できますか、教えてください。私は18歳です。
> 記者：生理学上では25歳まで発育するゆえ、25歳までは少年期として認めますが、朝鮮では普通20歳までが少年と言えます。投稿しても良いです。(〈読者談話室〉『オリニ』1925年3号)

『オリニ』読者欄で年齢が分かる部分は、④読者写真欄である。他の

作文、手紙とは異なり写真欄に投稿する場合には必ず名前や住所、所属、年齢を書くようになっている。読者の写真は 1925 年 3 号から 1931 年 11 号まで毎号 3 人から 8 人くらいの顔が継続的に紹介されており、総数 373 人である。その中、年齢を書いてない 18 人を除いて 355 人の分布を見ると図 1 のとおりである。

図 1　写真欄の読者年齢分布

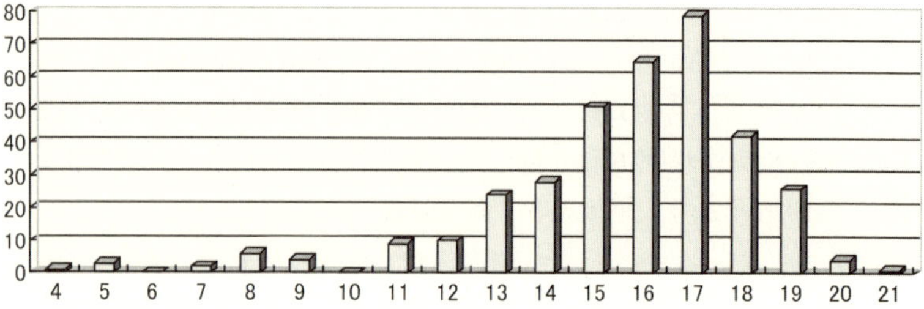

図 1 で見る限り、『オリニ』読者は 15 歳～ 18 歳が主を占める。読者は所属欄に住所以外に学校を記入しているが、普通学校、夜学校、少年会、生業従事など多様な所属のものが参加していた。総数 373 人の中、女子は 35 人（9.38%）、所属欄に学校（公立普通、高等普通、夜学校、養蚕学校、水産学校、師範学校、日本や中国の学校）を書いたものが 89 人（23.86%）、それ以外の　幼稚園、少年会、講習所などの所属が 17 人（4.56%）いた[7]。

また、②読者談話室と③－ⅱ作文を見ると、様々な人生の相談が多いことから、現在の子ども層より上の人も雑誌を読み、投稿したことが分かる。記事を投稿したり、写真を撮ったりすることが、当時の幼い子どもにとって敷居が高かった可能性があるので、実際の読者層は上図ほど極端なものではなかったと推測されるが、それでも読者層のかなりの部分を、私たちが現在想像するような子どもよりも上の年齢層が占めていたのは間違いないだろう。

しかし、『オリニ』の編集者が当初対象にしていたのは、「堕落せずに綺麗なままでの幼い子ども、あるいはそのような感情」であった。純粋な子ども、あるいはその心が読むにふさわしい、日常的な素材の童謡や

児童劇、童話が編集者または読者投稿者によって紹介されたのである。確かに雑誌『オリニ』では、「対象にしていた子ども」と「実際の読者層」の間に乖離がある。以下の作文を見ると、様々な状況下にある『オリニ』の読者層が浮かび上がる。

○私の願い－勉強（1923年10号）
　私は勉強できない貧しい家庭に生まれたことを怨めしく思います。普通学校はやっと卒業しましたが、中等学校へもお金がなくて行けず、何の希望もなくいます。

○結婚しか知らないお母さん（1924年5号）
　世の中に私のように気の毒な人は一人しかないと思います。…家庭に他の不足は何もないですが、一つだけやりたい勉強が出来ないのが悔やまれます。やっとやっと普通学校4年級を終えてはいるものの、…他の人のように女子高等学校へ通おうと入学準備までしていたら、親と家族全員が口を合わせて「女の子が勉強はそれくらいで足りるよ。またどこへ通うのか」といいながら大騒ぎをして私を閉じ込めてお嫁さんに行く勉強でもしろと、外へ出かけるのを禁止しました。…後ろの部屋でこっそり本を読んでいたらそれがお母さんの目について、「部屋にある本と机を全部燃やすよ」と…叱られました。…どうしたらいいでしょうか。どうしたら勉強できるでしょうか。

○秋夕の日の感想（1924年11号）
　今年の秋夕は土曜日で、私が通っている官庁では半日だけ働いて帰り、お父さんをつれて南大門外、梨泰院のお祖父さんのお墓へ行って来ました。…去年の秋夕は米の値段が安くて月給生活する私の家でも祭祀を行い、残ったサトイモ汁や幾つかのもちが食卓に置かれていましたが、今年は汁やもちはさておき、キムチまでありません。私はサトイモ汁やもちが食べられないことよりも家の生活が良くならないことを考え、将来まで希望が持てず悲しかったです。

○お父さんへの思い（1924年12号、12歳住所無）

　お父さんが監獄へ行かれてから5年目になったそうです。…叔父さんが二ヶ月に一回必ず監獄へ行ってお目にかかっていらっしゃるから、ようすはよく聞いていますが、私は直接行ってお目にかかれないから気になって耐えられません。叔父さんに会うたびに、また手紙をくださるたびにお父さんは三男（読者）君は勉強頑張っているのかと聞かれるそうですが、一度も伺えなくて涙が出ます。…

○私の願い（1925年12号）

　張君はまた学校へ行くだろう。友達は勉強の道へどんどん近づいていくのに、私だけまたまた劣っているんだなと思い、お金がない悲しさ、貧しい悲しみで叫んで泣きたかった。

○腕がない悲しみ（1926年2号）

　親も他人に劣らず、家庭も見劣りしないのに、もっぱら一つ、私には子どもの時から左の腕がなくて、悲しい生活をしています。お母さんは私のありさまを見るたびに「仕事もできないあのあまがお嫁にはどうやって行けるの」と怒ります。そのたびに悲しいが、でも少しでも親の心を慰労できるのならとボソン（韓国足袋）一足を膝においてぐずぐずしながらも繕っていると私の格好が可哀想で哀れでもっと腹が立って「みっともない。早く死になさい」といいながらボソンを取って投げます。…

○養父母へ抗議する－幼い友Sに代わって（1930年9号）

　親はその子どもが完全に一人前になるまで教育の完成や生活を保障しなければなりません。…私は親に反省をお願いします。全朝鮮の親たちよ！私は貴方の子どもではありません。驚かないでください。私は朝鮮の子どもです。

○大人へ差し上げるわれわれの哀訴と要求（1928年3号）

　…害にならない場合でも、なぜわれわれの自由に任せないのですか？われわれの幼い個性を自由に発揮できないようになさるのです

か？…お父さんお母さんは…なぜわれわれの独特な個性をそんなにも無視しますか？…そして、将来良い人になって社会に勤めるようおっしゃいながらも…教育もさせないし、本も買ってくれません。…環境が乏しければ言いませんが、家計が豊かでも費用を節約して上級学校に行かせないのは絶対間違いです。…

　これらは『オリニ』が人生の岐路にいた人々のニーズにも応え、編集者が意図した以上のかなり広い読者層を獲得したのだともいえるが、同時に近接するほかのニーズを埋める朝鮮語雑誌がなかったことも理由だと考えられる。

(3) 子どもの表象
①読み書きの環境
　『オリニ』がどのような読者たちに読まれたかについては他の資料からも間接的に推定できる。『オリニ』発刊期間（1923年～1934年）の平均（普通学校、簡易学校、私立各種学校）就学率は16.95%であった[8]。教育機関での教育語は日本語になっていて生活語としての朝鮮語とは距離があった。1920年代には村ごとの伝統的民間教育機関である書堂が依然として存続して漢文の経典を教えていた。『オリニ』の読者欄には確かに、学校生活や先生に関する主題が登場するが、書堂のことは出ていない。当時雑誌『オリニ』が対象にしたのは学校内外にわたる各村の少年団であった。初期『オリニ』の1923年1号から1924年4号までは全国少年団の活動を活発に紹介していた。少年会は各村単位の青年会の指導を受け、学芸会、展覧会、体育会、討論会などの自治活動を行った自治団体である[9]。
　読者が書いた作文の多くには勉強への思いが多数現れている。進学したくても親の反対や貧乏など様々な理由でやめるしかない状況がよく登場する。そのように普通学校以上の進学が出来ず、周りに教科書がなくなった不就学の子どもに『オリニ』は読み物を提供したのである。
　『オリニ』が置かれた状況を考察すると、1920年代は子ども向けの読み物の位相に大きな変化があったと言える。既存の書堂の経典や普通学校の教科書のように指示に従って読む書物から、児童が選んで読める子

ども向きの雑誌が大挙登場したのである。『オリニ』の読者欄に当時の輪読する読書習慣を覗いてみることができるが、その習慣は、古本の交換や販売へつながって次のような文章に現れる。「家で勉強する中で『中学講義録』をみたい方がいたら、私のものを買ってほしいです。1号から30号まで全部新しい本です。日本模範中学会のものです。新たしいものは16ウォン50銭ですが、10ウォンで売ります。(1926.12.)」、「『白頭山』雑誌の創刊号から昭和6年5, 6月合本までございましたら送ってください（1930.6.)」

表5　1920-30年代のハングル児童雑誌

オリニ	新少年	セッビョル	半島少年	少年時代	少年世界	新進少年	子ども生活	星の国
1923.1-1934.2	1924.12-1933.4	短命	短命	1925.8.	1925-1932	1925.5-1926.6.	1926.11-1944	1926.11-1935.12
ヤングデイ	少年界	児童楽園	少年朝鮮	朝鮮少年	普通学校児童文庫	セボト	学生	
1926.7-1934	?-1929	1927-?	1928.1.-1929.1	1928.1.-1929.1	1928-	1929.3-1933.3	1929.3.-1930.11	

当時の雑誌の購読は日本から輸入される読み物と関連している。例えば子ども用の雑誌が大正期日本で盛んになり、在朝日本人児童のために朝鮮に輸入されていた。

表6【移輸入雑誌分布一覧表】（部数500部以上のもの）

	日本少年	少年倶楽部	少年世界	幼年クラブ	少女倶楽部	少女の女	幼女の友	幼年の友
日本人	518	3,568	1,173	5,333	1,474	1,066	1,001	702
朝鮮人	30	121	61	122	33	24	20	22
	一年生	三年生	四年生	小学一年生	小学二年生	小学三年生	小学六年生	少年世界
日本人	1,335	549	660	1,150	1,110	868	596	886
朝鮮人	27	2	15	14	35	17	18	43
	幼女書報	少女画報	幼年画報	子供の国	子供朝日	受験と学生	受験生	
日本人	513	529	575	686	1,438	523	478	
朝鮮人	9	60	15	6	18	217	83	

○雑誌移輸入部数　移入177,644部　輸入921部　計178,56510（移入は日本人が購入、輸入は朝鮮人が購入）
出典：『朝鮮における出版物概要』1930年 [10]（金根洙、1973再引用）

日本から輸入された雑誌は学年別に細分化されていた反面、朝鮮では雑誌『オリニ』と3～4種の雑誌だけが継続されていたために、幅広い層によって読まれていたということは前項で指摘したとおりである。こうした作業から、当時の朝鮮での雑誌『オリニ』の位置が見えてくる。この子ども向けの雑誌は、学校の内部で補助教材として利用される一方で、少年団などの学外での教育機会と強く結び付き、教育語（日本語）の「聞き及び読み」が中心である受身の学校教育とは一線を画す、母語の「書き及び話し」を中心とした能動的な教育を推進したのである。

②子どもの表象
　『オリニ』の文章は、従来の文語体的書物とは違って「直接話すように」書かれている。しかし、それは実際発話される口語とは異なる形で統一されている。その現れの一つが方言の問題である。朝鮮語の標準語綴り法がまだ確定されてない状態で、朝鮮内外の各地域の読者から送られる手紙や作品が実際の子どもの文章であったら方言や間違いがあっておかしくない。しかし、実際に読者欄に乗っている文章は方言をほとんど使わず綺麗な標準語に修正され、統一した文体が駆使されている。それはたまに方言や文体の乱れが見えることから逆説的に証明できる。方言はもし何の修正もなく使われていたとすれば、全面的にその文体で書かれているのが当然で、ほんの一部にだけ出てしまうというのは、方言を使わずに書こうと投稿者が努力し、また編集者がそれを修正していた証拠となる。単語を文章に使う際には標準的な統一が必要であるという認識が既に存在するのである。
　『オリニ』の文体も統一されているが、その顕著な例が「－イムニダ（－です）」、「－スムニダ（－ます）」である。これは性差、年齢の上下を越えて相手に敬意を表する敬語であったが、口述的表現に限って使っているため、当時においては希な表記であった[11]。しかし、聴覚的なイメージの「－イムニダ」、「－スムニダ」が子どもらしい文章に頻繁に使われることで、その文章を読む読者はそれが真の自分を表現可能にするものとして受取るようになる。子どもらしさ、私らしさを表現するために、また表現を可能にするためには標準語という一般的に理解可能な土台が必要になる[12]。子どもらしさを表現する共通の基盤を作る作業は、結果

としてハングルの標準語化運動に寄与するのである。

(4) 日本植民地

　本節では、雑誌『オリニ』が外部として意図的に構造的に排除しようとした部分を考察する。雑誌『オリニ』の刊行には植民地権力としての日本が様々な形で浸透していながらも、雑誌の内容上からは相当に排除されている。この排除は単に編集者の民族主義的意図のみによるのではなく、当時の力関係から起因したものである。直接見られるのは文章中の削除である。

　　○『オリニ』3月号はとってもすばらしかったです。その中でも△△△△△△△△△△△△△△△△△△△△△△△△△△△△△△△△。先生、速くそれをまとめてください。首を長くして待ちわびております。(鍾城、1927年4号)

　このような状態は子ども読者の質問に無作為に現れている。なぜ寄稿作品が出ないかという読者の質問に対して編集者は次のように答えている。

　　○「(主語なしに)…出せないようにするから中止しました。(1925年6号)」、「…真に私たちが考えていること、皆さんに話したいことを書こうとしても書けなくなる時が多いです。(1926年8号)」、「やむを得ない事情によって…(1930年10号)」、「少年雑誌として押収はほんとに初めてです。(1928年2号)」、「「無窮花」は許可を受けるとき削除されて入れられなかったです。(1928年2号)」、「「少年三太星」は事情によって載せません。(1929年3号)」、「…二つはやむを得ない事情によって永遠に載せられないです。(1932年7号)」

　さらに、次のように矛盾する場面もある。

　　質：日本童謡も投稿して良いですか　→　答：外国語童謡はだめです。(1925年11号)

質：各中等学校入学試験問題を出すとしたのに、なぜ出さないのですか → 答：問題が全部日本語だから出しません。（1926年3号）

質：討論問題、算術問題、自習室を全部出してくださって有難うございます。ところで日本語も出してくれたらもっと良いです。→ 答：自習室、算術問題は面白い上に自然に勉強になるから休まずに解いてみてください。日本語は『オリニ』には出さないつもりなので、それは各々の家で勉強するしかありません。（1926年10号）

質：李先生の「伊太利勇少年」もすごく面白かったです。また申先生の「李忠武公と亀船」はとっても有益でした。しかし前にはそんなに有名な方がよく出ましたが、今はそんな方はなぜ出ないのですか（1927年4号）

質：『オリニ』雑誌に日本少年雑誌にあるものを翻訳して出しているですが、どうしたのですか。→答：皆さんに有益ならどの国の雑誌も日本にあるものでも勤勉に翻訳して紹介するべきです。（1925年6号）

答：朴ヨンカン外2人へ　翻訳した文章に翻訳と書かない理由があります。ある良い文章を『オリニ』に出すことはその文章を紹介するためではなく、その文章が読者に与える有益！それが目的です。その文章は大きく感動を与えたが、それが他国のものを翻訳したものだと知ったらその感動が弱くなるために、子ども雑誌には翻訳を表示しない場合が良くあります。『オリニ』は大人の研究や参考のためではないので、大人の雑誌とは状況が異なることが多いのです。（1927年3号）

『オリニ』の全般的な内容には、植民地という政治的な状況が現われていないだけではなく、不自然であるくらい排除されている。しかし、子ども読者との質問や答えを通じて意図的に消していた日本が反射されて植民地内の難しさが現われている。雑誌の中での朝鮮のイメージと実際の間の乖離を当時人はどのようにうけとめたのだろうか。日本の植民地下で日本を排除し、朝鮮の子どもにハングルの共同体という理想を作って見せようとはしているものの、その隙間から日本が漏れてくるの

である。雑誌『オリニ』の編集者が、彼らの理想のハングル共同体を語るために、日本の表象を排除したのか、それとも権力の検閲の結果、権力の不可視化が生じたのか。おそらくそのどちらともこの雑誌『オリニ』の語りの独特さに寄与していたものと考えられる。

おわりに

　雑誌『オリニ』における児童中心主義は、1920～1930年代植民地朝鮮の社会で、子どもの尊重または子どもらしさを尊重するための言説空間を作った。『オリニ』の読者欄を読者の表現や形式の輪郭に沿って扱うことで、そこから形成される近代的主体の特徴や当時の社会構造における雑誌『オリニ』の機能を考察することができた。その結果として、第一に、読者の文章における国土の抽象的表現と読者の位置記録が作り出す共同体意識を見ることができた。第二に、読者欄の文章は編集者のフィルターを経た、当時の子どもらしさの範囲として見ることが出来る。編集者の意図とは違う内容と意図通りの内容が組み合わせられ、植民地朝鮮社会において児童を語る言説地形を形成したのである。第三に、読者欄に本格的に使われた口語的文体「―イムニダ、―スムニダ」は、本来読者同士の尊重を表現するものであったが、当時のハングルの書物及び学校教材に一般的に使われた文体と差別化することで、子どもらしさの表現になり、読者間の共鳴意識に貢献した。第四に、読者欄に掲載された文章と消えた文章をめぐって、民族共同体を志向する意図の背後に植民地という当時の状況が現れる。権力の不可視化を通した可視化は、『オリニ』をはじめとする植民地期朝鮮の児童期の誕生における一つの特性となった。

　以上、新教育思想が植民地状況へ移転する際に、思想が本来の発想とはずれながらも新たなものを形成する様子を子ども雑誌『オリニ』の読者欄分析を通じてみることができた。今まで近代主体形成と活字メディアの関係に関する研究は多くされてきたが、これらの論理は結局のところ、国民国家論に収斂される傾向があった。しかし、雑誌『オリニ』が置かれた文脈が指し示すように、植民地児童の近代主体形成の場は重層

的で混種的であった。当時『オリニ』にはまっすぐ収斂される国民国家が存在せず、支配側の文化やシステムが優勢であった。この状況下で編集者は雑誌というインフォーマルな経路を通じてどのような魅力や希望を見出したのだろうか。それは単に優位にある支配文化の真似や吸収ではなく、母語を通じて想像される児童読者共同体の主体空間ではなかっただろうか。雑誌『オリニ』は当時の学校教育や輸入児童雑誌や植民権力の検閲と時に補い合って競争し、または闘いながら、朝鮮児童という新たな分節点を設けて共同体の主体空間を支えたのである。植民地における児童中心主義研究は、支配文化の模倣あるいは支配文化への抵抗の二分法的価値ではなく、様々な意図が交差する中で行われた生成的意味において新たに評価されなければならない。

1 新教育は、近代社会における教育の制度化や学校化の趨勢に対する再検討の試みと解釈できる。新教育によって、学校の否定的側面が意識され、インフォオーマルな教育の重要性が認識された。新教育は、インフォーマルな教育を学校に取り込むことで学校の否定的側面を克服しようとした。そして、この試みを支える支点となったのが、「表現」「作業」「生活」といった子供の自己活動にかかわる概念であった。…子供の自己活動から出発する教育によって、学校は根本的に変革される必要がある、と新教育は主張した。(今井康雄「新教育の地平」『ヴァルター・ベンヤミンの教育思想』p 16 - 17)。
2 柄谷行人『日本近代文学の起源』講談社、1980。
3 代表的な研究に中野光『大正自由教育の研究』黎明書房1968、民間教育史科研究会編『教育の世紀社の総合的研究』1984、一光社などがある。
4 開闢社は、民間信仰「東学」の後身である「天道教」教団の組織が設立した言論社で、その傘下で民族総合雑誌『開闢』(1920)、女性雑誌『新女性』(1922)、児童雑誌『オリニ』(1923) を発行した。
5 ①【教育史及び文学史】李在徹『韓国現代児童文学史』、一志社、1978;「児童雑誌『オリニ』誌 影印本分析を中心に」、『新人間』1986.4. 安京植『東学の民衆教育思想と運動に関する研究』韓国精神文化研究院、1984;『小波方定煥の児童教育運動と思想』学志社、1994、李相琴『韓国近代幼稚園教育史』梨花女大出版部、1987;「方定煥と「オリニ」誌―「オリニ」誌刊行の背景」『国際児童文学館紀要』、1997、金正義「韓国少年運動史研究：1860-1945」誠信女大大学院、1992、仲村修「朝鮮初期少年運動(1919 - 1925) と児童文学」『訪韓学術研究者論文集』第 2 巻(2001)、日韓文化交流基金、鄭ヘジョン「日帝下天道教の少年教育運動と小波方定煥」『韓国教育史学』24 - 1、2002、大竹聖美『近代韓日児童文化教育関係史研究』ソウル；延世大学校博士論文、2002。

②【言説分析史】金ヘキョン『日帝下子ども期の形成と家族変化に関する研究』梨花女子大学博士論文、1998、李ユンミ「小波を通じて見る教育史」『韓国の近代と教育』、1999、ソレソプ「『少年』誌に現われた「少年」の意味と「児童」の発見」、『韓国学報』28－4、2002、李ギフン「1920年代「オリニ」の形成と童話」『歴史問題研究』8,2002.9.；『日帝下青年談論研究』ソウル大博士論文、2005、趙ウンスク『韓国児童文学の形成過程』高麗大博士論文、2005、朴賢洙「雑誌メディアとして『オリニ』の性格と意味」2006、チェソンジュ『近代教育形成期の母性談論』学知社、2009。
③【文字と読書の社会史】千政煥『近代の読書』ソウル：プルン歴史、2003、李ヘリョン、補論「漢字認識と近代語、文学のナショナリテイ」,『韓国小説と骨相学的他者たち』ソミョン出版、2007、権ヨンソン外『少年と青春の窓』梨花女子大学校出版部、2007、民族文学史研究所基礎学問研究団『制度としての韓国近代文学と脱植民生』ソミョン出版、2008。

6　開闢の流通関連資料は、崔スイル「『開闢』流通網の現況と担当層」『『開闢』に映った植民地朝鮮の顔』モシヌンサラムドル、2007の付録から収集。
7　しかし、ここでは読者写真欄の事実上の結果以外に、「写真」を撮るということをめぐる状況についても考慮しなければならない。かなり多くの顔が韓服上着に坊主頭かあるいは学生帽子を被っていることから写真は公式行事で、ある程度年を取ってから撮っていると推測できる。
8　古川宣子『日帝時代普通学校体制の形成』1996、p143-144、表16「韓国人推定学齢人口と「学校」就学率」、参照。
9　少年団の活動に関しては、金正義「韓国少年運動史研究：1860-1945」誠信女大大学院、1992、仲村修「朝鮮初期少年運動(1919－1925)と児童文学」『訪韓学術研究者論文集』第2巻(2001)、日韓文化交流基金、参照。
10　金根洙 編『韓国雑誌概観及び号別目次集　第1号』永信アカデミー韓国学研究所、1973。
11　朝鮮総督府の教科書の綴り方においては＜ハオ＞体の従来文語体を使っている。「―イムニダ」、「―ハムニダ」は演説などの影響ではないかと推測する。
12　その背景には、表音文字であるハングルを規範化する標準語運動があった。代表的な団体に「朝鮮語学会」があるが、学会の志向点が1910年代の「話す通りに音を書く」次元から、音と文字を独立的に考える傾向へ転移、また言葉に文字を合わせる書き方より、文字の独立性を浮き彫りにする書き方の1930年代へ至るまでは幾つかの段階を経なければならなかった。文ヘユン「1930年代の国文体の形成と文学的書き言葉」、2006.6．高麗大学校博士論文。

【参考文献】
一次文献
オリニ社『オリニ』影印本10巻、普成社、1976
二次文献
英語文献
B.Anderson『Imagined Communities』Verso,1991；白石さや、白石陸『想像の

共同体』NTT、1997

日本文献

板垣竜太「植民地期朝鮮の識字調査」『アジアアフリカ言語文化研究』(東京外国
　　語大学アジアアフリカ言語文化研究所) 58, p 277-316
今井康雄「新教育の地平」『ヴァルターベンヤミンの教育思想』世織書房、1998
大竹聖美『植民地朝鮮と児童文化』社会評論社、2008
仲村修「朝鮮初期少年運動 (1919 – 1925) と児童文学」『訪韓学術研究者論文集』
　　第 2 巻 (2001)、日韓文化交流基金
渡部学、阿部洋編『日本植民地教育政策史料集成 (朝鮮篇) ③』龍渓書舎、1987

韓国文献

金根洙 編『韓国雑誌概観及び号別目次集　第 1 集』永信アカデミー韓国学研究所、
　　1973
金正義「韓国少年運動史研究：1860-1945」誠信女大大学院、1992
文ヘユン「1930 年代の国文体の形成と文学的書き言葉」高麗大学校博士論文、
　　2006
朴賢洙「雑誌メディアとして『オリニ』の性格と意味」2005
ソレソプ「『少年』誌に現われた「少年」の意味と「児童」の発見」、『韓国学報』
　　28 – 4、2002
安京植『小波方定煥の児童教育運動と思想』学志社、1994
呉成哲『植民地初等教育の形成』教育科学社、2000
李ギフン「1920 年代'オリニ'の形成と童話」『歴史問題研究』8, 2002.9.
李相琴「方定煥と'オリニ誌'―'オリニ誌'刊行の背景」『国際児童文学館紀要』、
　　1997
李相琴『韓国近代幼稚園教育史』梨花女大出版部、1987
李ユンミ「小波を通じて見る教育史」『韓国の近代と教育』、1999
李在徹『韓国現代児童文学史』、一志社、1978
李在徹「児童雑誌『オリニ』誌 影印本分析を中心に」『新人間』1986.4.
鄭ヘジョン「日帝下天道教の少年教育運動と小波方定煥」『韓国教育史学』24 – 1、
　　2002
趙ウンスク「童話という開拓地―方定煥」『語文論集』50 (2004.10) 民族語文学会、
　　2004
千政煥「玄海灘を横断する「読書」――植民地主義を超えた「文化接変」の可能
　　性へ」『文学』2008.11・12 (高榮蘭訳)
崔スイル「『開闢』流通網の現況と担当層」『『開闢』に移った植民地朝鮮の顔』
　　モシヌンサラムドル、2007
古川宣子『日帝時代普通学校体制の形成』ソウル；ソウル大学校博士論文、1996

Ⅲ. 研究資料

台湾、歌の風景
「おまつり日」

岡部芳広*

　植民地台湾での近代式教育は、伊沢修二によって始められたこともあってか、初期のうちから「唱歌」が公学校の教授科目のひとつに列せられ、唱歌教科書は台湾総督府によって3度にわたって出版されている。最初に出された唱歌教科書は、1915（大正4）年の『公学校唱歌集』で、6学年分が1冊になっており、全部で46曲収められていた。1934（昭和9）～1935（昭和10）年には『公学校唱歌』が出されたが、これは学年ごとに6分冊になっており、全105曲という、規模の大きいものとなった。国民学校となってからは1941（昭和16）年から年次進行で『うたのほん（上）（下）』、『初等科音楽（一）（二）』が発行されているが、全学年分出版される前に敗戦を迎え、出版は完結しなかった。これらの教科書には、当時内地で使われていた唱歌教材も当然あるのだが、台湾独自の曲も数多く収録されている。これは、台湾の風土に合うようにと配慮された結果であり、雪の歌や桜の歌が台湾にそぐわない、というのも納得できる。
　この項では、植民地台湾の唱歌教材を中心に、当時台湾で作られた曲を紹介し、その曲に関連することを述べていきたいと思う。
　「おまつり日」は1934（昭和9）年に出された『公学校唱歌』の第三学年用の第8曲目で、台湾神社のお祭りについて歌った歌である。台湾神社は1901（明治34）年に創建された神社で、台湾領有に「功績」のあった北白川宮能久親王、および開拓三神（大国魂命・大己貴命・少彦名命）を祭神とした。台湾の最も重要な神社とされ、日本人も台湾人も折に触れて参拝を強いられた。1923（大正12）年4月に皇太子（後の

---

*相模女子大学教員

昭和天皇）の台湾行啓の際、台湾神社参拝のために「勅使街道」という道路がつくられたが、これは現在の中山北路である。10月28日が「台湾神社祭」と定められ、この日は全島の休日とされたが、この「おまつり日」は、この「台湾神社祭」の光景を歌ったものであろう。

　この曲が教材として生まれた経緯は少し変わっており、「公募」で生まれた曲である。1915（大正4）年の『公学校唱歌集』に収録された

台湾神社（台湾博覧会政府宣伝資料　1930年）

台湾独自の曲は4割近い17曲であるが、このうち15曲が一條愼三郎という国語学校（後の台北師範学校）の音楽教師が作ったものであった。さすがに1人の人物が多くの曲を作るのは、曲の傾向が似ることにもなり、まずかろうということで、歌詞と曲を公募する、という内地でも行われなかった方法をとることとなった。1933（昭和8）年9月に出された『台湾教育』第374号によると、その結果19曲が入選しているが、実際に教科書に採用されたのは14曲となっている。では、この「おまつり日」はというと、実はこの公募で生まれた作品ではない。1929（昭和4）年に昭和天皇の大典記念事業として、台湾教育会による「台湾の歌」の公募が行われたのだが、その時の入選作品である。この時同時に入選した「水牛」も『公学校唱歌』に収められている（第二学年）。作詞の部門では「お祭り日」は選外佳作であったが、これに公募で曲がつけられ一等賞となり、作曲者に対して50円の賞金が授与されている。ちなみに、この公募の「唱歌の部門」の歌詞には、251編の応募があったという。

　さらにこの曲は、台湾人の作曲であるという点が大きな特徴としてあげられる。台北の大龍峒公学校の台湾人教員、陳華提の作曲で、『公学

校唱歌』全105曲の中で、台湾人作曲の曲はおそらくこれ1曲だと思われる。台湾人作詞の曲も、第1学年の「カアレン」（新竹女子公学校教員の江尚文作詞）があるが、他に台湾人作詞の曲はおそらくないだろう。

また、音楽的にも特徴がある。3番まで威勢よく歌った後にコーダ（終結部）に入るのだが、コーダはテンポが緩められるだけなく、拍子が四分の二拍子から四分の三拍子に変わっている。唱歌教材に三拍子の曲はそれほど多くなく、この『公学校唱歌』においては全体の約1割ほどでしかない（「おまつり日」も、楽曲を通して支配的なのは2拍子なので、分析のときには、この曲は2拍子の曲としている）。これは、日本の伝統音楽に3拍子の曲は原則として無く、日本人が3拍子に馴染みがあまりなかったということが理由としてあげられる。曲の最後で拍子が変わり、テンポも緩められることから、威勢のいいお祭りの情景を表している部分と、曲を収めて終わっていく部分との対比が明確で、変化のある個性的な曲といえよう。

作詞は台南の西港公学校教員の田村富士雄で、歌詞には台湾らしい農作物がちりばめられており、台湾の郷土色豊かなものとなっている。日本の時代になって日本人の味覚に合うように「改良」された「蓬莱米」、「文旦（ぶんたん）」、「斗柚（ざぼん）」、「バナナ」、「鳳梨（おんらい）」、「木瓜（もっか）」などである。「鳳梨」はパイナップルのことで、「木瓜」はパパイヤである。「鳳梨」だけが台湾語で読みになっているのも興味深いが、これは当時日本人社会でも、パイナップルのことを台湾語で「おんらい」と呼んでいたことの表れであろうか。台湾での国家神道の中心であった台湾神社についての歌であるのだが、歌詞はいたってのどかで、南能衛（みなみよしえ）作曲の文部省唱歌「村祭」と通じるテイストを持った歌詞だといえる（余談であるが、南能衛は文部省唱歌の編纂委員も務めた東京音楽学校の教員だったが、その職を辞して台湾に渡り、台南師範学校の教員をしていたという、台湾と縁の深い人物であった）。

最後に、さらに余談であるが、台湾神社は日本の統治が終わるとすぐに廃止され、現在は有名な「圓山大飯店」が聳え立っている。

参考文献

劉麟玉『植民地下の台湾における学校唱歌教育の成立と展開』（雄山閣、2005 年）
岡部芳広『植民地台湾における公学校唱歌教育』（明石書店、2007 年）
産経新聞社・喜多由浩『歴史に消えた唱歌』（日本子守唄協会、2011 年）
孫芝君「臺籍教師陳華提之作品＜お祭日＞與一九二九年「臺灣の歌」徵曲活動」（『台湾教育史研究會通訊』第四期、1999 年 5 月）

「お祭り日」楽譜

「お祭り日」歌詞

八　おまつり日

一
　たいわんじんじゃのおまつり日、
　たいこはどんどんなってゐる。
　今年はほう年、よい年だ。
　ほうらいまいをそなへませう。
　みこしかついて、えっさっさ、
　たいこかついて、えっさっさ。

二
　たいわんじんじゃのおまつり日、
　たいこはどんどんなってゐる。
　みかんやぶんたん・ざぼんなど、
　いちばへかひにいきませう。
　みこしかついて、えっさっさ、
　たいこかついて、えっさっさ。

三
　たいわんじんじゃのおまつり日、
　たいこはどんどんなってゐる。
　バナナやおんらい・もくくわなど、
　おせどへ行ってもぎませう。
　みこしかついて、えっさっさ、

在日コリアン二世の学校経験
―― 金信煥氏の場合――

李省展＊・佐藤由美＊＊・芳賀普子＊＊＊

1. はじめに

　これまで在日一世を中心に、植民地期の朝鮮・「内地」における学校経験をインタビューし、研究資料として提供してきたが、今回は金信煥氏が在日二世であること、そして氏は「宗主国」日本で教育を受けてきたことが、前回までの李仁夏、呉炳学、金時鐘、李殷直の四氏[1]と異なるところである。「宗主国」における教育体系とは若干の差異はあるものの、帝国日本の「臣民教育」をその基盤としていたことは否めない。「宗主国」である帝国日本のただ中で幼少期を過ごした在日コリアンの学校経験は、現代における在日コリアンへの教育のルーツを探るという意味でも、植民地教育との類比や関連という意味でも貴重なものであるといえよう。

　金信煥氏の父・金奇春氏は植民地統治下の土地政策の犠牲者であった。詐欺同然の手口で土地を取り上げられ、渡日を余儀なくされた経緯を有している。息子の信煥氏は1932年に愛知県の豊橋で生まれた在日二世である。現在、氏は在日大韓基督教会の名誉牧師であるが、永年広島で活躍され、原爆による被害者、特に、在日・在韓被爆者の問題にも深く関わって来られた。最近では在日コリアンの諸問題は勿論のこと、外国人労働者・市民の問題に深く関心を持たれ、今なお活発に活動されている方である。

　今回のインタビューを通じて、氏の活動の原点には、やはり幼少期における壮絶な被差別経験がその背景として存在することを確認できたよ

＊恵泉女学園大学　＊＊埼玉工業大学　＊＊＊一橋大学大学院言語社会研究科特別研究員

うに思える。児童にとって通常、学校そして家庭は日常生活の大半を占めるところである。学校で築いていく人間同士の繋がりは社会へと羽ばたいていく窓口でもあり、夢と希望が育まれていく場所でもあろう。しかし氏が過ごした幼少期は、日中戦争が開始され、アジア太平洋戦争へと突入していった時期であり、植民地と同様に「内地」においても「皇民化政策」が強化されていく時期でもあった。小学校時代には、多くの男性教員が軍隊経験を持っているというような教育環境の中で、教員の民族差別発言が発端となっていじめが始まった。2年生の算数の時間のことである。そのいじめは集団暴行へとエスカレートしていき、氏を自殺一歩手前まで追い詰めていった。植民地における「内鮮一体」は美辞麗句にすぎず、帝国日本の学校教育現場は、植民地とは逆に、圧倒的多数を占める日本人の中に、少数者として朝鮮人が存在しており、「皇民化教育」のただ中に明白な民族差別が存在していたといえる。その数における絶対的なマイノリティとして、また「二等国民」として下位におかれる被差別者として、植民地以上に露骨な民族差別を経験せざるを得なかったところに、氏の学校における体験が存在したといえよう。

　帝国日本の教育は、その版図の中に異民族を含むことになっても、「内地」の教育をも大きく変容させていく力と視点を欠き、支配者側からの一方的な同化主義を基調とするものであり続けた。植民地においては教育の現地化が多少は見られるものの、「内地」においては日本人主体の教育が当然視され、植民地出身者に「皇民臣民化」を促すのみであることから、教育現場での朝鮮人児童は民族的序列の下位におかれ、多数者の差別的視線にさらされ続けたといえよう。このような氏の被差別の体験はまた一方で、民族差別を回避し、「日本人を見返す」というサバイバルが氏の向学心の醸成に寄与したことも今回、明らかになっている。

　近代が、内には市民社会、外には帝国主義という歴史的展開を見せ、単なる「近代」として表象されうるものでなく、まさに帝国主義近代であったように、近代知もまた植民地主義と深い関係を有するといえよう。近代知はまた植民地教育、留学などを通じて植民地出身のエリートに獲得されていき、一部エリートを体制内に取り込んではいくのであるが、そこには当初からの帝国日本の政治性と、植民地にルーツを持つ青少年が民族的葛藤に直面せざるを得ないという限界性が存在したともい

える。インタビューに如実に見られるように、植民地朝鮮ではなく、「宗主国」に生まれ育った金信煥氏も、同様な民族的葛藤を体験せざるを得なかったのである。植民地からの解放後も日本の学校における在日コリアン教育は、ポストコロニアルの問題として、現在もなお我々に問われ続けている課題として存在している。

金信煥氏の経験したさまざまな葛藤は、キリスト教との出会いと、解放後の同志社大学、延世大学校聯合神学大学院、カナダのトロント大学ノックス神学大学院における神学の学びを通して、キリスト教的普遍性へと繋がれ、氏の葛藤が新た意味をもつ経験へと転換されていったといえよう。実際にこれらの高等教育機関での学びが氏の社会実践への強烈なエネルギーの源となっている。

今回のインタビューを通じて、我々は教育を受ける側からの視点の重要性を再確認した。被教育者不在では教育が存在しないのと同様に、植民地をルーツに持つ人々の視点を欠く植民地教育史研究は、一面的歴史解釈に止まるという危険性を有しているのではなかろうか。研究者としての立場性が問われていると考えずにはおれない。

貴重な証言をして下さった金信煥氏に深く感謝するとともに、この研究資料が今後も様々な形で生かされていくことを願っている。

2．金信煥氏の学校経験　－インタビュー記録より－

金信煥（キム・シンファン）さんへのインタビューは、2011年2月7日（土）午後1時から3時間以上にわたって、広島市袋町のオフィスで行われた。金信煥さんは私たちの理解の助けになるようにと、履歴書、戸籍の写し、『金奇春一代経歴』、ご自身の書かれた数編の文章をご用意くださった。これまでのインタビューと異なるのは、金信煥さんが在日コリアン二世であり、その学校経験は愛知県豊橋市内にある日本の公立学校での経験から始まることである。但し、金信煥さんの御尊父、金奇春氏が『金奇春一代経歴』という個人史を残されており、そこには武断統治下での日本の土地政策の実相も垣間見られる。また、そうした政策の犠牲となって「内地」に活路を求められた一家の日常が、金信煥さん

のお話から再現されることになった。金信煥さんは長く在日大韓キリスト教会広島教会の牧師として、被爆者の渡日医療のお世話などをされてきた。本来ならば、そうした金信煥さんの広島での社会活動も記録に留めるべきであるが、ここでは研究の趣旨に従って「学校経験」にしぼって記録する。なお、以下の記録は、インタビューのテープ起こし原稿をベースに、金信煥さんの言葉や表現をできる限り尊重しつつ、筆者らが編集・加工して収録するものである。

【父親金奇春氏の渡日】

金信煥さんの父親、金奇春氏は1899年2月18日に父親金順甫氏、母親李氏の間に誕生した。もともと慶州の出身であったが、慶州の大凶作のために姉が嫁いでいた扶余に職を求めて移った。義兄の紹介で林川面（扶余郡内）の田氏宅で働き、自作農となった。奇春氏はそこで誕生している。奇春氏4歳の時、慶州に里帰りした際に長旅の疲れで衰弱した母親が亡くなり、父親の兄弟とともに再び扶余に戻った。父親の金順甫氏は、奇春氏が7歳の時に再婚し、憲兵隊や警察の馬丁をしながら兵隊相手の食堂も経営した。まずは金信煥さんの父親、金奇春氏の幼少の頃の話から記録することにする。

扶余への移住：元々は慶州の両班[2]、貴族の家庭だったんだけれども、だんだん没落していったようですね。慶州が飢饉になりましてね、暮らしが立たなくなった。祖父（金順甫氏）の代は5人兄弟がおったんですけれども、一番上がお姉さんだった。それで忠清南道の扶余に、昔の百済の都ですね。扶余に嫁いでいて、そこが豪農の家でした。飢饉になってどうにもならないからと姉さんのところに連絡したら、来いということになったそうです。それでそこで結婚するわけですけれども、父親（金奇春氏）が3歳の時に一応故郷に帰るんですけれども、扶余から慶州に帰る時に歩いて行ったもんですから[3]、旅の疲れで母親が寝込んじゃって、それっきり亡くなっちゃうんですよ。その時、父は4歳で、棺の横で泣いとって、誰かが抱いてくれたっていうのを覚えていると『金奇春一代経歴』に書いているんです。それが済んだ後、また慶州で飢饉がありましてね、そこに居られなくなる。それでまた扶余に戻って

いく。扶余に戻って義兄さんの紹介で小作人として勤めるとか、召使いとして生活するとかしていた。その内に今度は日本の憲兵が入って来るんですね。おじいさん（金順甫氏）は憲兵隊の馬丁として入った[4]。給料は30円だったとか。憲兵隊が馬丁を置かなくなると、今度は警察の馬丁になったようです。ちょうど日清、日露戦争の頃です。

普通学校入学：朝鮮が併合になった時が、父親が数え年の13歳。それで4年間だけの普通学校があって、1年、2年は行ったけれども、私のおじいさんのところが馬丁をしながら、おばあさんが憲兵の人たちの為に食堂も始めたので、その手伝いがある為にもう忙しかったと…。学校へ行っても11時には家に帰って来て、昼の食事、お手伝いせなあかん、昼からは芝刈りに行かんといけない、芝刈りといっても木の枝じゃない、ほとんど草だったと書いています。そういうようなことで結局2年間しか普通学校には行けなかったんですね。ただし、父親が馬丁であったが為に、憲兵隊、警察に子どもの時から出入りしているから、日本語は耳学問でちょっと聞いて覚えておった。それで、普通学校でちょっと字は習ったというような状態なんですね。普通学校の先生はサーベルをぶら下げとって革の長靴を履いているんですよ。威圧的な教育だったと、そのことは私が子どもの時に父親は何回も言ってましたね。殴られたというのは聞いていないです。

土地調査の測量員：父親はその後、郵便配達夫になって、それから後、土地調査令が出るでしょ[5]。土地調査令が出た時に測量士について器具を担いで測量の助手みたいな…。2年間で忠清南道全部を回ったって言うんです。月20円の給料を貰ったと。それで食べるものと交通費は自費だったと…寝る場所も。そういうのは自費だったと。それで1919年にいわゆる万歳運動が起こるわけですよね。まぁ、酷かったって言うんですよ。日本の兵隊が機関銃でバリバリやってね。見ちゃおれなかったと…。

横暴な日本人：父親はその後、田んぼだとか畑を買ったりするんですけれども、田植えをする時にね、日本だったらロープを張るんでしょ。20センチずつ印を付けて、そこに植えていくわけですよ。ところが朝鮮で

はそれをしないで滅相に植えとったみたいですね。そうするとね、役場の長靴を履いた人達が怒鳴り上げて、やり直せ、やり直せって。日本の人が入って来て偉そうにしてね、朝鮮の人たちは小さくなっていったそうです。それからもう一つは、朝鮮の人たちが段々と自作農から小作農になって、小作農が今度は没落していくわけですよね。それで日本の人たち、金貸しから金を借りる。それで家屋敷を全部取られる形になる。私のところもそうなんですね。最終的には日本人に騙された。全部取り上げられて没落ですから。

渡日の原因：二つのことがあって日本に来たわけですけれども、一つはですね、食堂が当たって金まわりが良いもんですからもっと拡張しようと思いましてね。金を借りようとする。ところがその当時、朝鮮の人はもう貸し手はおらなくなっている。そこで日本人の金貸しから借りるわけですね。それで返しに行ったところが、期日内に返しに行ったところおらなんだと。まぁ、明日返したらいいかと思って帰ったら、期日を守らなんだから言うて、田畑全部没収です。家も屋敷も庭付きの大きなところですよ。「官北里102番地」っていう所ですけれどもね。そこは自分で買った所ですが150坪くらい。それから田んぼが1700坪だったかな、それで畑が500坪かね。私が韓国に行った時に、そこの従兄妹たちが案内してくれて、ここだったんだと、お父さんが住んどったのはここだとかね。それが結局、全部没収。こういうケースはわざとね、居留守を使って期限を守らなかったことにして巻きあげちゃったというのが割にあったということ、何かで読んだことがあるんですが、私の家もそのケースだったんでしょうね。それともう一つはハンコを人に貸した。それを勝手に捺されてしまって保証人になっとった。それで結局没落ですよ。子どもの時によく保証人になるもんじゃないとかね、ハンコっていうのは大事だから絶対、人に貸したらいかんとかっていうようなことを父はクドクド言ってましたね。

豊橋へ：知り合いの日本人の紹介で愛知県の豊橋市へ行きました。絹工場が沢山あったんです。落下傘かなんか作る。長野県で絹を作る為の蚕を作るでしょ。それで製糸工場が豊橋市にあった[6]。名古屋に次ぐ二番

目に大きな都市で、それから軍人達も沢山おったんだ[7]。そこに紹介されるわけですよ。本田さんに紹介されたと言っていました。それから、子どもの頃に本田さんとこに返したんだとか、なんか金を、借金をして旅費をつくって来たんじゃないですかね、そんな話をしておりました。それで戦後も住んでいた所、戦前から住んでいた所の地主さんがまた偶然、本田さんでしてね、別の人でしょうけれど同じ苗字の人でね、そんなことで本田さんに世話になったとか話をしておったことがあります。

【豊橋での暮らし】

金奇春氏は1924年9月28日に、単身、日本に渡っている。父親の金順甫氏は1924年1月7日に他界していた。日本で生活基盤を築いてから妻子を呼び寄せるケースは多く、金奇春氏も2年後の1926年2月15日に妻の朴昌禮と1923年10月31日に生まれた長男の敬煥（敬次郎）を迎えた。次男誠煥（誠吉）以下は日本生まれである。金信煥氏は3男。1932年4月9日に生まれた。父親の奇春氏にとって異母兄弟は扶余にいるものの、渡日後、故郷は縁遠くなり、日本社会に馴染むように努力しながら、子どもたちには日本の名前をつけ、家庭生活も日本語で送ったという。

豊橋の在日コミュニティ：豊橋に在日のコミュニティがあったかと言えば、なかったと思います。私が子どもの時に育った場所は駅裏だったんですがね、集落はなかったですよ。花田町という所ですけれども、すぐ近くに花田小学校があって、戦後すぐ西側に今度は羽田中学校というのが出来たんですけれども、その辺の町内には私のところと松波さんのところ、それから星山さんのところの3軒だけですよね。ちょっと離れたところに松山さんっていうのがありましたしね。それから朝鮮帰りだったのが「ギジョウ（義城）」。集落みたいなのはなかったです。分散していました。

家庭生活：すぐ上の兄は次男になりますけれども、愛知県の豊橋生まれですね。子袋を被ったままで産まれるという状態だったものですから、入院して2か月くらい養生したと聞いています。ずっと後で生まれた私

と妹、それから弟は全部愛知県豊橋市生まれです。弟はまだ昔住んどった所にそのまま住んでおります。家では一切日本語、本当に流暢な日本語です。父親は全く朝鮮人だとわからない。子どもの時から習っとった加減があるんでしょうね。言葉だけでは全然わかりません。母も向こうで食堂をやっとって日本語だけだったんでしょうね。父の記録を見ますとね、半年で覚えたと書いてあります。だから語学の才能があったのか元々聞き覚えがあったのか、ちょっとわからんですけどもね。母親は疱瘡を病んだ痕があって色がちょっと浅黒いっていうか、そんな感じだったんです。ただ母はね、歩くのを見たら、やっぱり重い水甕なんか頭に乗せたせいか、ちょっとガニ股みたいなね。それがありますから後ろ姿で朝鮮人とわかるんですね。言葉だけでは全然わかりませんでした。それから子どもも産まれた時には日本の名前しかなかったです。父親は金山春治、金山ですね。私は、韓国語はアボジ、オモニとイェーしか知らなかったですね。それからキムチなんかをキムチと言った覚えはないですね。白菜漬けですから、必ず家で漬けて出しておりました。それからカクテキっていう大根を切って漬けるやつね。あれも母親が漬けて…。食文化は朝鮮そのままでした。

周囲の日本人：裏が石渡さん、隣が松井さん、同級生がそこにも、どちらにも居ったんですけども、よく遊んだりしたんですがね。遊びはね、例えば凧揚げとかね。それから竹トンボを作って、それからコマを作ってね、それでコマ回しをする。特に殴るやつですね。韓国式の。殴るやつ。それからチャンバラね、男は。この人たちと喧嘩したことはないです。尋常小学校を卒業して高等小学校に行った時も、そこは農業学校ですけどもね、この人たちと一緒に行ったの、石渡と松井と。一緒に行こうやぁ、あそこ行こうやぁ。普通だったら、すぐ近くの兄達が出たところ、羽田尋常高等小学校。国民学校の上に2年間だけあるやつ。すぐ近くなんですよ。それをわざわざ遠くに行ったんだ。それはやっぱり私としては、朝鮮だとばれたら困るからっていうことが一つと、食糧難の時代ですからね、向こうは農業学校ですから、食べるにはちょっとは良いだろうっていうような事になりましてね。何か相談したかわからんですが、3人だけは花田小学校から入りました。後はみんな町中にある羽田

高等小学校に行ったんですけれども。

父親の差別体験：父としてはね、色々なところで一生懸命にやっても、やっぱり給料の上で差別があってね、貰うものも貰えなかったりとかね、まぁ相当なことで、それは言ってましたよ。日本人にはようしてやって、朝鮮をまた差別してっていうようなことはようこぼしておりましたよね。それでも何とか日本人コミュニティに溶け込もうとして警防団なんかに入るんですよ。だから空襲の6月20日、真夜中2時ぐらいから空襲ですけどもね、警防団で飛んで行っちゃったもんですから、家のもの一切持ち出す事できなんだ言うて、自分の一代記に書いていますよ。

【豊橋市立花田小学校時代】
　金信煥氏の学校経験は日本人教員からの過酷な仕打ち、友人たちからのいじめの連続だった。朝鮮人であることがばれないように、またバカにされないようにと腕力を鍛えたり勉強で努力するものの、事態は変わらなかった。算数の問題を間違え罵られたこと、盗みの疑いをかけられたこと、辛い体験が語られた。

豊橋市立花田小学校：小学校は1学年4組あった。問い合わせてみたら、昭和20年3月の卒業時には男のクラスが二つ、66人と66人で合計132人。それから、女のクラスが51人と50人で合計101人。小学校1・2年は同じ先生、オオタジュンイチロウ先生。ここでしっかり差別されるんですが、小学校2年の時に。上等兵上がりの先生なんですよ。それから小学校5年、6年は持上がりで一人の先生。ハラダショウジ先生ですね。小学校1・2年の時も同じくらいの人数だったと思います。朝鮮人は家の裏の松波秀男っていうのが一緒でしたね。それから5年生の時だったかに、朝鮮帰りだっていうのが一人、18歳で5年生のクラスに入って来ました。背の大きい子でね。そんなのも居ました。同じ朝鮮人だっていうことで一緒に話をしたりとか、学校へ一緒に行くとかね、そういうことはありましたね。

教員からの差別体験：2年生の時、算数の時間ですね、問題がわからな

かったらね、オオタ先生が「こんなのがわからんのか！この朝鮮が」とこう言ったんですよ。それから「馬鹿か！」と言われたんですね。それからはですね、クラスの者が私を呼ぶ時、「朝鮮バーカ」ですよ。「朝鮮バーカ」と言うんです。それで9月になってからですけれども、学校に何の為かわからんですけどもね、日本の子どもが持ってきた金が無くなったと先生に言うた。それで調べられることになった。朝鮮の子だけ残れと、私と松波とが残されて、日本人の子どもは全部教室の外に出されて、隣の組からね、男の先生、オガワガンジュウ先生が出てきて…。その当時、女の先生は全然いませんでしたね。全部男性の先生、が皆兵隊上りですよ。全部服を脱がされて、本当にスッポンポンにさせられて、小学校2年生でもね、恥ずかしさっていうのはわかるんですね。素っ裸にされても金は出てこなかったんですよ。腹ん中煮えくり返るような思いでね、「クソー！泥棒扱いしやがって！先公が！」っていうふうに。それを子ども達からはね、「盗んだんだ！」っていうことになって、ことごとくいじめ、朝鮮差別がそれから始まった。いじめが。それがきっかけで集団暴行。学校の行き帰りの時には陰に隠れて石を投げるとかね、やるわけですよ。こちらは一人、二人でしょ。多くても二人ですからどうにもならん。

強くなりたい：やられっぱなしなんですよ。取っ組み合いになっても皆で寄ってたかってやられるから、多勢に無勢でいつも負かされる。これは腹立つわけですよ。「クソー！、強くならんといかん」、「偉くならんといかん」と。「偉くなると言うのは何か、勉強で一番か、力で一番にならんといかん」と。「皆に認めさせるようなやり方せんといかん」と。それで、それから柔道を習います。親には一言もそれを言うた事は無いですね。どんなに差別されても親には言わない。父親はもうほとんど居ませんでしたから、朝3時、4時に起きて行って、帰ってくるのは7時、8時ですからね。父親にはもう何も言うことはない。母親にも言うことはない、兄貴にも言うことはない。一人でじっと耐えるか。まぁ、それは酷かったもんですよ。

兄からの贈り物：日本人の先生で朝鮮人に同情するような先生は全くい

ませんでしたね。私は4月9日が誕生日なんです。一番上の兄は尋常高等小学校を出て、豊橋ではまぁ老舗のうどん屋さんに就職したんです。三河屋っていう店で。5年したら暖簾分けしてやるっていう話だったんですよ。そこで給料を貰って私の誕生祝いにシャープペンを買ってくれたんです。戦争中にシャープペンなんて、聞いたことも見たこともないものですよ。嬉しくてね。学校に持っていって見せびらかしたんですよ。「これ見てみいや」言うてね。「お前らこんなん持ってないだろ」って偉そうに言うたら、寄ってたかって盗んだんだと言われた。「違うわ、兄さんに貰ったんじゃ！」と言った。「何、貰うことがあるかいな！盗んできたんだ！あんなこと言ってる…」とか言ってね。まぁ、殴る蹴るで。それで教室から引きずり出されたところにハラダ先生が来た。これが陸軍伍長上がりなんですよ。銃剣術なんか、体育の時間にようやらされたもんです。この先生、止めもしないですよ。これには腹が立ちましたよね。止めたらいいのにと思うけれども、声には出なかったですね。声に出して叫ぶことはなかったね。そのままズルズルと引き出されて、さらに校庭を行った所がジャガイモ畑。その中に連れ込まれましてね、殴る蹴るふんづけられる。『死ね、死ね』と。それでその時にね、恐ろしいことです。私は「殺してやる！」と叫んだ。本当に殺してやると思ったですね。教室はいつも『敵陣』にいる感じでしたよ。

母親の言葉：母親にね、「なぜ朝鮮人に産んでくれたんかぁ、どうせ産むんだったら日本人に産んでくれたら良かったのに」って言ったんだ。そうしたら母親が、「親が朝鮮人だから仕方ないね」、それっきり何にも…。取りつく島がないでしょ。それ以上言うこともない。まぁ母としてみたら、さんざん民族差別されとったから、この子もまたそういう時期になったかと、そんな目にあってるんかと思ったぐらいのことだったかもわかりません。それ以上何も言わんからこちらも何も言うこともできない。兄に言うこともない。結局、所詮は朝鮮なのよ。頑張ったら頑張ったでやられる。朝鮮のくせに生意気だと言ってやられる。ダメだったらダメで、アホだ、馬鹿だとやられる。どうしたらいいんだ…。

【中学校時代】

　金信煥氏は1945年3月に花田国民学校を卒業し、4月に豊橋市立吉田方高等国民学校[8]に入学した。その後、日本の敗戦をはさんで1946年4月愛知県立豊橋第二中学校に入学、3か月の病欠を経て、47年9月に羽田中学校に転校した。図画は苦手だったが、それ以外は殆ど優の成績で、級長にもなった。しかし、ここでも朝鮮人差別から逃れることはできなかった。中学校2年のときには2度目の鉄道自殺を図ることになる。

偉くなりたい：小学校6年の時に名古屋に行って、海軍航空兵の学校を受験したんですよ。学校で大久保と私の二人が推薦されて。学科と身体検査。大久保は合格しました。私は、答案は全部書いたと思うんですよ。ただ最後の肺活量、ふーっ、あれで失敗したんじゃないかと思っています。あの当時は偉くなりたいと思っていました。学校の先生は嫌でしょ。そうすると軍人さんよね。それからお医者さん。お医者さんは弟や妹を治したりするのを見たことがありますからね。学校の先生はあんないじめをするような先生になりたくないという気持ちは、もう子どもの心にくっきりと持っていました。それでとにかく軍人になろうと、海軍少年航空兵志願ですよ。そりゃ、陸軍はやぼったいよね、カーキ色の服を着てね。海軍じゃ言うて。それが落ちるわけでしょ。今度は中学を受けた。その時には医者になるんだと。子ども心にそれなりのやっぱり目標っていうのがあって、その為に勉強するんだ、頑張るんだ！って。

差別は嫌だ：結局中学、高等国民学校入った年に敗戦でしょ。それで翌年3月ですよね、とにかく勉強はしたいわけですよ。それで学校を選ぶわけですよ。愛知県立時習館第一中学、あれは藩校ですよね。お城の所[9]ですから1キロくらいのところです。名門校ですから、皆そこに行くわけですよ。私はね、5キロぐらい離れている第二中学を選んだんです。「金山道利」を隠れみのにすれば、朝鮮人だとはわからんだろうと。子ども心に差別は嫌だ、差別されたくないからわざわざそこを選ぶ。ずっと田舎です。大正時代に造られた中学校なんですよね、古い学校で、プールもありました。小学校の3倍ぐらい大きいんかね。戦後は高等学校になるんですがね。大体800人ぐらい、1学年15クラスだったと思い

ます。1クラス60人ぐらいでしょうね。当時、通っておった日本の教会の先生がね、日本の名前で受験せいって言うわけですよ。もう差別されたらいかんと言うて。高校受験の時にも、大学受験の時も同じことを言ってくれましたよ。

組長になる：1・2年の組長任命書がここにあるんですがね、凄いもんですよね。朝鮮人を組長にする、その点は戦後だなと思うんですね。ただ日本名だったので朝鮮人であるかどうかわからなかったのかもしれません。願書に本籍地を書く欄があったかどうか覚えがないです。1年生の修業式の最後に800人ぐらい居った中で学業優秀の賞状を貰うわけですよ。1番から10番まで呼ばれた。それで3番目に呼ばれたんですよ。嬉しかったですね。お医者さんになろうと思って、オタマジャクシの卵から拾って来て、ずーっと毎日観察日記を付けてね。それからもう一つはね、先生が言うことを雑記帳に付けて、それを別なノートに写すんです。その日の内に。復習を毎日やっている状態。試験の時にはまた勉強して行くわけですから、それが良かったのだろうと思うんですよ。それでこれを貰ったら、やったー！と思ったよね。もの凄い嬉しくなってね。学校に行く途中に桜ケ丘っていう女学校があった。その前を通りながらヒラヒラ見せびらかしながら……あの歳でもう色気が付いとったと思うよ。これ見よがしに。それ程嬉しかった。今度は1番になってやるぞって。

朝鮮人のショーミ：新学期が始まったら様子がおかしい。「あれ朝鮮やで」ってこうなる。「朝鮮のくせに生意気じゃ。組長なんやって。」と。言うことを聞いてくれんわけです。2年の時の副組長は河合修治っていうの。彼は高校を出てから東大に行きましたよ。あれの言うことは聞いても組長の言うことは聞かなくなる。ことごとくいじめですわ。バレーボールをやっても練習相手になってくれんわけよね。大体トスぐらいだったもんですが、そいつから受けてからこう球返しをするんです。それを受けてくれんわけよ。そういうような目に見えた嫌がらせをやるようになる。集団暴行が始まる、それで結局はね、所詮は朝鮮だっていう劣等感に追い込まれる。やっても駄目だとなる。1番になってやろ

うと思っても、ぶち壊されるわけですよ。それで戦後ですね、そういうような調子で胃腸を壊しとったんでしょうね。毎日下痢をするような状態。それであの当時のあだ名がショーミです。正味まで出てしまうと。正味何匁（文目・匁・モンメ）とか、正味いくらとか書いたでしょ。正味まで出ちゃうと言う。そういうことを言われて、それが私のニックネームだった。中学二年の時の。体もそういう調子で栄養失調のような状態、精神的に追い込まれる、もう駄目だ、駄目だと思いこまされる。まずは鉄道自殺を図る。結局怖いですね、死ぬって言うのは。汽車が間近に迫ったら本能的に飛び退いていましたよ。死ねるもんじゃないですね。それで教会の先生のところに泣き訴えました。

教会との出会い：日本人教会に行くようになったのは、1942年の初めからだったと思う。41年にパールハーバーでしょう。12月に。母親が途中で教会に出るようになって、結局、生活がえらいから父親はいろんな職を変えたりなんかしてね、いわしの行商とか、わさび漬けを家で作って売るとかするんですが、生活が苦しい為に、まぁ酒は好きな方だし、酒を飲んだらとにかく暴れたり何かしてね。それで母親がそういう生活の苦しい時に勧められて教会に行きました。牧師先生は青山学院を出た人でね、山口徳夫っていうウエスレーの日記を訳した日本では有名な先生です。この先生があまりにも可哀相に思ってね、教会の白井と言う長老さんから、大学を出るまでの学費を全部出してもらう約束を取り付け、養子縁組まで考えてくれてね、差別から守ろうというわけですよ。日本人は差別して酷い目に合わせるのにね、これ程日本人なのに愛してくれる人が居るんだなと思ってね。牧師さんって凄いなっていう憧れみたいなね、感動するわけですよね。まぁそれが一面、牧師を志す気持ちを持たせたんだろうと思うんですがね。ところが母親が反対してね、最後の最後、ハンコを捺す時に、嫌だ、嫌だって母親が手を持って泣いて、泣いて、大泣きに泣いてね。母親は大体愛想がない人でね、モノもあんまり言わない人だったけれども心であれ程愛しているんだと、普通、普段は子ども愛しているとか愛していないとか言わないし、ベタベタしないですよね、昔の人は。私はこれで日本人になったら差別されないだろうと、学校も続けられるだろうと思って、本当に嬉しかったですよ。それ

なのに、母親がそれ程愛していたのかと驚きながらも恨みましたよね。せっかく日本人になれるところをって、そんなことがありました。

羽田中学校への転校：結局どうにもならなくって3か月ぐらい休んでね、お医者さんに診てもらったら神経衰弱だと言われました。ノイローゼだね。好きなことをやれ。釣りでも良いし、絵でも良いし、音楽でも良いし…。それで小学校のピアノを借りて一人でピアノの独習をやった。それで結局は3か月休んだが、旧制中学校はそれで終いなんですよ。次の年の募集がない。新制中学に制度が変わるから、その近くの学校に変われと、校区制があるわけですね。それが羽田中学校。行ってみたら女の先生が居る。男の先生が30人ぐらいで、女の先生が5、6人。こんなに違うんか。教頭と女の先生がもう手を繋ぐみたいにして帰るし。あれはおかしいなとか言ってね。日本の先生とも割と良い関係も保てたというような感じでしたね。それは県立、二中から行っているでしょ。そのことはわかるから、一目置かれていたのは確かです。学校に通うのは便利だったですよね、300メートルぐらいなもんですから。5キロくらいの所と比べたら。いじめは中学校を転校してからはなかった。

【時習館高等学校から同志社大学神学部へ】
　金信煥氏は1949年に羽田中学校を卒業すると、県下の進学校、時習館高等学校[10]に進学した。時習館高等学校では差別された経験はなかった。病気見舞いに来た友人が朝鮮の表札を見ても、そのことに触れることなく接していた。しかしながら、友人の家に呼ばれたお返しに家にも呼んだらいいと兄嫁から言われると逡巡した。また授業で朝鮮戦争の話題が出るたびにヒヤヒヤする場面もあった。中学校時代にピアノを独習して以来、音楽が得意だったが、大学は神学部を選んだ。

朝鮮を意識せず：小学校時分が、人間が一番残酷なのかね、差別したりするのは。少しずつ大人になっていくんですかね。知っとっても知らんふりをするとか。高校でも差別はあまりないんですよ。私は体が弱くなりまして、高校を時々休んだりしたんです。友人が見舞いに来てくれると、家の表札がね、「金奇春」と「金山春治」が一緒に書いてあって、

上に韓国の太極旗もある。民族意識があったんですね。それを見たらパッとわかる。けれども知らん顔をして、お前は朝鮮かと一言も言われたことはない。これも勉強ができたからかもしらんし、いじめられたことはない。日本人とよう仲良くやっとったですね。生徒達は知っていながらも知らんふりをしてというようなところがあっただろうと思うんですが、ただ2年の時、ちょうど世界史を習い始めた時に朝鮮戦争が始まった。先生が朝鮮、朝鮮っていうんですね。それで時々、状況を発表するわけですよ。その時はギクッと来るわけですよ。「金山」で通っているのに、先生がバラすかいなと思ったりね。バレたらどうしようかなと思って。また中学と同じような差別にあったらどうしようかと思うんですよ。1年に入った時にね、すぐ7人が仲良くなって、私以外はみんな日本人ですよ。それで学級雑誌みたいなのを作ったりね、一生懸命やった。彼らとは今も交流を続けています。

朝鮮を肯定する：母国を肯定するようになったのは大学に入ってからですね。まず驚いたのが韓国人教会なのに牧師さんが織田楢次[11]っていう日本人。京都教会に行ってみたら青年達が母国語を習っていて、夜間学校に行っているんですよ。それで教会の青年達が一生懸命に韓国語を喋るの。私は日本語だけだったですから、全然喋れない。ただ神学校に入ろうと思った時に家にたまたまね、韓国語の本があったんです。日本語で書いたもの。何で父親が持っとったかわからないんですがね、戦後に語学塾みたいな形で雨後の筍みたいに出来た時の教科書だったかもわからないです[12]。諺文と書いてあったね。韓国語の学習の本がある。それでもってある程度自分なりに、字だけは読み方は習って、それは出来る。でも全然喋れないでしょ。日本人の牧師がベラベラと韓国語で説教をする。全然わからない。何にもわからない。恥ずかしく思ったんですね。それで自分は何者かってね。今まで日本の名前で通していた、自分を朝鮮人だとわかっている、それを表に出すことが出来ない。ここの人達はプライドを丸出しで、母国語で喋っている。

朝文研と韓学同：それから大学行きますとね、いわゆる朝鮮文化研究会、朝文研。韓国学生同盟、韓学同とか。その人たちがやっぱり朝鮮の

歌を歌っているとかね、それから朝鮮語で喋る。片言でも喋ろうとしているとかね。その次には、大学でその人たちが歴史を習っているわけですよ。私は入試の選択科目で日本史を取ったんです。全然違う。侵略史観とか、いわゆる皇国史観とはね。三韓征伐から始まって、朝鮮征伐が出てくるわけでしょ。そんなことだけを習っていたわけですから、そうしたら全然違う。こういう見方があるのかと驚くわけですよね。民族史観に立つ歴史を一生懸命習おうとしたわけです。いわゆる比較研究みたいな形になるわけ。どちらが正しいか正しくないかって言うのはともかくとして。

神学部への入学：神学をやろうと思った直接の動機は、結局、人生について悩んだからです。結局行く道がわからなくなるわけですよね。先生は駄目、兵隊も駄目、お医者さんになるんだというような気持ちを持ったけれども、どうもそれがはっきりしないわけですよね。人生に悩んで悩んで、自分はどのように生きたら良いのか、何をしたら良いのか、それを探るために神学校に入ったと言えますね。神学校に入るには牧師さんの推薦状がいるんですよ。牧師さんの推薦状を書いてもらって、それで受けるんですが、筆記試験は、かなり手ごたえはあったんです。神学部はね、その後、口頭試問があるんですよ。教授たちがズラッと並んで…。競争率は低いですよ。募集以下の場合もある。ただ、昔は「召命感」と言っておりましたけど、本当に牧師になる気持ちがあるのかどうなのか、確認するための作業があったんです。成績よりそれがイの一番だったですね。

日本名から本名へ：入学時は日本名ですよ。金山道利（カナヤマミチトシ）と言っていました。親から直接聞いた話では、あまりにも生活が苦しいから占い師に聞いて名前を付けてもらったそうです。金山はね、慶州金氏だから金山と名乗れと、総督府から強制ではないけれども、奨励みたいなのがあったそうです。父親なんかは、名まえも春の一字だけ残し、あとは明治生まれだからって「春治」。入学時は先生方も韓国人だとわからなかったかもわかりませんね。3年の時から本名に変えました。教会に行って青年たちの姿を見て、それから大学で韓学同や朝文研

の人たちの生き方を見て、やっぱりこれが本当だと思ってね、今まで自分が通名で通していたことが愚人、偽物だったんだと思って。これからは本名で通さんといかんという感じだったですね。牧師さんに言ったら喜んでくれました。「君はこれで本当の君になったんだ」と言って。

牧師になりたい：いやいや、私の姿勢は間違っておった。日本人を憎んでね、恨みを返してやるって言う気持ちで頑張ったんだから、動機は悪かったですよ。動機が悪かったことを結局、神様に示されて、ホントに神の前で謝って、謝って、献身するっていうことに至ったわけですけどもね、これは特殊なケースかもわかりませんね。一般の人たちにクリスチャンは少ないわけですから。私は信仰でもってこういうような自己意識を形成して、許す気持ちを持って、恨む気持ちを無くして…。それで「牧師になりたいと思います」と伝えたら非常に喜んでくれましたよ。「良かった、良かった」言うて。

【年表】

1932.4.9	愛知県豊橋市花田町にて父・金奇春、母・朴昌禮の三男として誕生
1939.4	豊橋市立花田小学校入学
1945.3	豊橋市立花田国民学校卒業
1945.4	豊橋市立吉田方高等国民学校入学
1946.4	愛知県立豊橋第二中学校入学
1947.9	豊橋市立羽田中学校転入学
1949.3	豊橋市立羽田中学校卒業
1949.4	愛知県立時習館高等学校入学
1952.3	愛知県立時習館高等学校卒業
1952.4	同志社大学神学部入学
1956.3	同志社大学神学部卒業
1956.4	同志社大学神学部大学院聖書神学研究科入学
1958.3	同志社大学神学部大学院聖書神学研究科修了
1958.4	宗教法人在日大韓基督教大阪築港教会奉職
1958.5	宗教法人在日大韓基督教会総会講道師准認
1965.3	韓国・延世大学校聯合神学大学院入学

1965.12	韓国・延世大学校聯合神学大学院　修了
1966.7	宗教法人在日大韓基督教会広島教会奉職（至2002.4.9）
1969.10	広島韓国学園・副学園長（至1982.3）
1974.6	在広島韓国人・朝鮮人被爆者救援会・会長（至現在）
1978.4	韓国の被爆者を広島の病院へ招く会・会長（至1984.6）
1981.4	カナダ・トロント大学ノックス神学大学院　修了（自1980.7）
1982.3	広島韓国学園・学園長（至1994.5）
1982.3	広島韓国学園・理事長（至2000.5）
1984.6	在韓被爆者渡日治療広島委員会・代表幹事（至現在）
1987.4	広島女学院高等学校、広島女学院大学　講師（至2002.7）
1992.12.31	盧泰愚大統領より　表彰(勲章)授与
1996.12.1	谷本清平和賞（広島ピースセンター）受賞
2005.12.12	盧武鉉大統領より国家勲章「木蓮賞」受賞

1 『植民地教育史研究年報』に「研究資料」シリーズ「在日コリアン一世の学校経験」として、「李仁夏氏の場合」を年報10号2007年、「呉炳学氏の場合」を年報11号2008年、「金時鐘氏の場合」を年報13号2010年、「李殷直氏の場合」を年報14号2011年にそれぞれ掲載してきた。

2 金信煥氏の家系。本貫は「慶州金氏鶏林君派」とのこと。

3 扶余から慶州の道程を、地図(朝鮮総督府編「朝鮮要覧」付図、1925年)上で計ると約270kmとなる。

4 朝鮮半島に日本の憲兵部隊が設置されたのは、1896年1月、軍用電信線守備のためとされている。この臨時憲兵隊設置以降、「韓国駐箚憲兵隊」と改称され、抗日義兵鎮圧のために人員が増員されていく。1910年には韓国警察権を剥奪、そして韓国併合が行なわれた（松田利彦「解説　朝鮮憲兵隊少史」『朝鮮憲兵隊歴史』第1巻,不二出版）。「韓国駐箚憲兵隊編制改正表」によると、1908年に京城分隊の天安分隊所属扶余分遣隊ができている。「韓国駐箚憲兵隊配置人馬表」には、人員11名、馬2頭とある（前掲『朝鮮憲兵隊歴史』第1巻210頁）。憲兵のイメージとして馬に乗り銃剣を帯びる姿があるが、三・一運動後は普通警察事務を担当することになり、駐箚憲兵隊は廃止され朝鮮憲兵隊となる。1915年後から一次史料上には扶余分遣隊も消えていくが、国境警備隊に人員が増員されていく。（前掲『朝鮮憲兵隊歴史』第1巻、第4巻～第6巻）。金順甫氏の話は、韓国併合時を背景にした駐箚憲兵隊から警務部下の憲兵警察への移行時期の体験として貴重なものである。

5 朝鮮総督府は、韓国併合直前からの土地調査事業を受け継ぎ、併合直後に「臨時土地調査局官制」、1912年に「高等土地調査委員会官制」、「土地調査令」

を公布して調査事業を行なった。18年11月に全事業が完了する。総督府財政が確立し公有地が創出される一方、代々土地を耕作していても土地所有を否定されたり、土地を収奪された農民が小作人に転落して、自己の所有地として申告した有力者の土地所有が再編強化され、土地の商品化が進められる。事業完了の数ヵ月後に三・一独立運動が勃発するが、農村部で運動が激しかったことは、農民たちの土地調査事業への不満と結びついている。渡日の原因となる話も、日本資本の農村部への進出が容易になり、金貸しが乗り込み、朝鮮人から田畑家屋敷を収奪する行為が頻繁に行なわれるようになったことを裏付けている。

6 玉繭を茹でて撚糸にした玉糸の生産額は全国の約60％であった。1880年に東海道線が開通して花田村に駅が設けられ、駅に隣接した畑地帯が工場地となった。当時、花田町は、家内工業的な製糸工場地区であった。日清・日露戦争期に工場が増え、「欧州大戦の好況によって一大飛躍をなした」とのこと（愛知県教育会編『郷土研究　愛知県地誌』川瀬書店、1936年、573－575頁）。

7 日本陸軍第15師団が1905年に豊橋(市制は06年実施)に編成され、06年日露戦争末期に満州で参戦した後、06年韓国駐箚軍と交代して満州の守備についた（井本熊男監修『帝国陸軍編制総覧』芙蓉書房、1987年、43頁）。25年に廃止され、跡地には東亜同文会が設立される。再編成は日中戦争中の39年である。

8 41年に国民学校令により尋常小学校は国民学校呼称（朝鮮でも「国民学校」の呼称）になっていた。国民学校初等科を終えると、高等国民学校か中等学校へ進学した。正式には国民学校高等科であり、6年制の義務教育修了後、2年間の修業年数であった。47年の学校教育法施行と共に廃止となり、新制中学校に改組される。

9 吉田藩の吉田城のこと。花田町から所在地の富本町までは直線距離にして約1300 m。

10 金信煥氏の話にあるように、吉田藩の藩校時習館に源があり、愛知四中、豊橋中学を経て、48年新制高等学校として発足。

11 織田楢次（1908-1980）、1928年から10年間ソウルを中心に朝鮮語で伝道を行なった。朝鮮人からはスパイ、総督府からは独立運動家と疑われる中で、37年神社参拝に反対して検挙され、日本に強制送還された。解放後は、在日大韓教会（1908年設立）の牧師として活躍。田栄福の朝鮮名も持つ（参考文献：飯沼二郎・韓晳曦『伝道に生きて　在日大韓キリスト教会と織田楢次』、麦秋社、1986年）。

12 解放直後、朝鮮語を学ぶ「国語講習所」が全国に広がった。正式な数は不明である。講習所から発した在日朝鮮人連盟指導下の初等学院は1000箇所以上に達し、民族学校の基となった。テキストは植民地時代の「ハングル講習会」のもの、また、朝鮮総督府編纂『朝鮮語読本』を応用したものが多かった。

【付記】
本稿を作成するにあたり、金信煥さんには3時間を超えるインタビューに応じ

ていただいたほか、個人または御家族に関する資料を多数ご提供いただいた。インタビューのテープ起こしは遠藤広太さん（埼玉工業大学卒業生）にお手伝いいただいた。なお、本研究資料の作成は恵泉学園大学平和文化研究所の研究助成（2010年度）により行われたものである。

　ここに記して関係の皆様に謝意を捧げたい。

Ⅳ. 旅の記録

台湾教育史遺構調査
(その5)

白柳弘幸*

1 旧台北高等学校講堂内 奉安庫・奉掲所

　旧制台北高等学校は、戦前、外地に設立された唯一の七年制高等学校として1922（大正11）年4月1日に開校。1929（昭和4）年6月30日に講堂（①）が完成。講堂は鉄筋コンクリート骨組煉瓦造平家建で、建坪は264坪。終戦後、旧制台北高等学校（以下、台北高校）の建物施設等は台湾省立師範学院として流用され、現在は国立台湾師範大学（以下、師大）となり、近年台湾での難関大学の一つになっている。今年、2012（平成24）年は、台北高校創立から数えて90周年を迎えた。

　煉瓦造りの落ち着いた外観の講堂は、現在礼堂と呼ばれ授業にも使用されている。師大構内の赤煉瓦造の行政大楼の校舎とともに、2003（平成15）年に直轄市定古蹟となった。礼堂は行政大楼校舎キャンパス校門を入り右折した通路の奥に戦前のままに建つ。

　礼堂内部は2階席も付き1、2階で300席くらいありそうだ。奉安庫・奉掲所は正面舞台壁面中央部分に組み込まれている。中央部分の扉にはヨーロッパのカトリック教会入口のファ

①旧台北高等学校講堂

*玉川大学教育博物館

サードを思わせる半円形の装飾がついている（②）。扉には折戸が取り付けられ、茶色のペンキが塗られていた。今回、それを開くと、上段には孫文の肖像画が置かれ、下段には黒漆塗り観音開きの扉がつく。黒漆塗りの扉を更に開けると桐で設えられた祠のような空間がある。その形状から日常的にはここを奉安庫とし、孫文の肖像画が置かれた場所を儀式時の御真影を置く奉掲所にしたのだろう。旧制台北高等学校創立80周年記念文集『獅子頭山讃歌　自治と自由の鐘が鳴る』に付く「台北高等学校配置図」の屋外施設に奉安殿の記載がないからである。

②旧台北高等学校奉安庫・奉掲所

　奉安庫とは御真影と呼ぶ天皇・皇后の写真と教育勅語等の詔書を納めていた特別製の金庫のことを言い、奉掲所とは講堂等での儀式時に御真影を設置するための台を言う。よく奉安庫と奉安殿とを混同されて使われるが、奉安殿は校舎からやや離れた所に独立して設置された建築物をさす。戦前、日本国内の小学校の校舎建築の多くは木造であったため、火災がしばしば起こった。そのため奉安殿を校舎から離れた場所に建築するようになった。木造の神社風の建物もあるが、鉄筋の西洋風の建物も少なくない。台湾の奉安殿については、本『年報』第10号で筆者の報告があるので参照していただきたい。今回の台北高校のような室内に奉安庫を置くための特別な施設は奉安室と呼ぶ。中等高等教育機関の校舎は、講堂が別個に建てられることが多く、講堂正面に奉安室を設えているケースが国内でも見られる。台北高校講堂は鉄筋コンクリート骨組煉瓦造であったので防災上の不安がなかった。『台湾総督府台北高等学校一覧（自昭和四年　至昭和五年）』によれば、1925（大正13）年5月16日に「教育ニ関スル勅語謄本ヲ拝戴」している。この時、台北高校

には尋常科しかなく校舎も未完成で台北一中と仮校舎で授業が行われていた。勅語は台北一中の奉安庫に収められていたと思われる。

台北高校高等科初代校長は三沢糾であった。広島高等師範教授、和歌山県立海草中学校長、大阪府立高津中学校長を経ての就任であった。台北高校の全校舎の完成祝賀会のあった1929（昭和4）年10月、筆者の勤務校である玉川学園の創立者小原國芳が旧制成城高校長でもあり、当講堂で「価値転換」とする記念講演を行った。小原が三沢の広島高師時代の教え子であった関係から呼ばれたのだった。戦前、国内の旧制高校では演劇が盛んで、台北高校も同様であった。進歩的な演劇もあれば高校生演ずる女形がでる劇もあった。こうした演劇が、講堂完成後は講堂で上演されたため、三沢校長は総督府文教局に呼びつけられた。それに対して、将来台湾からひとりくらい優れた演劇人が生まれてもよいではないかと返答したという。自由主義の教育を標榜する三沢校長の逸話の1つだ。そうした演劇の行われた舞台は、戦後オーケストラ演奏が可能なように前に広く張り出されていた。

卒業生によると講堂での勅語奉読のある儀式時、小学校や中学校と違って学生たちはあまり参加しなかったし、出席してもだらしなかったとのこと。確かに記念誌『台北高等学校』等には、軍事教練も真面目にやらない学生の話がよくでる。軍事教練を真面目にやらないくらいなら、勅語奉読時も同様であったのだろう。そうした歴史を刻んできた建物は、これからも師大と共に歩んで行く。

本調査は師大台湾史研究所所長の蔡錦堂副教授のご厚意によった。お礼申し上げます。

（訪問日　2010年11月23日　台北市大安区和平東路一段162号）

2　各地の奉掲所、奉安室

筆者はこれまで、史料調査のために訪問した台中県清水国民小、台中県新竹第一国民小で、講堂に設えられた奉掲所を確認した。旧台南一中講堂は改修工事のため見学できなかったが、『台南市定古蹟「原台南中学校講堂暨原紅楼玄関」調査研究暨修復計画』に、講堂内に設けられた

奉安室についての図面や写真が載る。

　台湾の多くの学校に校史室という、自校の歴史資料を保存展示している部屋がある。そこには日本人の歴代校長の写真、日本時代の教科書、卒業証書等が展示されている。しかしながら、同化教育や皇民化教育の象徴となる諸儀式が、御真影への最敬礼や教育勅語奉読を中心にして行われていたことに触れている学校はなかった。清水国民小では大学の建築学部の応援を得て講堂を改修したが、奉掲所については用途不明と調査報告書にあったと校長先生より聞いた。

　台湾各地の学校に日本統治期に建築された講堂が、今も数多く講堂や体育館として残されている。そうした建物には、台北高校と同様の奉安室や奉掲所を見ることが出来るのではないかと予想している。統治期の建築物について、日本国内で刊行される台湾関係の出版物の中に、近代的性格を持ち優れていた点や郷愁的な面を強調して記述する傾向があるように思われる。日本国内にも少なかった豪壮な建築物をなぜ台湾に数多く作ったのかを考えるべきであろう。過去に目を閉ざすことなく、事実の記録を残すように心得たい。

3　各地に遺る奉安庫

　戦前の公小学校を前身に持つ学校で資料調査を行ってきた。そうした調査が終わると校史室に案内される。奉安庫は金属製の大型金庫であるため大変重量があり必ずしも校史室に置かれていない。台湾内の奉安殿の多くは破壊されたが、奉安庫については久しく金庫として使用されていた。訪問時も使用中の学校もあった。ウェブ上でも奉安庫についての記事を散見するため、精査すれば数多くの奉安庫が見つかるだろう。以下、筆者が奉安庫を確認した学校の紹介と、訪問時の奉安庫の置かれ方について報告する。

（1）　台北市士林区士林国民小学

　1895（明治28）年7月26日、台北芝山巌開漳聖王廟内に当地の郷紳子弟を集め、芝山巌学堂を開設、台湾教育の嚆矢となる。翌年6月1日、

国語学校第一附属学校と改称し42名の入学者があった。以後、八芝蘭公学校、士林公学校、士林国民学校等になり、現在は台北市士林区士林国小学。広々とした校史室には奉安庫の他、卒業記念帖、証書等も多数置かれている。(台北市士林区大東路165号)

(2) 新竹市東区新竹国民小学

1896(明治29)年3月31日、明志書院に新竹国語伝習所を開設。以後、新竹公学校、新竹第一公学校、新竹市新興国民学校等になり、現在は新竹市東区新竹国民小学。校舎正面玄関部分の真上が奉安室で、現在は校史室となり奉安庫も置かれている。開校以来の学籍簿が配架されているのは壮観である。(新竹市興学街106号)

(3) 台中市清水区清水国民小学

1897 (明治30) 年3月10日、清水旧文昌祠旧址に台中国語伝習所牛罵頭分教場を開設。以後、牛罵頭公学校、清水公学校、清水第一公学校、清水南国民学校等になり、現在は台中市清水区清水国民小学。4万平米の広々とした敷地に、台中大地震後の1936 (昭和11) 年に建築された赤煉瓦造平家建の校舎は、国家三級古蹟に指定され耐震化工事を施し今も使用している。この校舎の落成記念碑と思われる「誠」と刻まれた石碑が校門正面に立つ。倉庫に大小2台の奉安庫が置かれていた。(台中市清水区南寧里光華路125号)

(4) 苗栗県竹南国民小学

1898 (明治31) 年3月、中港慈裕宮に新竹国語伝習所中港分教場を開設。同年10月中港公学校となる。以後、竹南公学校、竹南宮前国民学校等になり、現在は苗栗県竹南国民小学。音楽教育に力を入れ校舎内にレッスン室を設けている。奉安庫は事務室に置かれ、扉の鳳凰の絵柄(③)は色褪せていなかった。(苗

③竹南国民小学の奉安庫

栗県竹南鎮中正路146号）

（5） 台南市新化国民小学

　1898（明治31）年9月1日に台南国語伝習所大穆降分教場を開設。同月30日に大穆降公学校となり、以後、大目降公学校、新化公学校、新化北国民学校、そして戦後新化国民小学。隣り合って設置されていた日本人子弟のための旧新化小学校校庭の奉安殿の見学の折、新化国民小を訪問すると職員室に奉安庫が置かれていた。校長室にはペスタロッチ「シュタンツの孤児院」の模写が掛かる。その後、旧新化小学校奉安殿の金属製の重い扉が開かれると奉安庫が出て話題になった。（台南県新化鎮中山路173号）

（6） 台中市西区大同国民小学

　1899（明治32）年3月、日本人子弟のための台中尋常小学校を開校。1923（大正12）年4月、昭和天皇が皇太子の時に行啓。以後、台中明治尋常小学校、明治国民学校等になり、現在は台中市西区大同国民小学。1934（昭和9）年に完成した校舎は台中市定古蹟に指定される。奉安庫は放送室として使用していた部屋に置かれていた。（台中市西区自由路一段138号）

（7） 桃園県新屋国民小学

　1905（明治38）年11月1日、借寝郷九斗五穀廟に楊梅公学校新屋分校を開校。以後、新屋公学校、新屋国民学校等になり、現在は桃園県新屋郷新屋国民小学。当校には「学校沿革誌」等の公文書が多数残されていることで知られる。これらの公文書を保管する校史室に、校長室等に設置した奉安庫の目隠しとする鳳凰の絵柄の施される衝立（④）が置かれていた。

④新屋国民小学の衝立

奉安庫よりもこちらの方が珍しいだろう。(桃園県新屋郷新生村中正路196号)

参考図書
『台湾総督府台北高等学校一覧』(昭和4年)
記念誌『台北高等学校』
『台湾小学世紀風華』島嶼柿子文化館
『台湾百年小学故事』島嶼柿子文化館
各学校発行の創立記念誌

Ⅴ. 書評

檜山幸夫編著
『帝国日本の展開と台湾』

弘谷多喜夫*

　本著は、はしがきによれば、中京大学社会科学研究所が1981年から行ってきた『台湾総督府文書目録』の明治篇全27巻の完成を機に、編纂事業を通して蓄積された研究成果の一部を発表したものである。内容は以下のように整理されて掲載されている。

　第一章　台湾本島の軍事占領と抵抗（檜山幸夫「日台戦争論－台湾接収時における台湾での戦争の呼称問題を中心に－」、他2編）
　第二章　台湾総督府と帝国体制（高嶋朋子「初等教育における内台共学－「在台内地人」教育からの照射－」、他3編）
　第三章　日本統治下の台湾（鈴木敏弘「領有直後の台湾鉄道」、他2編）
　第四章　日本統治下の台湾社会（蔡龍保「日本統治下の台湾企業－桃崁軽便鉄道－」、他2編）
　第五章　帝国日本と東アジア（堀口修「子爵花房義質事歴絵詞帖について－特に壬午事変時の絵詞を中心にして－」、他3編）

　各章の論文では、最初のものだけを紹介したが、分野も政治、経済、社会、文化と広範囲に亘っており、時期も巻頭の檜山論文が論じる日清戦争期から、第二章にある東山京子「帝国の崩壊と台湾総督府の戦後処理」が論じる時期に亘る。
　全ての論文に目を通したが、上記の檜山論文と東山論文は、扱ったテーマに関わる視野を完結していること、論ずることと史資料の実証のバランスがとれていること、において本書の真骨頂を示すものとなっている。
　さて、本書には教育について論じているものが2編ある。第二章にあ

＊浜松学院大学短期大学部教員

る上記の高嶋論文と白柳弘幸「台湾国民学校期修身教科書教材「心を一つに」についての一考察－「誉れの軍夫」の修身教科書教材採用経過－」である。白柳弘幸氏は、当研究会のメンバーでもあり、本論のもととなる論考は『年報』第6～9号に掲載されたので、本論評では高嶋論文を取り上げる。

高嶋朋子「初等教育における内台共学－「在台内地人」教育からの照射－」（p 145 - 171）の構成は、以下の通りである。

序
一　内台共学への過程
二　「在台内地人」教育者の見解
結

構成順に論旨をまとめてみる。

序
　本稿の目的は、初等教育における内台共学が実施された過程を確認することと「在台内地人」教育関係者が共学をどのように受け取ったかを探ること、の2点である。
　1点目について、「内台共学は大正8年の台湾教育令によっても実現しなかった。・・・より良い教育を受けることへの切望」から教育の差別化をより強く意識させ一部の本島人にとって納得できるものではなく、「その改善策の1つとして・・・大正8年12月に条件を満たすごく少数の内台共学を許可（内訓第20号）した上で、大正11年の台湾教育令改正によって中等以上の共学は認められた」が、「初等教育における共学は、同改正によって以下のように規定された。第二条　国語ヲ常用スル者ノ初等教育ハ小学校令ニ依ル　第三条　国語ヲ常用セサル者ニ初等普通教育ヲ為ス学校ハ公学校トス」と。次に、明治39年の小学校への共学厳禁の内訓と上記の大正8年の内訓を中心に共学実施への過程を確認したい、とする。
　2点目については、在台内地人教育が抱えた大きな問題の一つであると思われる「土化」とかかわる、受け入れ側の者の見解を『台湾教育』

記事から拾い上げたい、とする。

一　内台共学への過程
(一) 内台共学の厳禁
　(1) 小学校在学「本島人」児童の退学
　『台湾教育沿革誌』には明治39年に台北の小学校で第4学年まで教育を受けていた本島人児童が、内訓によって退学させられたことが記載されている。これについて「明治三九年台湾総督府公文類纂」を紐解き、36年に小学校に入学、翌年児童数増加への処置により転校したこと、それらの小学校の校長が作成した文書でわかる経過を調べるとともに、これらの背景については陳培豊氏の指摘する通りで、隈本繁吉文書の記述とも一致するとし、「明治後期から大正期にかけて、本島人が自身の生活の近代化の一つの手段として公学校をとらえはじめ入学希望者が増えていったこと、他方では、子弟に普通教育を受けさせ進学させたいと考える紳郷（ママ）層等の本島人父兄が子弟に内地留学をさせた」とする。そして、内台共学が黙認されなくなった明治39年以後、なんらかの理由で内地留学を果たせなかった者は、どのような方法を考えたのだろうか、と問う。
　(2) 特例としての内台共学の求め
　前記の明治39年から12年後の大正7年に南投庁と台中庁から本島人が小学校入学を志願した例があることを『大正7年台湾総督府公文類纂』から明らかにしている。前者は男児で父親は庁の通訳であり、後者は女児で父親は農場の通訳であった。女児は農場の社宅に居住し、台湾語能力をもっていなかった。「これまで黙認されていた小学校への入学が禁じられて以後は、正式に願い出て、特例として認められる以外、台湾児童がよりよい教育を受ける機会はうしなわれたのである」とする、2例とも前記の39年内訓を楯に却下されている。
　隈本は、39年内訓から上記2例までの間に内台共学黙認案を作成したことがあったこと（「台湾教育令制定由来」）、それは、陳培豊氏があげた隈本の明治44年の文書にみられる見解が下地になった考えであるといえよう、とする。この案は不採用となったが、隈本は、「明治34年頃、時の民政長官後藤男爵が島内学事会議ニ於テ演述セラレタル「教育無方

針」ノ旨趣」を官僚が時勢に応じて斟酌しようとせず、又は金科玉条のようにするものがあるためだと述べており、納得できる、とする。ただ、「つけ加えるべきは、在台内地人教育と本島人教育は、目指す方向が異なるという根本的な問題ではないだろうか・・・在台内地人教育は、台湾の指導者たる内地人を育てる場である。そこに本島人児童が在学するだけで既に、矛盾をはらむことになる」とする。

(二) 内台共学の開始

(1)「在台内地人」教育と「本島人」教育の相違についての認識

大正8年（12月）の内訓によって、条件を満たすごく少数の本島人に内地人諸学校入学を許可したが、在台内地人と本島人の教育は別系統であるべきものという大正8年（1月）の「台湾教育令」の意識は変化していないということを、内訓と合わせ綴じられている参照書類から根拠づける。「本島人教育と在台内地人教育は、そもそも到達点を異にしている」のだから、とする。

(2)「学力ノ優秀ナル者ヨリモ品性ノ善良ナルモノ」

しかし、内訓は①内地で内地人教育を受け得る本島人が台湾の中学校や途中から小学校に転入できないのは理論上おかしい、②家庭で「内地風」の生活をし本人の「国語」能力が一定水準にある者を強いて拒否することはない、として普通教育であっても例外的に内台共学を許可せざるを得ないと結論をだしており、別系統という「原則は正式に破られることになった」とする。

しかし、「在台内地人」教育への配慮として、内台共学を許される本島人児童を、同化の進んだものに限定することで、出来る限り「土化」問題を小さくする必要があった。そのうえ、「学力ノ優秀ナル者ヨリ品性ノ善良ナルモノ」を選んで入学させることで、在台内地人教育の学力問題への影響を低めているといえる」とする。

二 「在台内地人」教育者の見解

(一) 小学校関係者以外の内台共学に関する見解

「前向きな見方をされていた」とまとめている。

(二) 小学校関係者による内台共学に対する見解

「在台内地人」教育の本旨を阻害すること、さらに在台内地人児童の

転校の激しさから「若し共学がどしどし行われて内地人化する必要度の多い本島人児童が多数入学・・・したならば・・・其学校の中幹をなすものは本島人児童という事になる」という意見を内台共学に積極的協力の意思を持たないケースとしてあげ、他については、上記の意見より2年後の、大正11年「台湾教育令」改正の直後に出ている『台湾教育』の特集「共学状況と感想」には、一切特別なことはしない、国語力の向上を計っている、少数のため影響はない、児童の本島人に対する自覚や理解が進んだ、学年や学級で同数ずつ入れる方がよい、など異なった意見がみられることから、「問題が充分に話し合われていなかった」とする。そして建前はともかく小学校として「儲けたことは何もない」というのが本音ではないか、という。

結

「現状では問題視されていないことがわかった「土化」についても児童数の均衡が保たれなければ変化する可能性があった。しかし・・・建設的な意見はまとまっていなかった。問題を整理する時間を与えないまま、進められていった」

以下、上記にまとめた内容に沿ってコメントをする。

(1)
序、の1点目の説明で述べていられていることは、本論の一（内台共学への過程）、の論述の流れをまとめているのでコメントの大半をここで行いたい。

まず、「内台共学は大正8年の台湾教育令によっても実現しなかった」とする見解であるが、それは本島人からみてのことである。大正7年に小学校への入学を志願した2人の児童について総督府が却下していることは、一、(一)、(2) で明らかにされている通りである。つまり、内台共学は「台湾教育令」の制定において課題ではなかったのである。このことの確認がないように思われる。それは、同令の制定過程についての最大の課題が「朝鮮教育令」（明治44年8月）との整合性をめぐる問題であったことが落とされているからではないだろうか。

この点について少し整理しておく「台湾教育令」の制定については、

内閣総理大臣寺内正毅が大正7年7月に閣議に提出、8月に「朝鮮を範としつつ」原案がまとめられた。
　しかし、9月に寺内内閣が倒壊し原敬内閣に代わったことで、12月の枢密院本会議ではこの政府原案は大幅に修正され、翌大正8年1月に公布された。
　「台湾教育令」は、寺内原案が大幅な修正を受けたとはいえ、「台湾人」の教育を別系統とし、日本の教育制度より程度を低くしているのは、朝鮮で併合とともに出された「朝鮮教育令」（明治44年）の影響であるが、その朝鮮で大正8年3月に3・1独立運動が起こり、原敬内閣は、あらためて植民地統治政策全般の見直しを決意し、進められたのが内地延長主義であったことは周知の通りである。
　台湾では「台湾教育令」（大正8年）が施行されて間もなく、10月に原内閣の意を受けた田健次郎が台湾総督として赴任し、12月に「内訓」を出しているのである。
　一方で、朝鮮でも、田総督と前後して9月に同じく原内閣の意をうけた斉藤実が朝鮮総督に就任し、翌大正9年には普通学校の就学年齢を4年から6年とし、さらに「台湾教育令」の範となった「朝鮮教育令」の改正に着手、翌大正10年には改正案をつくっている。
　そして、大正11年に台湾と朝鮮でほぼ同一の「改正教育令」が出され、それが内地延長主義によっていることは周知の通りである。
　「内台共学」が、学制を別にして人数を限って共学を認めるのか、学制を一つにして共学する人数を限るのかでは、学制の原則を異にする。前者が大正8年6月まで台湾総督府学務部長であった隈本繁吉の立場（寺内正毅総督の強い思い入れで出された「朝鮮教育令」（明治44年）の叩き台をつくったのも隈本）であり、同年12月にだされた「内訓」も同じである。従って、「朝鮮教育令」、「台湾教育令」、「内訓」まで原則は別学であった。
　後者が、大正11年の台湾、朝鮮における「改正教育令」である。この原則の変更は、原（内閣総理）－田（台湾総督）－斉藤（朝鮮総督）のラインによってのみ実現したのである。
　「台湾教育令」は、最初に述べたが、本島人の共学要求に応えることが課題ではなく、本島人の要求で大正4年に設立をみた台中中学校の閉

鎖、公学校の就学期間の引き下げ（6年から4年）などといった「朝鮮教育令」並みを求めた寺内内閣に対して、台湾における既往の制度を基礎とするよう要求することが課題であった。

「台湾教育令」公布後に赴任した田総督は、直ぐに同令の下に共学の試みを実行することにし「内訓」を出したのである。

この本島人の「共学」要求であるが、それは「本島人の中に芽生えた、より良い教育を受けることへの切望」というのは、あまり正確な評価ではないように思われる。このことは、朝鮮では、「朝鮮人」は「共学」を同化政策とし、希望していなかったことをみれば明らかである。

台湾で「共学」要求が表面化する明治44年には、公学校の就学率は6％である。つまり「共学」要求は一部の上層階級のものである。日本による台湾統治の開始から15年を経て日本の支配が動かしがたい現実となりつつあった時、台湾の「土着地主資産階級」といわれる旧支配階級が変形して形成された上層階級が、日本の支配システムの中で家産を守り、自らの次世代の者を日本人支配の社会で日本人に伍して生きていかせるには、日本の教育を受け入れ日本語や近代的学問を身につけさせるしかなかったが、その際、子弟の教育が日本の教育制度と接続することが必要であり、その意味で「台湾教育令」は話にならないものだったのである。

別学が差別なのではなく、程度を低くし、日本人の教育とリンクしていないことが差別なのである。だから自ら内地の学校教育の中に子弟を入れようとしたのである。

私立学校も多く、「併合」から日が浅く、あまつさえ3・1独立運動の余韻が残る朝鮮で「共学」が拒絶されたのは当然であったが、一方、台湾では「共学」は自らの経済的利権を守ろうとすることであり、それは同化という理念の問題でもなく、政策に対する現実的な対応であった。

こうしてみれば、台湾において「共学」は完成したのかどうか、問うてみると、部分的には実現したが完成しなかったということになろう。では、実現したのはいつか、筆者の論述からは「内訓」のように受け止めてよかろう。それでは、「改正教育令」はどう位置づくのだろうか。

「内訓」は小学校も中等学校も共学は例外、「改正教育令」は小学校は例外で、中等学校以上は共学である。同一なのは小学校は例外、違うの

は中等学校以上での共学である。だとすれば、実現した内容からすれば「改正教育令」の方が進んでいるではないだろうか。

　繰り返しになるが、「内訓」と「改正教育令」は、原則が違うのに連続面だけ見ておられるから、両者の関係がよくわからないのではないだろうか。

　原則の上で違っても、確かに初等教育での共学が限定づきであったことは同じである。では、初等教育も中等学校と同じく、形式的には共学であれば共学は完成であったのか、そうではないように思うがどうだろうか。

　触れられていないが、「改正教育令」以後は、初等教育における「共学」要求はみられなくなる。かわって、本島人初等教育学校での低学年における教授用語を「台湾語」とする要求がされるようになる。この教授用語という因子も植民地における教育の考察には必要であるから、問題は本論のように単純ではないことと、冒頭に私が提起したように、著者の論述が、植民者（即ち日本人）の側からなのか、被植民者（即ち台湾人）の側からなのかが、はっきりしてないように思われた。どちらの視線から見るかは客観的な史実の実証や論述が出来ないこととは無縁だと思う。

　「改正教育令」の論述について、少し長くなるが必要なのでその論述部分を引用すると、「（中等教育以上の内台共学は認められたのである）しかし、初等教育における内台共学は、同改正によって、以下のように規定された。
　　第二条　国語ヲ常用スル者ノ初等普通教育ハ小学校令ニ依ル
　　第三条　国語ヲ常用セサル者ニ初等普通教育ヲ為ス学校ハ公学校トス
　すなわち、「国語」の能力によっては、本島人でありながら、教育を受ける機関を「変えられる」ということである。これは、民族間の境界を「国語」能力による境界に読みかえようとしたものであるが、むしろ、民族の境界は残したまま、「国語」の地位を上昇させたといえる」

　まず、第二条と第三条をどのように読んだら、内台共学の規定と読めるのだろうか。これは、台湾における初等教育（即ち、小学校と公学校）のことを規定しているだけである。本島人でも「国語ヲ常用スル者、であれば」小学校へ入れるという意味に読み込まれてのことであろうが、

重要な文言の引用とそれについての論述には慎重さがあった方がいいのではないかと思われる。

これは、大正11年1月25日に開催された枢密院審査委員会本会議での浜尾新委員長の報告に「二原案（台湾、朝鮮両教育令の原案－引用者）トモ、内地人及朝鮮人又ハ台湾人ノ呼称ヲ以テ両者ヲ殊別シテ、学校ノ系統ヲ規定シタルハ必スシモ適当ナラス。蓋シ民族ノ種別ニ依リ待遇ヲ異ニスルカ如キ条項ハ一視同仁ノ趣旨ニ合スルモノニ非ス。是レ修正案ニ於テ『内地人』ニ代フルニ『国語ヲ常用スル者』ヲ以テシ、『朝鮮人』又ハ『台湾人』ニ代フルニ『国語ヲ常用セサル者』ヲ以テスル所以ナリ」とある通りである。

勿論、この条項は、著者が読み込まれたように初等教育における条件つき共学と関わっている。

次の条項である。

第二十一条　特別ノ事情アル場合ニに於テハ、台湾総督ノ定ムル所ニ依リ国語ヲ常用スル者ハ公学校ニ、国語ヲ常用セサル者ハ小学校ニ入学スルコトヲ得

この条項をなぜ挙げられなかったのかはわからないが、「国語ヲ常用スル者」を「内地人」、「国語ヲ常用セサル者」を「本島人」と読まないで意味が通じるであろうか。著者のように「国語ヲ常用スル者であれば」と読み込んだら、第二十一条は意味不明になる。

(2)

本論の一（内台共学への過程）にも若干のコメントを付け加えておく。

「「内台共学」が黙認されなくなった明治39年（7月に出された内訓）以後」という記述についてだが、黙認というのは、制度があって現場も知っていて違反を行うことであり、役所も違反を知っていて見逃していることである。後述するが、明治36年の事件は黙認ではないように思われる。

さらに、「明治後期から大正期にかけて、本島人が自身の生活の近代化のひとつの手段として公学校をとらえはじめ入学希望者が増えていった」とあるが、近代化の手段のひとつとして、というのは理念的に過ぎないかと思われる。

初等教育において就学する児童は勿論、親の就学させる動機は「近代

化の手段」などではない。この時期以後の経済発展で、日本人支配社会で与えられる働き口を日本語や日本語で教えられる知識が広げたからである。

　先の、明治36年の本島人児童の小学校在学発覚事件について校長の手続き書などにより詳しく調べられていることや、15年後の大正7年に2人の本島人児童が小学校入学を志願した記録を見つけ、検討されておられることは、本論が最初であり、私自身にとっても考察を深める上で役立つものであった。ただ、前者を共学黙認を求めたもの、というのは当たらない。後者を特例として求めたというのは、内訓があってのことだからそういえるであろう。

　明治37年以降、大正7年までの間に黙認を求めた例があったかどうかは定かではない。明治44年に朝鮮から赴任してきた隈本が黙認してはどうかと考えていたこと、しかし、学務部では通らなかったことは周知の通りであるが。

　なお、「高い教育を受けさせたいと願う場合、内地留学か内台共学黙認を求めるか」という記述についてであるが、小学校への共学は、中学校への共学要求とセットである。小学校だけでは意味がない、つまり高い教育というのは、日本人の学歴にリンクする中、高等教育を受けさせるということである。明らかにされているように、小学校に共学させる児童が、内地人児童の学力を上回ることのない児童だけ（学力より品性）であったとすれば、ますます、小学校で共学する意味は下がってくる。

　「共学の実現」がいつかは、「内訓」とされているようだと既述したが、やはりあまり明確でないように思われるのは、「改正教育令」について、「内台共学の実現は、表面上は"教育の平等"を装いつつ、その実は帝国の覇権の範囲に住まう人々の「国語」による集約をより激化させた」とされているからである。

　教育の平等という表現には確かに"　"が付されているが、では教育の平等とはなにかということは、教育学でそれほど自明の概念ではないことを考えればもっと的確に内容を表す方が良いのではないかと思われる。

　「国語」による集約をより激化させた、とあることも、「共学」でなくても、高等教育での教育言語は国家語としての地位を持っている。そこ

を目指す者にとっては、優秀な国語（国家語）力は必須であるが、大部分の本島人はそこを目指して国語に集約されていくわけではない。激化させたというなら実証が必要だと思われる。

(3)
　序の2点目の説明は、本論の二（「在台内地人」教育者の見解）で具体的に展開されているので、本論の方をコメントする。
　内地人教育の側面から共学をみる必要について、在台内地人教育が抱えてきた大きな問題である児童の「土化」という問題を考えると、少数とはいえ共学によって本島人児童が入ってくることを（「土化」がすすむ）、教育関係者は歓迎しなかったのではないか、雑誌記事から拾い上げたい、とする。
　この「土化」問題は、本論に先立つ問題意識として著者自身が前著で論じているものなので、目を通した。
　「土化」とかかわらせたこれらの点については、教育関係者（というより小学校現場の教師）で、「土化」が問題にならなかったのは、少数だからで、問題を先送りしたのだ、というのが結論である。
　数の問題だというのは一面でその通りである。極々少数だが、公学校へ入っている日本人児童もいたが、あくまで「土化」は個人的問題であったろう。しかし、一方でそれらの児童は「土化」したのか、と問えば「土化」という概念はそれほど自明のものではないように思う。先送りと言われれば、それもそうだが、小学校への共学児童は統治の最後まで少数であったのであり、先送りのまま統治は終わったということになろう。

　本論文については、コメントは以上の通りであるが、いずれの論文も（勿論、本論文も）史資料が先行研究ではとりあげようのなかったものであり、又、研究姿勢として実証を示されることからくる安心感、台湾総督府文書を中心とする歴史研究における史資料の重みをあらためて感じさせられる一書である。

(創泉堂出版、2011年)

三ツ井崇著
『朝鮮植民地支配と言語』

井上 薫*

　この書は「植民地期朝鮮における言語支配」を「おもに朝鮮語『近代化』＝規範化をめぐる動きに注目」して論じたもので（15；括弧内の数字は本文引用の頁数。以下同じ）、章構成は以下のとおりである。
　序章　研究史と争点／第一章　教育政策からみた「朝鮮語問題」の位相／第二章　近代朝鮮における文字への価値づけとその文脈／第三章　支持されぬ言語規範──「普通学校用諺文綴字法」（1912年）と「普通学校用諺文綴字法大要」（1921年）／第四章　「学務局にて頭痛中」──「諺文綴字法」（1930年）／第五章　朝鮮語規範化運動の成功と挫折──朝鮮語学会を中心として／第六章　「ハングル」に敗れた朝鮮語綴字法──朴勝彬と朝鮮語学研究会をめぐる二、三のこと／第七章　植民地期朝鮮における朝鮮語規範化運動と「伝統」──「訓民正音」・植民地権力、そして「言語運動史」／終章　結論と展望──「言語問題」の歴史化へ向けて
　著者である三ツ井崇氏が卒論時より課題としてきた、「教育史研究で言われるような『日本語強制・朝鮮語抹殺』という図式がある一方、国語学史や文化運動史にみられるような朝鮮の言語運動の存在をどういう関係性でとらえればよいのか」（375）という初発の問題意識を、まず「植民地期朝鮮における言語支配」における「施恵論」への批判から切り込む。過去に施恵論批判の歴史研究があっても、今もなお形を変えて繰り返される「朝鮮語／ハングルを整理し、普及してやった」という「施恵論的『近代化』評価」（3）に対しては、日本語普及政策・朝鮮語「抹殺」論ではなく、「朝鮮語に対してとってきた政策」（4）からの反証でない

＊釧路短期大学

と十分ではないとし、序章、第一章、第二章で先行研究の成果を整理しながら、「朝鮮語『抹殺』論の限界」の「克服」（23）のために必要・有効でかつ具体的な方法を、丹念に検討した論考となっている。

なぜ、朝鮮語規範化問題を主たる検討対象としたかについては、序章第四節「朝鮮語規範化問題——本書の主題」で次のように述べている。言語支配に関する「総督府側の政策」は、一貫性がなく、「支配体制や社会状況の変化に呼応する形で展開されたもの」であって、「その動態性こそ植民地朝鮮における言語支配のあり方の特徴の一端」ととらえた（40）。したがって、事実関係が未解明で、かつ「動態性」がよく現われていた「植民地下における朝鮮語規範化をめぐる支配者側と被支配者側との緊張関係」の「解明」に重点を置いた（40-41）、と。

第三章、第四章で中心的にとりあげられた、朝鮮総督府による一連の「諺文綴字法」は、1912年から1930年の間、3回にわたって、主に朝鮮人の児童・生徒に対する総督府発行の朝鮮語教科書で標準とすべき綴字法である。著者は、これらをどのように定めたのかという朝鮮語規範化（近代化）の細部に及ぶ検討により論説する。しかし、単なる「綴字法」研究にとどまらず、幅の広い「言語支配」の「歴史」研究となっているのは、上記の序章から始まる3つの章で行ってきた、言語の「近代化」、「施恵論」へ対する「日本語強制論」「朝鮮語『抹殺』論」の限界、「植民地近代」論、「帝国史」研究など、関連するそれぞれの観点から厳密に検討して成果と課題を浮き彫りにし、自らの研究課題と学問的論点との関係を明確に定め、研究史に位置づけたためである。

第五章、第六章は、第三・四章で総督府（＝支配者）側の論理を中心に「諺文綴字法」を検討してきたのとは別に、朝鮮人側の「言語運動」という文脈からこれをとらえ直している。第五章では、1930年の第三回綴字法で内容的に大きな影響を与えた朝鮮語学会（朝鮮語研究会を改称）独自の朝鮮語規範化運動をとおして総督府「諺文綴字法」への関与の意味を考察し、第六章では、朝鮮語学会とは対立しながら、朝鮮語学会とはまた異なる流れで朝鮮語学研究会という言語運動が存在したことの事実とその意味を考察している。第七章では、これら朝鮮人の言語運動の間で争点となった「伝統」の捉えられ方、伝統の「発見」のされ方＝新たな価値づけと、この対立の決着の影響が植民地解放後の大韓民国

における今日的な「言語運動」の歴史的解釈を規定・限定してしまっていることを論じている。

以下では、紙幅の関係で、主な論点からいくつかを紹介したい。

「まえがき」で、著者は、植民地期朝鮮における「言語支配の問題」を「日本の支配政策が（朝鮮人にとっての）朝鮮語の世界におよぼしてきた制約」と捉え、「朝鮮語規範化をめぐる事実の背景と展開過程を確認し、そこに介在するさまざまな主体の意識を明らかにすること」を「目的」としている（6）。

朝鮮総督府による朝鮮語綴字法の制定と改訂は、朝鮮語に対する「規範化」を意味し、「帝国支配の言語管理」（5）ではあるが「すべての時期において常に万能であったとは言い難い」（5）として、「朝鮮語『抹殺』」が当初から貫徹されたとか、朝鮮人の言語運動は支配権力に「協調」するしかなかったという両論を「植民地支配万能論に陥っている」（4）と批判した。このうち、"支配権力に「協調」"したと捉えた研究は、「植民地近代論」にもかかわる。「植民地近代論」は、「植民地下における『近代主体』の行動を媒介に、支配権力と被支配者のかかわり方を、その局面ごとに理解しながら、植民地支配の性格をとらえようとする議論」（30）であり、その部分では重要だが、一方で「民族主義批判と通底」する（31）。この流れで近年の韓国では、「朝鮮語学会のハングル運動は朝鮮語教育と関連して、ただ教科書の綴字法問題にのみ関心を傾け、教育用語の問題や朝鮮語教育の存廃を決定づける内鮮共学の実施のような植民地教育政策に関しては、口をつぐんだ」（33）という研究も出た。このように「綴字法問題」が「『植民地的言語状況の本質的局面を問題としない』『瑣末な』運動」だという扱い（34）の中で、著者は、果たして「瑣末」だったのか、「言語運動の担い手たちはなぜかくまでに運動を熱心に展開したのか」を問う（34）。

以上のような研究界の課題を踏まえて、冒頭に示した序章第四節での主題の設定がなされたのである。

第一章では、施恵論や「嫌韓」言論でとりあげられる日本（総督府）による「朝鮮語」の「体系化」「普及」としてあらわされるものは、「日本語普及政策中心の言語政策論に対する揺り戻し」であって、「日本の対朝鮮言語政策に対する統合イメージが不在」のために起きているとす

る (47)。そこで、「韓国併合」以前から行われてきた日本語教育・日本語普及政策の論理と展開を概観しながらも、「根強く存在する朝鮮語の世界に、当局側は戦時期にいたってさえ対応せざるをえなかった」(56) 側面を強調し、それゆえ「朝鮮語の政策的利用という問題」が「日本の植民地言語政策の性格を考える際」に「前景化してくる」(56) と位置付けた。この関係で着目したのが、「少なくとも 1938 年以前までは『朝鮮語(及漢文)』は必修科目として存在していた」ことの「意味を問う」ことであった (60)。

「国語」(=日本語) より相当時間数が少なくなったとは言え、「併合」後も総督府の推進する教科目の中に『朝鮮語(及漢文)』を残した関係で、教科書で使用する朝鮮語表記・綴字法の整理・統一を総督府が抱えることになった。「朝鮮語綴字法の整理という課題」は、「併合」以前には、朝鮮人の「言語／文字ナショナリズム」の文脈で存在していたが、これとは「まったく異なる意図において、朝鮮総督府による朝鮮語教育政策の場へと継承」されたのだった (65)。

この綴字法は、「普通学校用諺文綴字法」(1912 年)、「普通学校用諺文綴字法大要」(1921 年)、「諺文綴字法」(1930 年) として「一連の朝鮮語表記法の制定／改正作業」という形をとり、「各回綴字法の性格は、意図・通用範囲・社会的位置づけの変化にともなって、変容」した (65)。とりわけ、三・一独立運動以後、総督府が集会・言論の自由を一定認めた関係で、1921 年の綴字法以降は、朝鮮語マスメディアの普及、「朝鮮人研究者の朝鮮語研究」の高まりなど、朝鮮人側の「社会的動向との間で相互規定関係をみせる」ようになり (65-66)、相互関連が複雑になる。綴字法の主導権は総督府が握りながらも、これら社会背景の変化との関係で総督府の思惑ばかりが通ったわけではなかった。このように変わる「朝鮮語問題」の「位相」を著者は各章で丹念に示している。そのいくつもの要素の関係性をここで端的に表すのは難しいが、これらを著者が「植民地下朝鮮における朝鮮語規範化の流れと構造(綴字法問題を中心に)」という図 (67) で概要を示しており、読者の理解の助けとなっている。

また、第三章からの総督府綴字法をめぐる議論の前提となる「近代朝鮮における文字への価値づけとその文脈」(第二章) についても、朝鮮

の知識人のなかで朝鮮語、特に書きことばとしてのハングルの統一という課題がどのような位置を占めていたのかを、他章で論点となる関係状況とあわせて詳細に検討する。

　具体的には、朝鮮の知識人たちは「言文一致に早くから取り組んだ西欧諸国」(79) やこれに遅れながら取り組み始めた日本の動向から危機意識を抱いて「文明論的言文一致観」(80) を受容したこと。甲午改革以降、「国文」(＝ハングル) を公文書に取り入れるようになったが、純粋な国文ではなく、実質は国漢文であったこと。これには「『国文』のみでの表記」とするには「あまりにも規範が未整備」だった事情もあること (83)。他方、朝鮮語は、支配者にとっても必要であったこと。「官報の「朝鮮語訳」や『毎日申報』」における「利用」(第三章)、「日本人官吏に朝鮮語学習が奨励され」(第一章) るなど、「ハングルは統治者側の意思を伝える」意味で「利用価値」があったこと (85)。

　文字の整理と識字は直結するが、朝鮮の場合、「読み書き能力」が国勢調査で「朝鮮の特殊調査事項」として加えられたこと (100)。「国語」(＝日本語) とあわせて示された諺文 (＝朝鮮語) の「識字率の低さ」は、「民族の教養程度の『低さ』を表象」してしまった結果、「支配者側にとっては統治の評価に関わる問題」として、「朝鮮知識人たちにとっては、否定的なもの」として捉えられ、「ともに識字化を推進する圧力として機能した」(101) こと。

　また、朝鮮知識人にとって、「言語運動」は「朝鮮民族の『再興』『更生』のための運動」であったこと (85)。したがって、一定の「近代」的合理性をハングル表記にも適用しようとした知識人層 (「近代朝鮮国語学の祖」(272) である周時経の学説を主張する朝鮮語研究会1921年12月→朝鮮語学会1931年1月；機関誌『한글 (ハングル)』、第五章参照) が、言論・集会の自由を限定的に得た三・一独立運動以後に、研究会を立ち上げたこと。これは第一回の綴字法決定 (1912年)、第二回の改訂 (1921年3月) があっても、「普通学校で新綴字法を学習しても卒業後は役に立たない」(140)、社会的には通用しない綴字法であったことを批判するものでもあったこと。特にこの批判は学校教育現場で強かったこと。朝鮮語研究会は、研究活動や顕彰活動を積み重ね、他方では会員の私立中等学校教員の活動で支持を広げていくこと。総督府もその影響

を相当程度意識せざるを得ず、第三回の綴字法（1930年）では、第一、二回の綴字法の内容を大きく修正していったこと。朝鮮語研究会としては一定の成果ではあるが、総督府との「協調」という側面もあり、先述のように昨今では評価が大きく分かれていること。しかし、他方で、生活改善運動を基盤としながら、『訓民正音』の「歴史性」を重視する表記法を「伝統」として守ろうとする「正音」派という勢力（漢陽倶楽部1918年→啓明倶楽部1921年5月→朝鮮語学研究会1931年12月；機関誌『正音』、中心人物は朴勝彬。詳細は第六章）があり、この両者は「訓民正音」の「伝統」の継承に一定の対立を持ったまま推移したこと（第七章）。なお、朝鮮語研究会の発足はこの「正音」派の系統を遡る啓明倶楽部の発足とその活動に触発されていたこと、などである。

　全体を通して特徴的なこととして、総督府の政策と、総督府とはまた異なった言語ナショナリズムを持つ朝鮮人知識人の運動との「相互作用や緊張関係」(355)の「力学」(350)を、運動内部で起きていた「伝統」の継承をめぐっての対立とあわせて丹念におこなった結果、その「動態性」を見事に表したと言えるのではないか。そして、用いられた具体的な史料から確定した史実については、関連する社会背景の検討をとおして、その同時代的な「歴史的文脈」からの意味づけが試みられた。このことは、総督府と朝鮮人知識人の動態性を"朝鮮語綴字法"制定の局面に象徴的に見出すだけではなく、ハングル表記が教育上、社会上持つ意味や、そもそも朝鮮語をどのような文脈で「利用」、「普及」しようとしていたかなど、広範囲に及ぶ。この基本的で、堅実な作業を積み重ねたことにより、力学の範囲は教育史学、言語社会学、歴史学におけるそれぞれの争点を十分に踏まえた上で、さらに大きな「植民地期朝鮮における言語支配」の評価や、歴史認識をめぐる今日的な課題に対しても、大きな成果をもたらした「歴史研究」となっていると言えよう。

（明石書店、2010年）

駒込武・川村肇・奈須恵子編
『戦時下学問の統制と動員―日本諸学振興委員会の研究―』

松浦 勉*

1. 本書は、教育(史)学の世界では戦中の「負の遺産」といわれながら、ほとんど真正面から検討されることのなかった、官製学会の日本諸学振興委員会に関する集団的な労作となる総合的な研究書である。全3部構成の本論と「序」および「結」、図表一覧などからなる770頁余の大部な本書については、すでに本格的な書評がある。佐藤広美と米田俊彦がそれぞれ『教育学研究』第70巻第1号、2012年3月と『日本の教育史学』第55集、2012年10月という二つの学会誌で、各人固有の評価視角から立ち入った全面的な検討を加え、その積極的な意義と問題点＝限界を指摘している。

したがって、評者はここであらためて本書の全面的な検討を行い、屋上屋を重ねるつもりはない。評者が検討を加えるのは、日本諸学振興委員会の全生涯にわたる事業と活動のほぼ全容を解明することをとおして本書が描きだしている、アジア・太平洋戦争に発展・収束する十五年戦争期日本の教育学説の構造とその担い手となった教育学者の位置関係、その教育学研究の性格、それらの段階的な変容などに関する本書の把握と評価についてである。直接的な検討対象とするのは、本書の中軸とされている第Ⅱ部 教学刷新体制下の教育学である。とくに第1章 木村元「一九三〇年代の教育学の場と課題」(木村論考と略記する、以下同様)と第2章 山本敏子「日本諸学振興委員会教育学会と教育学の再編」(山本論考)が主要な対象となる。本書の「序」を執筆担当した駒込武によれば、第Ⅱ部の教育学説分析は、「学問史を構成する複数の次元の相互関係を射程に収めた、新たな手法によるケーススタディとしての意味をもっている」(15頁) という。

＊八戸工業大学教員

この「新たな手法によるケーススタディ」だという本書の学説分析と評価に対して、評者は教育学（説）史研究の視点と教育（学）の戦争責任論の視座から検討を加えたい。ここで評者が教育学（説）史研究の視点と呼ぶのは、佐藤広美『総力戦体制と教育科学』（大月書店、1997年）の驥にならっていえば、「虚心に対象に埋没し、徹底的に歴史に寄り添そう」と同時に、「現代の課題に照らして歴史上の相手を厳しく対象化し批判克服する」「思い上がり」をもつという、歴史研究の当然の方法である。教育の戦争責任の視座については、さしあたり評者稿「一九三〇年代日本の『教育社会史』像（1）」（教育科学研究会誌『教育』2006年1月号、95〜99頁）を参照されたい。

2. では、なぜ改めてこうした評価視角から本書の第Ⅱ部の教育学説分析を俎上に載せようとするのか。本書全体の評価にもかかわる次の二つの理由からである。

一つは消極的な理由である。本書の中心的な位置をしめる第Ⅱ部の教育学説分析は「新たな手法によるケーススタディ」となると自負する駒込は、本書の「序」と「結」の2を執筆している。ところが、駒込の「結」をみると、第Ⅱ部の教育学説分析をふまえた総括がまともに行なわれていないのである。さらに言えば、とくに教育の戦争責任論の視座をとる佐藤広美の諸成果を意識してのことか、駒込は本書全体の「序」において、くりかえし教育（学）の戦争責任に言及し、これまでの戦争責任論の視座のもつ方法的な問題点とこの視角にもとづく成果の不十分さを示唆している（5頁、10頁）。この指摘の当否については、いまは問わないことにしよう。ところが、駒込は「結」の2では、「序」での口吻とは対照的に、とくに第2章の山本論考および自身の担当した第Ⅰ部第三章「国民精神文化研究所と日本諸学振興委員会」や第五章「人文科学の研究動員」の分析をふまえて、日本諸学振興委員会と同教育学会をリードした吉田熊次（東京帝国大学名誉教授）や海後宗臣（同助教授）の戦争責任を追及し、総括するどころか、その加害戦争責任に一言半句の言及さえしていないのである。

もう一つの積極的な理由は、「新たな手法によるケーススタディ」となる第Ⅱ部の成果の内容に直接かかわる問題である。アカデミズムと「在

野」の教育学研究の動向と「政策科学」を標榜した教育科学研究会の研究動向、および日本諸学振興委員会教育学会での「研究」発表と公開講演を中心とする教育学説分析は、本書の基軸的な位置づけを与えられている。加えて、山本論考は、佐藤広美も指摘しているように、吉田熊次と海後宗臣が一貫して日本諸学振興委員会教育学会においてきわめて重要な役割をになった貴重な史実を明らかにしており、その教育学分析には、批判的に検証されるべき問題点ないし論点がいくつも提示されているのである。

しかし、その分析と評価は研究の現状をも反映して、総じていえば、木村元執筆の第一章の教育学説分析に象徴的にあらわれているように、必ずしも研究の新たな地平を切り拓く積極的な成果になっていないのである。これについては、後で立ち入った検討を加えよう。

たしかに山本論考は佐藤広美が全体的に高い評価を与えているだけでなく、米田俊彦が「本書の中でも質量ともに最も重厚な章となっている」とまで評価するような画期的な成果をあげていることは間違いない。しかし、後述するように、木村論考が致命的な限界をもっているだけでなく、この山本論考にも、積極的な意義と同時に限界＝問題点を指摘しなければならないのである。

3．以下、具体的に第Ⅱ部の分析内容を検討してみよう。

便宜的に、まず山本敏子執筆の第二章を検討する。

7回にわたる教育学会の開催状況や各委員の構成、発表者、組織された発表などの推移およびその変遷を検討し教育学の再編過程を追究した山本論考の第1の意義は、なによりも学術行政にも深くコミットしていた吉田熊次とその「弟子」の海後宗臣が、日本諸学振興委員会教育学会の「教学刷新」路線をリードし、当該期の「講壇教育学」をはじめとする教育学の再編に中心的な役割をはたした事実が解明されたことである。山本は同教育学会が回を重ねるなかで「吉田熊次―海後宗臣ライン」が形成されていたことを示唆している（359頁）。

①本書では、吉田熊次を中心とする「大学派」と紀平正美が率いる「精研派」の対立図式で日本諸学振興委員会教育学会の展開とその帰趨をと

らえているが、吉田の教学刷新路線につらなる動きは、日本諸学振興委員会成立以前の段階から胎動していた。それを象徴するのは、この教育学会開催前の1935年1月に伊東延吉主導の文部省思想局がまとめた「教学刷新」路線の基本線となる『思想問題より見たる教育内容改善の根本趣旨』の作成段階で吉田熊次がその原案を作成したと、山本が推測していることである。学問統制の発想と「錬成」概念の登場がその根拠とされる（336頁、340頁）。また、それに先行して実施された『高等専門諸学校生徒の思想傾向に関する調査（極秘）』（1933年実施）では、阿部重孝（東京帝大助教授）と当時国民精神文化研究所（以下、精研）所員の海後宗臣等が調査委員に委嘱されていた（340頁）。海後宗臣は戦後、精研は「つまらない組織だった」と述懐していたというが（685頁）、当の海後が精研の所員としてすでにこうした治安対策としての学問統制にコミットしていたのである。

②また、吉田熊次は、教育学会運営の主導権を掌握すると、研究発表者に対する統制と圧力を強めたことが明らかにされている。1936年11月開催の第1回教育学会では東京帝国大学教育学科の教員をなかば総動員して「精研派」に対峙した吉田は、『日本諸学振興委員会研究報告』第十集に1940年10月開催の第2回教育学会への所感を掲載し、そのなかで、公然とかつて「大正自由教育」を理論的にリードした長田新らの研究報告に批判を加え、「真に『国体・日本精神ノ本義』に徹せる教育原理を確定する研究」への発表内容の方向づけをおこなった。表面上においては「国民的人格とか国家的人格とかが標榜」されてはいるが、じっさいは「依然として個人主義的見地よりの自律的人格とか人間学とかが教育の根本と考えられ、……」と大正自由教育の残滓に批判が加えられたのである（347頁）。第2回教育学会を画期として「精研派」が国民精神研究所と道府県国民精神研究所による教員再教育をにない、教育学会から次第に退場していくと、吉田が学会の主導権を掌握し、教育学会は大日本帝国憲法＝教育勅語体制のもとで体系化された教育学を、「総力戦体制」の段階に即応するものに「合理的に」再編する課題を研究・討議する舞台となったという（350頁）。

③「吉田熊次―海後宗臣ライン」を形成していた海後は1944年に教育学部専門委員に

就任するとともに (315頁)、翌年7月、すなわち日本の敗戦1ヶ月ほど前に開催が予定されていた第7回教育学会の研究発表者に、東京帝大教育学研究室関係者5名とともに名をつらねた (310頁)。この戦中最後となる教育学会は、「時局ノ要請上特ニ少数専門家ニ依ル清深ナル研究討議ヲ主眼」として設定されたものである。

④日本諸学振興委員会の教育学部専門委員になった海後は、かつての吉田熊次と同様に、教育思潮研究会編『修練体制の理論』(1945年5月) において長田新らの錬成論を批判する論陣をはった (361頁)。文部省のエイジェントとして公認された海後らは、その著作を含めて、「大東亜建設」のための「総合国策」の一環としての教育政策の推進に間接的に加担することになったといい、山本はその戦争責任を示唆している (357頁)。すでにこの官製学会の課題が「大東亜共栄圏の建設」のための皇国民「錬成」に奉仕する教育学の構築に帰着する、アジア・太平洋戦争の開戦後の1942年段階になると、委員会は、文部省にとっては、「時局文教国策」を策定・遂行するうえで参考になる基礎資料と、それに協力的なスタンスをとる専門家を供給するシンクタンクとしての役割を果たすようになっていた (354頁)。山本は明示していないが、たとえば教学局編の＜教学叢書＞の第12輯として刊行され、その後日本文化協会誌『日本文化』第87冊として再刊された海後宗臣著『大東亜戦争と教育』は有力な基礎資料となったであろうし、また海後自身文部省に「協力的な」有力な「専門家」であったといえよう。

　山本論考の第2の意義として、国民精神文化研究所の教員研究科研究員の「再教育」にも大きな影響力を及ぼしていた吉田熊次と海後宗臣の両者 (336頁) がそれぞれ構築した教育学の特徴と性格の一端が解明されていることも注目される。とくに、海後宗臣の教育学については、吉田熊次の場合とは異なり、学術的な性格をもつ先行研究としてはまとまったモノグラフィーがほとんどないのが現状であり、その検討は貴重である。

　しかし、ここ数年、この時代の海後教育学を「戦争教育学」として把握し、研究をすすめている評者は、期待をこめて敢えて山本論考について、その海後教育学把握と評価を含めて、問題点＝限界を指摘するこ

とにしたい。

次に、山本論考の問題点を検討する。3点指摘しよう。

第1の問題点は、山本が「小括」の末尾で自身の分析内容と矛盾・対立するような文章を書いて、組織としての日本諸学振興委員会と吉田熊次や海後宗臣を先頭とする教育学（者）の戦争責任の究明と追及を先送りしてしまっている問題である。

上記のように吉田熊次と海後宗臣の、日本諸学振興委員会教育学会を、駒込武のいう「社会的基盤」ないし「磁場」とした「官房学」者としての行動と自らが推進した教学刷新路線に即応して構築した教育学の内実をふまえるならば、かれらの戦争責任は明白ではないのか。たとえば、海後宗臣の教育学をあげれば、かつて先学の佐藤秀夫は、戦中の海後宗臣の近代学校・近代教育批判は特筆すべきものがあったという趣旨のことを主張していたが、山本によれば、海後が「国民教育が近代主義より先に出て問題を解かなければならない事情に立ち至っている」というとき、「大東亜諸地域」での「我が国の教育」の「先達たる地位」と「指導性」が前提とされているため、その教育学説は近代学校システム原理を全生活領域に浸透させるに過ぎず、「教育学に於ける近代主義への批判」にはなっていないのである（353頁）。かれらは「吉田熊次―海後宗臣ライン」を形成して教育学会を主導し、「異端」の排除を前提として「同業者」である他の教育学者を統制し、研究動員する立場を作り上げていた事実を山本は解明したはずである。

山本の文章を引用しよう。

> ……日本諸学振興委員会への参加の事実のみをもって教育学者の戦争責任を問うことはできない。学問に対する統制と動員の嵐が吹き荒れる時代を生き抜いた教育学者のライフ・ヒストリーに分け入って、教育学説内在的な考察を試みていかなければならない（364頁）。

吉田熊次と海後宗臣はもとより、個々の教育学者がどのように山本が言うところの「学問に対する統制と動員の嵐が吹き荒れる時代」を生きたのかということと無関係に、その教育学説や教育理論の「内在的な考察」などできないのは当然である。しかし、かれらの教育学者としての

日本諸学振興委員会への参加はその「ライフ・ヒストリー」の重要な位置をしめていたのではないか。したがって、なによりも、まず彼らが教学刷新路線の追求を不可避とした日本の侵略戦争を軸として旋回・変容するそうした時代と社会にどのように向き合ったのかが問われなければならないのである。教育学者たちはある日突然に、そうした状況に投げ入れられたわけではないのである。よもや、吉田熊次や海後宗臣までが戦争とそのための学問統制の被害者だと考えているわけではないだろうけれども、明示的にその責任を肯定も否定もしないという、なんともすっきりしない小括である。

　第2の問題点は、「大学派」と「精研派」の対立図式で日本諸学振興委員会教育学会の展開とその帰趨をとらえている山本が、日本諸学振興委員会教育学会を舞台とする教育学の統制と動員、再編の実態とその性格を、「官学アカデミズム」の世界の議論のなかでのみ把握・評価している問題である。たとえば吉田熊次―海後宗臣ラインと長田新との確執という対立図式だけで長田の錬成論が積極的に評価されているのはその代表的な事例である（349頁、360頁）。

　こうした山本の分析と評価については、米田俊彦のように「京都帝大関係者の中に、教学刷新を相対化しつつ、批判的視座を失わずに教育の本質論にこだわった人たち」云々といって肯定的に評価する向きもあるが、支持できない。その根拠の第1は、敗戦後の証言や木村元の「成果」に依拠するだけで長田新の錬成論そのものが直接分析されていないこと、第2は、同時代の教育事象や議論のなかにその限界を越える可能性を見出す努力を怠っていることである。

　まず、第2の理由についていえば、山本が、1942年8月開催の第4回教育学会では「……それまで日本国民としては低い地位に置かれてきた『女子』や『被差別部落民』をも視野に入れ、皇国民『錬成』の問題が論じられた。」（356頁）と指摘している被差別部落問題との関連でこの問題を考えてみよう。この教育学会で京都崇仁国民学校校長の伊東茂光が行った報告「同和問題と教育」に対して、第1回教育学会当初から「日本教育学」の建設にとりくんだという、同学会の臨時委員も務めていた（317頁）入沢宗寿（東京帝大教授）は「学会所感」のなかで以下のような発言を行い、伊東校長を激怒させるという一幕があった。「こ

れを単に教育問題と考えるよりも、多く社会問題として考え且つ策することの方が一層効を大にするものでなかろうか、……恰も浮浪児問題の如く……」(『日本諸学』第二号、1942 年)。このような教育と教育行政の責任を不問にする部落差別認識は、当時の「講壇教育学」者一般はもとより、長田新自身が 1920 年代半ばに獲得・提示していた部落問題認識とそれほど大きなへだたりがないのである(安川寿之輔編『日本近代教育と差別』明石書店、1998 年、第 2 章第 1 節、参照)。

同時代の歴史のなかに官学アカデミズムの限界をのりこえる可能性を追求しようとしない山本の方法的視点の問題は、前述の思想局文書『教育内容改善の根本趣旨』における吉田熊次の「近代教育批判」への高い評価にもあらわれている (342 ～ 343 頁)。評者はこれに対しては、京都市田中部落の養正少年団のリーダーとなった人見亨の、部落差別を存続させている天皇制教育に対する批判とその「徹底的融和教育構想」を対置してみたい (この点については、安川寿之輔編『日本近代教育と差別』明石書店、1998 年、(355 ～ 359 ページ、670 ～ 672 ページ参照)。

第 1 の理由とのかかわりでいえば、こうした部落差別認識の存在は、長田新の錬成論そのもののとらえ直しを迫るものといえよう。じっさい、この時代の長田新は、1941 年 4 月の「国民学校」の発足を、学問と人類文化の「人間学的な教育学」の「国家学的な教育学」への「必然的な」転回の帰結と把握するまでに思想的な変質と後退をとげ、後述する宮原誠一と同様に、錬成の範例を＜天皇の軍隊＞にもとめていた。長田によれば、錬成のもっとも徹底している軍隊教育が「真に生命力ある錬成」となっているのは、なによりも兵士が「醜の御楯として身命を捧げて日々の訓練を行ふ」からなのであった。詳しくは、評者稿「アジア太平洋戦争と日本の教育学―教育科学研究会・宮原誠一の『錬成』論の思想と構造―」(松浦勉・渡辺かよ子編『差別と戦争』明石書店、1999 年) 374 ～ 375 頁にゆずるが、中国戦線で諜報活動と治安工作に従事した土肥原賢二 (陸軍中将) の君民「一体主義」に同調する長田は、暴力的な体罰をともなう錬成には反対しても、「新秩序」建設の「歴史的使命」を担いうる「大国民」の形成をその最高目的とする「人間性の全体的錬成」をこれに対置し、子どもや青年を天皇の「醜の御楯となって命を捨てる……不惜身命の境地」にたたせる錬成を構想・実践していたのであ

る。

　第3の問題点は、＜陶冶＞と＜教化＞、＜形成＞という海後宗臣の「教育の基本構造論」をめぐる問題把握である。山本は、註（57）で戦後『教育編成論』（1948年）や『教育原理』（1950年）で展開された海後の「教育の基本構造論」は、総力戦体制下に錬成論・修練論、「大東亜建設」への取り組みのなかで形成されたといい、その萌芽が海後『大東亜戦争と教育』（教学局〈教学叢書〉第12輯、1942年）に明瞭に現れている、と指摘している。しかし、萌芽段階から直線的に戦後の基本構造論に発展したわけではないだろう。日本の敗戦とその後の占領統治下の「戦後改革」の進展を契機として、そこには飛躍が必要だったのであって、山本の把握には留保が必要ではないだろうか。

　同様の問題は、宮原誠一の場合も指摘できよう（この点については、評者稿、前掲「アジア太平洋戦争と日本の教育学」、参照）。

　4．次に、木村論考の成果について検討を加えよう。
　木村論考の成果をいまここで詳述・紹介する余裕はないが、木村論考の第1の意義は、日本諸学振興委員会教育学会の展開の前史として、日本の講壇教育学の新たな動向となる、東京と京都の二つの帝国大学と東京と広島の二つの文理科大学における教育学研究の組織化の動きと、学校教育を中心とする従来の教育の枠組みや概念を問い直し、再編成しようとする動向とともに、「アカデミズムと教育現場が連携」した教育科学研究会の運動に検討を加え、その歴史過程の概観とそれぞれの特質、「教育学を制作（ポイエシス）」としてとらえようとする共通の特徴を解明するなど、一定の成果をあげていることである。とくに、後者のテーマは、自身がこれまで進めてきた研究の延長に位置づくものであろう。
　木村論考の第2の意義は、日本諸学振興委員会教育学会の開催とそれによる研究の統制と動員の社会的条件の歴史的形成の事実と論理の一端を明らかにしたことである。1930年代を「講壇教育学の転換期」（280頁）ととらえる木村の研究の問題意識として、日本諸学振興委員会教育学会とのかかわりでみると、教育学はすでに「教育学研究というアカデミックな学問の性格と教員養成の学としての独特な位置関係」を構築しており、そのため「教育学という学問は『教学刷新』を進めるにあたって学

問統制と教育統制の接点に位置づいていた」（251頁）という把握と認識がある。これはそれ自体としては、教育学会開催をとおしての「教学刷新」路線の追求を支えた社会的条件として積極的な分析といえよう。

しかし、評者はこの木村論考をくりかえし通読してみて、成果の意義以上にその大きな問題点を実感させられた。なぜか。

第1に、なによりも気になったのは研究の基本的な姿勢にかかわる問題である。具体的に指摘すると、とくに木村が1937年設立の教育科学研究会と「政策科学としての教育学」を追求するこの運動団体に参加した阿部重孝や城戸幡太郎、宗像誠也、宮原誠一などの教育学研究に関する先行研究に批判的な検討を加え、論点の整理を行ったうえで、自己の固有の方法で課題にアプローチするという研究の基本線を大きく逸脱しているうえに、先行研究そのものを無視しているとしか言いようがない知的な不誠実さをしめしているからである。この点については、詳述することはできないが、本書全体の課題と方法について論じた駒込武の「序」にもある意味で言えることであろう。木村のこうした研究姿勢の極みが、註（113）における、主著『総力戦体制と教育科学』（1997年）をもつ佐藤広美の成果に対する「ためにする」批判である（後述）。

教科研研究の先行研究の代表としては、方法論と評価を異にする上記の佐藤広美の著作と中内敏夫編『教育科学の誕生』（大月書店、1997年）があるし、阿部重孝の教育学研究の成果は枚挙にいとまがない。評者稿「総力戦体制と日本の教育学─阿部重孝の学制改革・教育改革構想とその特質─」（『八戸工業大学紀要』第24号、2005年2月）もある。城戸以下の教科研にかかわった教育学者の教育学（説）研究の成果も決して少なくない。ところが、たとえば吉田熊次や小西重直の先行研究は明示されているのに、教科研関係の上記の阿部重孝以下の教育学者に関する先行研究は一切註記さえされていないのである。

第2は、教育科学運動の理論的達成に関する分析内容の二元論的な把握と評価の問題である。ここでは宮原誠一の教育学説研究を事例にして、問題を検討してみたい。

先行研究となる評者稿、前掲「アジア太平洋戦争と日本の教育学」も註記されていないが、「政策科学としての教育学を……教育本質論レベルで位置づけた」（277頁）とする宮原誠一の学説分析（276頁の6行

と277〜277頁の14行）だけは、ひとまず評者の批判（後述）に対する応答と受けとめたい。特徴的なのは、木村の分析が、中内敏夫編、前掲書の把握と評価と異なり、佐藤広美や評者のそれと表面上は近似するものとなっていることである。宮原や宗像誠也らが「主導的な言説」をつくった「政策学としての教育科学」は「文部省批判を介して総合国策のなかで教育を積極的に位置づけようとする」もので、それは内閣審議会・内閣調査局の審議にはじまる「高度国防国家建設をすすめる大きな流れ」のなかにあって、大東亜建設審議会を舞台として展開される、「国政全般の要請に対応した教育計画」の樹立と「総合国策計画」の一環としての教育改革の構想につらなる運動の「展望」をもっていたというのである（276〜277頁）。ただし、これらの審議会でも、軍事と外交が審議の対象からはずされたのであり、その意味でその役割は限定的なものであったから、「国政全般の要請に対応……」とはいえない。

　しかし、似ているのはここまでである。木村の具体的な宮原教育学分析を見てみよう。木村の分析の第1の問題は、宮原の「政策科学としての教育学」は「教育本質論」レベルから構築されたものだという木村が、宮原は「教育を総合国策のなかで位置づけつつも、教育政策の独自な役割を強調し、社会問題としての貧民救済や労働者問題と区別する意味で文化政策論を展開」（277〜278頁）したと主張する、ある種の二元論的な把握である。不義・不当の侵略戦争の完遂を至上目的とする「総合国策」の一環となる、宮原の考える教育政策の独自な役割とは、こうした本来の「総合国策」とは基本目的を異にする無関係なものなのか、あるいはそれから相対的に自立したものなのかどうかは説明されていない。木村は、鈴木聡の、宮原「再分肢としての教育」論研究の成果を援用して、宮原の教育の計画化は「政治、経済という社会の他の根源的な職能の計画化に依存するものとして押さえられ、計画的な人間形成の側面が押し出された教育は常に総合国策の下に位置づけられている」とさえいうのである。

　しかし、素朴に考えてみると、現実の「総合国策」を主導したのは、宮原の文化政策論を含めて、鈴木聡のいう「人間の社会的形成を統御する社会過程の構造的性格」をもつ教育の計画性などではなく、よく知られている「人的資源論」にもとづく教育計画ではないだろうか。

評者は、前掲「アジア太平洋戦争と日本の教育学」で、すでに戦中の宮原誠一の主著『文化政策論稿』(1943年)を全面的に検討し、宮原の「文化政策」概念そのものを以下のように把握した（366頁）。

　　　　　　　　　　　　　「　」内の引用は宮原の文章である。

　文化政策を「現代における国家総力戦下の政治に関連する歴史的な範疇」と把握する宮原は時代の寵児のひとりとして、「文化政策の国家総力戦的本義」の視点から、それを「国民の精神と生活とを国家目的にむかって動員し訓練することについての政策」と規定し、その第一義的な課題は、「国民に対する最も動的な、最も政治的な教育」、すなわち皇国民の錬成である、と説いている。……そして、宮原は、この政治的な教育＝錬成を国家内部の「再分肢的職能」とみなし、国家は、その基本的職能として「教育錬成の前面に政治性を浸透」させなければならないと主張した。

　木村は「宮原の教育政策論は……文化政策に教育統制の理念を組み込んで議論を展開させた」（278頁）と把握しているが、もともと宮原の文化政策概念には、上記のように国民統制と錬成、動員という政治性が付与されていたのである。こうした文化政策論に結実する宮原の「政策科学としての教育学」にかかわる議論が教育の本質論レベルから展開されたものなのか、大いに疑問がのこるゆえんである。なお、木村が、宮原が国策研究会の「大東亜問題調査会」に参加し、「大東亜共栄圏建設と国内教育対策」試案を立案・提出した事実をも、「新しい現実への教育学本質論に立ったもの」と把握していることも、同断である（評者稿、前掲「アジア太平洋戦争と日本の教育学」、365～366頁、参照）。

　もう一つの問題は、木村が、宮原が「教育概念の根本的展開」を示す事例としてあげている「産業そのものの教育化」と「教育そのものの生産化」の主張の具体的な中身とその評価にかかわる問題である。

　評者はかつて木村編『人口と教育の動態史』（多賀出版、2005年）における木村の宮原誠一の錬成論把握と評価を、以下のように批判したことがある［評者稿「一九三〇年代日本の『教育社会史』像（2）」（教科

研誌『教育』2006年2月号）109～110頁、評者稿「被差別部落と日本近代教育」（『八戸工業大学異分野融合科学研究所紀要』第4巻、2006年2月、116～117頁の註（65）も参照］。

　錬成論の一環として職場での「職域奉公」のあり方を理論化したにすぎない宮原誠一の「職場の教育化」論について、木村のように、「〈学校―職業社会〉を背景に社会問題化していた勤労青年問題を正面から扱う……教育体系」……云々などといって、何の論証もなく、肯定的な評価を与えることはできないのである。……桐原葆見の「発達論」分析と評価の場合も、同様の問題点を指摘することができる。

　291頁の註（113）を見ると、木村は宮原の「職場の教育化」論の評価を変えていないのである。むしろ、自己の従来の評価を「実証」するつもりで宮原の教育学説分析を試みているのである。木村の再論をみてみよう。

　　宮原の議論は重工業化する社会の実際の勤労青年が置かれた状況を見据えたものであり、また「大東亜問題」への対応という新しい現実への教育学本質論にたったものであった。……宮原の教育学は戦時下の社会状況とそこでの教育が提起する問題を正面から引き受ける中で展開したものである（291頁）。

　なにが問題なのか。敷衍していえば、木村は宮原の「職場の教育化」論は、戦局の悪化で学生や生徒、労働大衆青年が勤労動員や軍需生産に徴用されている現実が提起する教育課題に応えた教育理論だと主張しているのである。これに対して、評者は軍隊教育で総仕上げされる当該期日本の大衆教育体系にあっては、初等教育を基底とする〈学校と職業社会〉の連絡関係だけでなく、〈学校―兵営―戦線〉というもう一つの接続関係を分析軸にすえなければ、勤労青年の置かれた酷薄な状況をとらえたことにならないだけでなく、宮原の〈天皇の軍隊〉とその教育に関する認識とかかわる分析軸を棚上げにすることになると批判を加えた。木村は本書での分析においても、評者の批判に対する反証をまったくな

し得ておらず、ただ宮原の課題意識だと木村が一方的に読み込んでいる議論を再論しているだけなのである。

　第3の論点は、戦中の宮原誠一がどのような思想形成をおこなっていたのかという、宮原の人間像にかかわるものである。木村が編み出しているのは、「社会主義」者としての宮原誠一像である。

　上記の引用文に続けて、本来は評者に対して木村は反論しなければならないはずなのに、どういうわけか批判の矛先を佐藤広美にむける。上記の引用文につづく、佐藤の成果に対する木村の批判を見てみよう。「同時に、戦時下という時代状況に対応した側面への評価もこれに重なって存在する」といって、木村はこの点について、佐藤は「宮原の戦時中の行動において戦争協力を見取り厳しく問うている……」と書く。ところが、次に木村が直接宮原の戦争責任を追及する佐藤の把握と評価に、自分のオリジナルな分析と実証で批判を加えるのかと思いきや、学術的な性格の乏しい山田正行の「研究」に依拠して、佐藤の成果を「一面的な理解」ときめつけ、佐藤の「歴史の認識」のあり方に論難を加えているのである。なぜ佐藤の把握と評価が「一面的な理解」で、その歴史認識が問われなければならないのか、なにも正当な根拠はしめされていない。裁断以外のなにものでもないだろう。

　木村は結局、自身の論理と実証で宮原誠一の実像を描き出すことを回避して、当人の戦争責任も今日議論されている大熊信行の把握に乗っかって、宮原を戦争協力による社会主義への道のりを展望した（と大熊が認識する）多数の「社会主義者」の一人に仕立て上げてしまっているのである。当然、ここでもなぜ宮原を社会主義者と評価できるのか、研究の根幹にかかわる論点であるにもかかわらず、その根拠も一切提示されない。しかし、どんな主義・主張をもつ人間であろうとも、大熊の言うように植民地帝国日本の「戦争体制を肯定し、積極的にその前進のための理論活動を企てた」のだとしたならば、当然のこととして戦争責任を問われることになろう。木村は、目的（社会主義）は手段（戦争協力）を正当化することができると考えているのだろうか。

　教育科学研究会の解散後も、宮原は権力ブロックの領袖のひとりとして教育研究同志会を主催した後藤文夫のもとで実務を主導しながら、「大東亜共栄圏建設」という日本の「ファシズム」＝日本資本主義の政策課

題が提起する教育要求を文化政策論として理論化したのである。

　5.　以上、本書第Ⅱ部の木村論考と山本論考を読んで気がついた点に立ち入った検討を加えた。さらに個別に問題にしたい論点もあるが、はたせなかった。他日を期したい。
　なお、本稿では、第Ⅱ部の駒込武の補論「近藤寿治『日本教育学』の成立事情」には、論及することはできなかった。これについては、海後宗臣の中国占領地支配のための教育構想に関する別稿で検討するつもりである。

（東京大学出版会、2011 年）

VI. 図書紹介

松田吉郎著
『台湾原住民の社会的教化事業』

宮崎聖子＊

　台湾にはオーストロネシア語族系の少数先住民が存在している。彼らは日本植民地時代において、「蕃人」「高砂族」と呼ばれた。「原住民」とは、台湾の先住民自身が権利回復運動の中で「もとより台湾に居住していた人々」という意味で用いた中国語の呼称であり、1990年代以降台湾で広く使用されるようになった。現在、日本における台湾研究においては、日本語としても定着しつつある。ここでは、著者の松田氏にならい、「原住民」を使用する。「蕃人」「蕃童」などは、歴史的用語として用いる。

　著者は兵庫教育大学学校教育研究科教授である。本書は2000年から2001年にかけて出版された論文がもとになっており、「はしがき」と「おわりに」が書き下ろしとなっている。著者によれば、本書は前著『台湾原住民と日本語教育—日本統治時代台湾原住民教育史研究』（2004、晃洋書房）の姉妹編であり、もともと両者は一冊の単行本として出版される予定であった（「はじめに」より）。前著は、その第Ⅰ部では主として初期の原住民向け国語伝習所とその後身である蕃人公学校（文教局主管）を、第Ⅱ部では蕃童教育所（警務局主管）における総督府による教化を扱っている。本書では、公学校や教育所以外での原住民に対する教化が中心テーマである。

　現在では台湾史研究が盛んになったとはいえ、原住民の歴史に関しては、研究の蓄積は多くない。近藤正己氏『総力戦と台湾—日本植民地崩壊の研究』(1996)や藤井志津枝氏『日治時期台湾総督府理蕃政策』(1997)等による研究があったものの、おおざっぱに言えば、2000年以前は霧社事件や「高砂義勇隊」に関する研究がその中心であった。原住民の教

＊福岡女子大学国際文理学部

育・教化を中心に扱ったもので日本語のものでは、2008年に北村嘉恵氏の『日本植民地下の台湾先住民教育史』(北海道大学出版会)が出版されている。こちらは蕃童教育所が創設された政策過程を1930年頃までについて緻密に検討したものである。総督府の原住民に対する教化政策の一部にあたる青年団の研究は、人類学者によりいくつかなされているが、それらは特定の地域の特定の時代に限られている。そのため、原住民の教育・教化に関して未解明の部分は多い。本書は(恐らく中国語のものも含めて)初めて公学校・教育所以外における教化政策の全体像を示したもので、これまでの原住民研究の空隙を埋めるものといってよいだろう。

　筆者は原住民研究の専門家ではないが、ここではまず、各章ごとに内容を簡単に紹介し、最後に読後感を述べたいと思う。本書の構成は以下のとおりである。

　はじめに
　第1章　仏教布教師による原住民教化事業
　第2章　台湾原住民に対する授産政策
　第3章　農業講習所
　第4章　高砂族国語講習所
　第5章　高砂族国語演習会
　第6章　高砂族青年団
　第7章　高砂族自助会
　第8章　阿里山ツオウ族の戦前・戦後
　　　　　──イウスム・ムキナナ氏のライフヒストリーを中心に
　おわりに
　人名索引
　事項索引
　地名索引
　書名索引

　第1章では、1908年から1913年にかけて、原住民を所管する蕃務本署が浄土真宗の仏教布教師による原住民教化事業に着手したことを紹介

している。しかし1913年には教化事業は廃止され、総督府がその後、武力による理蕃五箇年計画へと進んでいく様子が描かれている。

第2章では、1919―42年の原住民に対する総督府の授産政策を扱っている。それは原住民を定住させるための大規模な移住とセットになったものであることが、統計資料などを通して明らかになっている。

第3章では、理蕃大綱の授産政策の一環である農業講習所について述べられている。当局は原住民の上級学校進学を制限する一方で、農業講習所を1931年から41年にかけて各州に1―2か所設置した。これは、教育所を修了した者を収容し、寄宿生活により1年間教育するものである。ここでは理蕃大綱に沿った農業教育と中堅幹部の養成が行われた。

第4章は高砂族国語講習所についてである。アミ族に対しては1930年代から国語講習所が設けられていた。それ以外の原住民に対しては、国語普及会により日本語普及が図られていたが、総務長官通達の国語講習所規程（1936年）により、講習所が創設された。そこでは主として警察官が講師となり、教育所を卒業した者とそうでない者を対象とした教育が行われた。これにより原住民における日本語の普及率が高まり、同時に戦争に備えた認識が醸成されたことが明らかにされている。

第5章では、蕃人公学校、教育所、国語講習所の生徒や青年団員の代表で行われた国語演習会を1925年―30年、31年―37年7月、37年8月―41年の三期に分けて考察している。主な資料は『台湾日日新報』や『理蕃の友』であるが、41年―45年については資料がなく、分析はなされていない。

第6章では、原住民に対する青年団政策を、霧社事件以降台湾博覧会開催まで（1930―35年）、日中戦争・太平洋戦争の戦時期（1937―45年）の二期に分け、政策の特徴と内容を明らかにしている。特に1937年以降は、青年層がしだいに力を得る一方で、彼らが「戦力」「銃後の民」として養成される過程や、「優良蕃社」における青年団の具体的状況が描かれる。

第7章は、高砂族自助会会則標準（1939年）により設置された自助会についてである。自助会は従前の頭目勢力者会や家長会を吸収して誕生し、原住民社会を総督府の行政体系下に組み込む装置となった教化単位である。自助会は駐在所ごとに組織され、その下部組織に「組」が置

かれたこと等が明らかにされている。また新竹州渓口台自助会（タイヤル）、阿里山ララウヤ社自助会（ツオウ）の事例により、自助会の役員となったのは、総督府が中等教育や青年団教育により指導者として養成してきた人々であることが示されている。

　第8章には最もページ数が割かれており、著者が力を入れた部分であろう。ここでは阿里山・ツオウ族のイウスム・ムキナナ氏（日本名　向野政一、1923年生まれ）のライフヒストリーを中心に、日本植民地時代であった戦前から二・二八事件をめぐる戦後にかけてのツオウ社会について論述したものである。ここではツオウ族の氏族系統やその強制移住の背景にも触れつつ、イウスム・ムキナナ氏がどのように学び、働き、地域に生きたかを提示している。本章では、ツオウの指導層が、頭目から自助会長、青年団長、巡査に変わっていく様子や、指導層の戦後二・二八事件への関与にも言及されている。

　本書は、初出論文が書かれた時点から10年以上経過して出版されたため、一部のデータの取り扱いや用語の運用に読者は注意を要する。しかし、本書は原住民に対する総督府の教化政策の大きな流れを示すものであり、台湾研究や原住民研究に取り組む者には参考となる資料も豊富に提示されている。筆者はたまたま漢族系住民の教化と動員を中心に研究を行ってきたが、最近、漢族系住民と原住民双方の教化を担当した日本人横尾広輔についての拙文を書き終えた（参考文献参照）。併せて本書を読むことにより、日本内地で生まれた教化と動員（労働力、兵力への）を連動させる装置が漢族系住民に移植され、さらにそれが形を変えて原住民に適用されたことを確認した気がした。興味深く感じたのは、イウスム・ムキナナ氏とその周囲の人々の生きた状況である。原住民社会における自助会の組織のされ方は、漢族系住民の部落振興会や部落会と似ているが、その組織を維持するための負担は原住民のほうがかなり重い。教化のもたらした影響において、漢族系住民の地方指導者層の一部は、植民地支配から一定の利益を得たかも知れないが、原住民の指導者層においてはどうであったろうか。二・二八事件に参加し、（イウスム・ムキナナ氏は生き延びたものの）それにより処刑された原住民の指導者の状況は、戦前から戦後にかけての収奪が、原住民社会でより徹底して

いたことを示唆している。加えてイウスム・ムキナナ氏が志願兵試験を受けたこと、第四回高砂義勇隊に参加し、配備された先の枋寮で正規の軍人になったことなどは、原住民の日本軍へのリクルートという点で、今後詳細を解明すべき課題を提示していると言えそうだ。本書は、現代の原住民の苦境の根が植民地時代にあることに気づかせてくれるものではないだろうか。

【参考文献】（本文にあげたものは省略した）
北村嘉恵（2006）「松田吉郎著『台湾原住民と日本語教育―日本統治時代台湾原住民教育史研究』を読んで」『日本教育史研究』第25号
弘谷多喜夫（2005）「東洋教育史の研究動向」『日本の教育史学』第48集
松田吉郎（2006）「北村嘉恵氏「松田吉郎著『台湾原住民と日本語教育―日本統治時代台湾原住民教育史研究』を読んで」に対して」『日本教育史研究』第25号
宮崎聖子（2012）「横尾広輔の思想と実践―植民地期台湾における青年指導を中心に」『現代台湾研究』42号

（晃洋書房、2011年）

酒井亨著
『「親日」台湾の幻想
―現地で見聞きした真の日本観―』

岡部芳広*

　私が台湾とかかわりの深い生活を送っているということを知るや、多くの人は「台湾は親日ですよね」といった類の相槌を打ってくる。確かに、日本に対してシンパシーを抱いている人たちは、あらゆる世代において少なくないし、東日本大震災の折には、どこの国よりも多くの義捐金を寄せてくれたことも記憶に新しい。しかし、台湾の人々は、日本のどういった面に対してシンパシーを抱いているのか、またそれはなぜなのかを考えたことのある日本人はどれだけいるだろうか。この問いについて、私は二十数年前に台北に住んでいたときから考え続け、「ある一定の見解」を得るようになった。しかし、「台湾は親日ですよね」と私に言う人たちに、「それはですね、私はこう思うわけですが、・・・」と長々と説明する事もできないので、「そうですよね。」と軽く受け答えすることにしているのだが、一抹の消化不良な感覚がどうしても伴ってしまう。この本は、そんな「台湾＝親日」と「単純に」思いこんでいる人たちに、ぜひ読んでもらいたい一冊である。しかし、この本は「台湾は実は親日ではないのですよ」ということを述べているのではない。確かに台湾は「親日」であろう。しかし、状況はそんなに単純なものではなく、「日本のどういった面を評価しているのかを正しく知る必要があり、台湾の人々の気持ちを間違った形で「利用」してはならない」、ということをこの本は述べているのである。

　こういった、「親日だが、親日ではない」という、まるで禅問答のような命題が生まれるのには、「日本人が「親日」といった場合に台湾人に期待する部分と、台湾人の実際の「親日」のあり方にズレがあるから

＊相模女子大学教員

で、この「ズレ」の問題が顕著に表れたのが、NHK の連続企画「プロジェクト JAPAN」のドキュメンタリー番組『JAPAN デビュー』第一回『アジアの"一等国"』(2009 年 4 月 5 放送) をめぐる騒動であると著者はいう。この、日本の台湾統治について描いた番組に対して、「台湾は反日だという誤ったイメージを植え付ける内容である」、「日本の統治時代を一方的に悪いものだと決めつけ、内容が偏向している」、「NHK の都合のいいように、台湾人の証言を都合のいい部分だけをつなぎ合わせている」、などと保守派から批判が上がり、NHK を相手取って裁判が起こされた。こういった現象に対して著者は、「日本の保守派は台湾の「親日」をあくまでも「戦前の日本も含めて一切の批判や文句をいわず、ひたすら賛美してくれるもの」と思っているかのよう」だと分析し、この問題が本書執筆の直接の動機であったと述べている。

　そもそも、植民地の現地人として、台湾人は日本の統治下においては差別的待遇を強いられており、このことに対して批判や不満は当然のこととしてあった。実際、私が台湾留学中の指導教官であった故許常恵台湾師範大学教授は、いわゆる「親日派」であったが、「日本が戦争に負けて台湾を去り、中国大陸から中華民国軍がやってきたとき、みんなそれはそれは喜びましたよ。中華民国の旗を振って出迎えに行きました」と私に語ってくださったことがあった。日本の統治に不満がなければ、日本が去って中華民国がやってくるのを喜ぶわけはなかろう。しかし、その後に、日本の「株」を上げてしまう深刻な事態が台湾全土に発生したのである。それは、1947 年からの二・二八事件に代表される、国民党による台湾人に対する弾圧、圧政である。二・二八事件についてはここでは詳しく述べないが、28,000 人もの台湾人が虐殺されたとされる事件で、この事件の際発令された戒厳令は、1987 年まで継続し、事件に関して語ることは長らく許されなかった。二・二八事件が起こったのも、国民党の腐敗により、官僚・軍人による横領、収奪、汚職などが横行し、中には強姦・強盗・殺人を犯す者もいたというが、罰せられない場合もあり、台湾人の不満が蓄積していたからであった。「犬 (日本) が去って、豚 (中華民国) が来た」というのは当時の台湾人が口にした皮肉で、「犬はうるさいが役に立つ。しかし、豚は貪り食うだけだ」という痛烈な意味である。このように、戦後長きにわたって、台湾人は国民党政権から

弾圧や冷遇を受け、その結果「植民地支配が終わり、同胞が来たので喜んだが、こんなことなら日本の時代の方が"まだ"よかった」と、相対的に日本の株が上がったのである。台湾の人たちは、日本の植民地支配を手放しですべて肯定しているわけではなく、あくまでも戦後の厳しい状況に比べての相対評価として「まだ、まし」とし、そして、インフラや法制度の整備、法治の精神、衛生観念など、いわゆる「近代性」をもたらしたという部分について一定の評価を与えている、という「部分的・条件付肯定」である。しかし、一部の日本人は「台湾人の「親日」を自分たちに都合良く解釈し、「幻想としての台湾人像」を作り上げているとしか思えない」と、著者はいう。

では、日本の統治時代を経験したことのない世代の人たちは、日本に対してどのような感情を抱いているのであろうか。著者は、交流協会の調査に依拠して、若い世代は「平和で豊かな現在の日本」が好きである、と分析する。そして、その「好き」の対象として最も主要なものは、アニメ、ゲーム、流行歌などを含む「現代文化・ポップカルチャー」であるとしている。日本の俳優、歌手、マンガ家、声優たちの人気が高く、ドラマ、歌、マンガ（コミック）、ゲームなどが当たり前のように若者たちの生活に浸透していること、それと関連して、日本語学習熱が高いこと、などを挙げ、台湾の若者たちは、日本のポップカルチャーに「萌え」ているのだと分析している。そして、日本製品への高い信頼度、京都に代表される日本の伝統文化への憧れ、などがあいまって、日本に対する高い評価が生まれてており、そういった若者の日本に対する感情を、「親日」ではなく、「萌日（もえにち）」と呼んでいる。著者は、このように若者が日本に「萌え」るのは、日本が「豊かで平和」であるからとし、戦前の日本の統治の評価とは関係のないものであると分析しており、あくまでもキーワードは「平和と豊かさ」なのである。

さらに、「萌日」が台湾だけでなく、東南アジア、果ては西欧諸国にまで広がっている状況を考察し、平和主義が世界に親日を増やしていること、日本の大衆文化が普遍性をもち、世界中で受容されていることなどから、日本は「（現代）文化と平和力が武器」であると著者は述べている。

最後に、平和と豊かさの象徴としての日本の大衆文化が、海外で受け

入れられている事実を踏まえ、今後の日本が取るべき外交の方針について述べてこの本は終わる。最終章については、かなり踏み込んだことも述べているが、全面的に賛成とはいかなくても、傾聴に値する主張ではないかと思う。

　本書の構成は以下の通り。

　　はじめに
　　台湾は親日か反日か／「親日」のズレ　ほか
　　第1章　日本と台湾の歴史的絆
　　日本による台湾統治の真実／日本人の視点で見てはいけない／戦後の台湾　ほか
　　第2章　反日教育・愛日教育・哈日族
　　一貫性のない台湾の「反日」勢力／日本語世代の正体　ほか
　　第3章　豊かな日本に「萌える」台湾人
　　若手世代の日本語人気／日本津々浦々を旅する台湾人　ほか
　　第4章　アジアと世界に広がる「萌日」
　　「平和日本」の国際的評価は高い／台湾よりも親日かもしれない東南アジア　ほか
　　第5章　「萌日」と今後の対外戦略
　　「中国軍事大国論」のウソ／まずは近隣の台湾と韓国から同盟せよ
　　　ほか
　　おわりに

　巻末に、「最近の台湾で多用されている日本語借用語一覧」があり、「社会生活」「産業経済」「飲食」「流行・ファッション」「メディア・サブカルチャー」「政治・国際」「伝統文化」「レジャー」「スポーツ」のカテゴリーに分けて、現在台湾で使用されている日本語が列挙されており興味深い。「便當」や「榻榻米」のように植民地期の名残として残っているものもあれば、戦後に外来語として使われるようになったものもある。「援交」「不倫」「宅男（オタクな男）」などの語までが並んでいるのを見るにつけ、台湾社会が日本の社会情勢にいかに敏感に接してきてい

るのかを窺い知ることができよう。
　著者は、1966年生まれで、日本で大学を卒業した後に台湾に渡り、台湾大学の大学院で法学を修めた。その後共同通信社の記者を経て、2000年より台湾に在住し、フリーのジャーナリストとして活動している。本書は、サブタイトルに「現地で見聞きした真の日本観」とあるように、台湾に住んでいるからこそ感じ取ることのできる、皮膚感覚としての台湾事情に基いて書かれており、イデオロギーに立脚して論じられたものではない。本書に書かれている台湾人に対する分析は、私が初めて台湾と接してからこれまで感じとってきたことと非常に近く、深く共感できるものである。冒頭で述べた、「ある一定の見解」とは、まさしく、本書で述べられている台湾人が持つ「親日」の歴史的構造であり、これについて詳細に語った書物はほとんど見られない。私は、研究のために台湾にしばしば行くが、そのたびに実体験として、台湾の人々の「親日」さを経験し続けている。しかし、それと植民地支配に対する評価とは別物である。日本は「台湾で、インフラを整備した」、「台湾の近代化に寄与した」、というのは、日本人の口からよく聞かれる台詞である。もちろん、そういった面があるのも確かであろう。しかし、植民地支配の負の部分については目をつぶり、都合のいい部分だけを取り上げて、「だから、台湾の人は親日だ」と軽々に発言するのはいかがなものか。このような偏った考えで台湾の「親日」を語る人にも、「なぜかよくわからないけど、台湾は親日だと思う」という人にも、ぜひ本書を読んでいただき、台湾の「親日」の構造について考える機会を持ってほしいと思う。
　　　　　　　　　　　　　　　　　　　（扶桑社新書、2010年）

戸田郁子著
『中国朝鮮族を生きる 旧満洲の記憶』

佐野通夫＊

　陸の国境を持たない日本。その日本でも、道を歩いていると市の境を超えたり、県の境を超えたりする。陸続きの国々で国境を越えるとはこのような感覚なのかなと思ったりする。「語り手の言葉を生かそうとしたことから、地名の読み方に日本語式・朝鮮語式・中国語式が混在している」（xページ）という著者の注にも、「国境」で分けられない人々の暮らしが見える。

　「まえがき」に著者が示す「一九一〇年、朝鮮との国境に近い間島（今の延辺）の汪清県に移住した李吉男氏が、故郷を発つ前にソウルで撮ったという記念写真」という1枚の写真。「やがて祖国が分断され自由な往来ができなくなるとは、いったいこの中のだれが想像しただろう」というように人々の移動の後に「国境」が引かれる。

　著者もまた、「狭間に生きる者」として、本書を記している。著者は韓国の延世大学韓国語学堂に留学、高麗大学史学科で韓国近代史を学び、その後、中国黒竜江省ハルビンに語学留学し、延辺朝鮮族自治州を中心に、中国東北地方の朝鮮族の移住と定着の歴史を取材し、またソウル近郊に暮らし、図書出版社を立ち上げ、日韓中をつなぐ文化を中心とした本作りに携わっている。

　統計の数字からは、人々の暮らしや思いまではなかなか見えてこない。延辺大学の朴昌昱先生は「歩け、歩け」と著者に教えた。数多くの人々が本書には登場している。時代も19世紀の末から現代まで、抗日闘争に加わったり、日本兵としてシベリア抑留されたり、文化大革命で迫害を受けたり。伊藤博文を狙撃した安重根も、詩人尹東柱も。それらの人々

＊こども教育宝仙大学教員

が史料によってではなく、実際にその人物につながる人々からの聞き書きで語られる。多彩な内容なので、目次の後に簡単な注記を付して紹介したい（〔　〕内は佐野の注記。節題のみで内容の知られる人物には注記省略）。

　まえがき－狭間に生きる
　第1章　運命という濁流
　　満洲の学生さん〔日本に留学した朝鮮族中学校の先生〕
　　永遠なる革命同志、李敏〔黒竜江省中国共産党副主席〕
　　「日本兵」としてシベリアに抑留される
　　棄てられた命、拾われた命〔朝鮮人に助けられた日本人〕
　第2章　間島の記憶
　　高知から間島を詠った詩人〔1935、6年ごろ、槇村浩が間島朝鮮人小学校で読まれた〕
　　心の星、尹東柱
　　満洲国皇帝陛下への献上米〔現代のブランド米を作った漢方医〕
　　間島生まれの日本人三兄弟〔日本人1家族が住んでいた家に今は中国人3家族が暮らす〕
　第3章　わが敵は「大日本帝国」なり
　　荒野を駆ける独立軍〔大韓民国臨時政府傘下の北路軍政署総司令官金佐鎮〕
　　安重根、百年の時を超えて
　　金笑來の夢見たユートピア〔抗日独立運動家、教育家、哲学者〕
　　伝説の将軍、梁世鳳〔満洲での抗日闘争の主軸が共産主義に移行する前の「独立軍」〕
　第4章　コリアン・ディアスポラの行方
　　鴨緑江から揚子江へ〔現代、朝鮮族の若者は卒業後、東北を離れ南方の大都市に〕
　　玉子さんの磁力〔日本人の先生がつけてくれた名前〕
　　民族教育はまず言葉〔延辺の言語・教育環境〕
　　延吉の「新鮮族」〔現代の中国滞在韓国移民〕
　　国境を越えて生きる〔在韓国朝鮮族〕

第5章　刻印する者たち
　　歴史の痕跡を記す人〔朴昌昱先生〕
　　「祖国」を超えて「故郷」を創る〔在日コリアンと朝鮮族〕
　　「先駆者」はいなかった〔親日派を糾弾する作家・柳燃山氏〕
　　写しとられた記憶〔古い写真が焼かれたことも〕
あとがき－旅の終わりに

　「あとがき」に記されたエピソードも象徴的である。ハルビンにある「外僑養老院」。中国で唯一、外国人だけを集めた養老院で、日本やアメリカ、ロシア、朝鮮のお年寄りがいる。「漢族の院長はため息をついた。『昼間はいいのです。でも夜になると、日本人と朝鮮人のお婆さんの間で、髪の毛をむしり合ったり、殴る蹴るの大喧嘩がしょっちゅうあるのです』
　ここにはまだ、失われた満洲国の時間が流れているのか。『五族共和』を謳った満洲は、異民族がいがみ合う修羅場だったのか。その葛藤は『終戦』『解放』という言葉で終わらせることはできず、命の尽きる瞬間までずっと続いてゆくのだろうか。」(294〜295ページ)
　梁世鳳の箇所でも、次のように記されている。「私には、梁将軍の姿をその目で見たことのある人々が健在であることが感動的だった。・・・日帝時代とは、まだそんな昔の話ではないのだ。」(157ページ)
　著者は1959年生まれ。著者や紹介者の親は日帝時代、すなわち植民地時代を生きている。祖父母になれば、1900年前の生まれであり、日本の植民地の歴史を共に生きている（今はもう亡くなっているが）。
　日本に生きる日本人だけが勝手に過去の歴史を忘れている。同じ日本に生きていても歴史を身に表す者として生きざるを得ない在日朝鮮人がいるにも関わらず。日本人が正月を迎えるときの一夜明ければ新しくなるという思想は「みそぎ」の思想につながるのではないか。いわゆる「戦後論」として、日本人は「終戦」で私たちは変わりました、新しくなりましたといって、自分でもそれを信じてしまったが、他の国々の人々はそれでは納得しないだろう。
　著者と共に「歩く」。手ではなく足を使え。歩いて考えろ、ということを多くの人に勧めたい。
　なお、著者お連れ合いの柳銀珪氏による『延辺文化大革命－10年の

約束』(図書出版土香)、『百年の記憶:京城監獄春川分監』(同) などの写真集を合わせて参照されると、「写しとられた記憶」が目の前に現れる。本書にも柳氏による多くの写真が掲載されているが。

(岩波書店、2011 年)

慎鏞廈著（シンヨン ハ）（ソウル大学校名誉教授、独島学会会長）
『世界の人々の 独島 Dokdo の真実を
理解するための 16 のポイント』

渡部宗助＊

1

　今年（2012）に入って、俄かに「領土問題」が喧しくなった。「竹島（独島）」という物体が「モノを言う」訳はないので、自然現象ではなく明らかに「人為」現象である。「領土」は、そこに住む「国民」とともにそれを「支配・統治」する近代国家の主権を構成する。その意味では、「領土」は国家にとってはのっぴきならない対象物になり得て、その境界が「国境」である。国境は、世界史においてしばしば国家間の紛争・戦争の原因となり、多くの犠牲者を産み、その結果として国境の書き換えが繰り返されてきたのである。

　アジア・太平洋戦争の敗北から今日に至る、日本の「領土問題」は、①尖閣諸島（釣魚島）、②北方領土、③竹島（独島）の3つである。内、①については日本政府が、③については韓国政府が夫々「領土問題なるものはない」と主張している。つまり、①については中国が、③については日本が、それぞれ無理に「領土問題」化させている、と相手国を批判し合っている。

　このような厄介な問題に、冷静に対処すべき最初の一歩は、相手国の主張に耳を傾ける事であると、日本国憲法で育った評者は思う。日本の「領土問題」を敢えて「3つ」とする立場に立って、評者は『世界の人々の 独島 Dokdo の真実を理解するための 16 のポイント』（以下、「16 のポイント」と略す）を紹介したいと思う。

＊日本大学文理学部（非常勤）

2

　この「16 のポイント」は、外務省（日本）の『「竹島」問題を理解するための 10 ポイント』に対する批判と反駁、というサブタイトルが付されている。「独島」（竹島）の領有権は韓国にあるという主張を、博捜した多くの史資料を縦横に駆使して説いた、慎鏞廈(シンヨンハ)著（ソウル大学校名誉教授、独島学会会長）の著述を韓国の独立記念館が日本語に翻訳して、今年（2012 年）7 月 30 日に発行したものである。全 106 頁、判型は 18 cm × 23cm、カラー刷の瀟洒な装幀本である。韓日両国が所蔵する文書史料と地図資料を不断に取り入れた贅沢とも言える「独立・愛国」の書である。「ポイント 16」に対応して「図 16」まであるが、枝番を数えると 47 点の史資料が紹介されており、内、地図資料が 21 点に及ぶのが特徴の一つ。因みに外務省（日本）の『竹島問題を理解するための 10 のポイント』（同省 HP、以下「10 のポイント」と略す。なお、パンフレット、2008.2 もある）は、全 14 頁、地図資料 3 点、文書史料 7 点である。

　日本政府が、近代における「竹島」領有権再確認の有力な根拠にしている 1905 年 1 月 28 日の「閣議決定」。その時期に至るまでの「歴史」について、本「16 のポイント」はその約 3 分の 2 を費やしている（ポイント 1 ～ 10）のがもう一つの特徴である。現在の「独島」（竹島）に至るまでの名称の変遷（特に「于山島」）、「鬱陵島」との関係（名称と位置）、1900 年 10 月 25 日の大韓帝国勅令 41 号における「石島」＝「独島」であることなどが詳述されている。

　私たち、特に植民地（教育）研究者にとって重要なのは上の 1905 年 1 月－日露戦争中－の日本政府の閣議決定、これをどう受け止め、評価するかであるが、この件については後にも述べる。

　その後の現代史においては、第 2 次世界大戦以後のことに属するいくつかの国際政治史的視点からの「論点」がある（ポイント 12 ～ 16）。特に、日本を占領した連合国・GHQ/SCAPIN の指令（ポイント 12、13）、サンフランシスコ対日講和条約（ポイント 14）。「16 のポイント」で言及されていない事柄でも、評者は日本が受諾した「ポツダム宣言」における「領土」規定、李承晩ライン（1952）とそれを廃止した日韓条約（1965）

に関心を抱く。外務省の「10のポイント」でも「日韓条約」への言及はない。この日韓両国関係の基本条約に関する全交渉過程文書の両国での完全公開が「領土問題」でも必要不可欠であると評者は思う。

3

　以上が本「16のポイント」の概略である。「領土問題」の素人である評者が学んだことは多々あるが、第1には、恥ずかしくも最も驚いたのは、1877年（明治10）3月の太政官と内務省による訓令の存在であった（外務省「10のポイント」では言及されていない）。この「竹島［＝鬱陵島］外一島［＝竹島］ハ……本邦関係無之義ト可相心得事」という公文書（訓令）は、後の1905年1月の閣議決定で廃止の措置が取られたであろうか、それは識者に伺いたいことの1つである。池内敏論文「竹島／独島論争とは何か－和解に向けた知恵の創出のために－」（『歴史評論』733号、2011.5）は、評者が友人の薦めで読んだものだが、日本の歴史学界でのこれまでの研究を、韓国における「独島」研究をも視野の入れて論じた説得力ある好論文であった。しかし残念ながら、この1877年訓令の去就についての言及はなかった。

　学んだことのもう1つは、韓国におけるこの「独島」をめぐる「研究の厚さ」－独島学会が存在する－とそれを支える古文献（古文書）と古地図の存在である。数々の筆舌に尽くし難い戦禍を潜り抜けて遺された史資料の生命力を改めて感じたことである。評者は、韓国における「文書館・図書館」の実情には疎いが、そこには「漢字」使用以来の「記録の文化」の伝統が息づいているのであろう。

　第3には、「16のポイント」は、自らの国で所蔵する「史資料」だけでなく、日本の諸機関所蔵と諸外国所蔵の史資料を長いスパーンで、広く収集して博引傍証していることである。言うは易く、行うは難いこの作業は、原著者個人だけで為し得ることではないことが窺われる。外務省の「10のポイント」が、外国史資料を用いているのは戦後期のみである。さらに「16のポイント」は、自らの主張の立証・補強として（史資料解釈への批判としてではなく）、日本側の史資料を積極的に用いて

いることである。相手の駒でも戦う「将棋」の戦法は「16のポイント」では見事に生きている。

4

　最後に「資料紹介」の域を越えることになるが、若干のコメントを書かせてもらう。

　その1つは、「領土問題」を対象に何がしかの主張をする際のスタンスのことである。日本が抱える「3つの領土問題」に限らず、世界の「領土問題」は「外交・安全保障」の問題として論じられるが、常に「内政」引き締め・延長、あるいは「内政」逸らし、という歴史の真実である。ある論者は「領土問題は領土問題単独では問題にならない」と断言している（孫崎享『日本の国境問題－尖閣・竹島・北方領土』2011）。「領土問題」は党派的に「ナショナリズム」を煽る剥き出しの素材という、ということを見据えることである。

　第2には、日本の領土問題は－特に尖閣と竹島では－、19世紀後半、日本の植民地領有・支配とその戦後責任・補償問題と切り離せないということである。私たちの研究会『年報』で、本「16のポイント」を紹介する所以もここにある。「歴史認識」と一般化されてきたのであるが、植民地領有の支配・被支配関係の歴史認識の「共有化」は、今日では漸く「和解」で語られるまでに至ったが、そこにもなおその「レベル」の問題があるだろう。私たちが微力ながら「日韓・日台・日中」の研究交流を進めるのも、「歴史認識」を問う一環であり、「領土問題」でも（こそ）それを肝に銘じたい。

　3つ目には、戦後が提起する日本の「領土問題」では、アメリカの判断が強く影響を与えていると言うことである（これは常識かも知れないが）。しかし、そのアメリカの判断も「10のポイント」と「16のポイント」を併せ読めばあきらに状況に揺れ動いて一貫していない。最新(2008年7月)のアメリカ政府の判断（2008年7月）では、竹島は韓国領有であると言う（前掲、孫崎著）。

　4つ目には、この問題については、独島（竹島）の①認知・認識の問

題-「倭国」も中国領土！と言う論理を内包することになるが-、②その領有権と統治権、そして異議申し立て・抗議の問題、③国際関係、国際機関によるその承認の問題、④として、①〜③の全てに関わる「無主地先占」論という国際的難問がある。この「早者勝ち」論は帝国主義列強の領土拡張・線引きを容認する論理を含み、植民地（教育）研究者の「要」が問われる問題である。それは、人類の叡智が「地球環境」同様にグローバルに問われていることに連なるように評者は思う。

(韓国独立記念館、2012年)

［韓国・忠清南道天安市木川邑三才路95］

［付記］

　本文献は、2012年12月30日に英文版の発行とともに、日本版も再刷された。それに際して誤記・誤植を訂正するとともに、名称も『独島Dokdoの真実を理解するための16のポイント』と簡略化された。英文名は、Sixteen Point for Understanding the Truth about Dokdo(2012.12)

米村秀司著
『消えた学院
──日中共学を実践した「青島学院」の三十年を追う──』

山本一生＊

　戦前期、日本が統治した地域はアジアの広範囲に及ぶが、これまでの多くの研究は朝鮮・台湾・満洲を主なフィールドにしていた。もちろんこれまでの研究によって「外地」での教育がどのようなものであったのか、徐々に明らかにされつつある。しかし、華北部、特に本書が対象としている山東省青島に関しては、第一次大戦中に日本の勢力が及び、敗戦に至るまで30年弱に亘って学校経営が行われていたにもかかわらず、教育研究が手薄であったと言わざるを得ない。例外として、阿部洋『「対支文化事業」の研究』（汲古書院、2004年）や汪輝『戦前期中国における日本居留民団の指定教育に関する研究』（博士論文、広島大学、2002年）といった「対支文化事業」研究との関連で、青島居留民団立学校の研究がなされているが、私立青島学院への言及はごく限定的である。

　では、同校の特色は何か。第一に同校は華北部において最初に設立された中等学校の一つである。青島学院が設立した学校として実業学校（1916年設立）、商業学校（1921年設立）、紘宇高等女学校（1938年設立）があった。また青島には他に青島高等女学校及び青島中学校があり、前者は1916年の設立、後者は1917年の設立である。中学及び高女は膠州湾租借地を占領した青島守備軍によって設立された。第二に同校は日本政府の在外指定を受けながらも中国人を多数受け入れた私立学校である。華北における日本側の中等学校は居留民団によって運営されていた在外指定学校であった。興亜院華北連絡部『昭和十六年七月　北支に於ける文教の現状』によると、北京及び天津では中学、高女、商業学校が、済南では高女が、青島では中学、高女があった。これらの学校の生徒の

＊日本学術振興会特別研究員（PD）

ほとんどは「内地」人と「朝鮮」人であったが、青島学院には「その他」の生徒が多い。これは中国人のことである。同校は「日支共学」を建学の理念としていたが、それを実践した私立学校であることに特徴がある。

この学院は、吉利平次郎によって設立された。吉利は鹿児島県の出身で、コロンビア大学を卒業している。アメリカ滞在時にメソジスト教会で洗礼を受け、キリスト教徒となっている。本書を執筆した米村氏は、吉利平次郎の親族である。本書は吉利平次郎と、彼が設立した青島学院に寄り添うことで、同学院の理念である「日支共学」がどう実践されたのか、さらには吉利平次郎を取り囲む人間関係がどのようなものだったのか、膨大な資料調査とフィールドワークによって明らかにしている。本書の構成は以下の通りである。

はじめに
第一章　青島英学院の設立（大正五年）から
　　　　文部省認定（昭和三年）まで
第二章　日中緊迫下の学院教育から
　　　　学院創立二十周年記念祝賀会（昭和十一年）まで
第三章　戦火の中での日中共学から終戦（昭和二十年）まで
第四章　終戦と青島学院の存廃問題
第五章　青島の歴史保存と現代
付　　青島学院資料集

各章に付されたタイトルのように、本書は基本的に時系列順に論じている。第一章では資料の収集状況から筆を起こし、1914年の日本の青島占領の経緯から吉利平次郎の学院創設の過程、経営上の苦労と各方面からの支援、甲種商業学校の設立、1928年に同校の「在外指定学校」としての認可を得るまでの過程が描かれている。吉利平次郎は青島渡来後英語教師として塾を営んだが、青島で宣教活動をしていた日本組合青島基督教会の松井文彌牧師の要請を受け、1916年4月8日に「青島英学院」を設立した。吉利がキリスト教徒であったことが要請を受けたきっかけであったと本書では指摘されている（p.26）。

青島学院に関する資料は日本各地に散在していたが、外務省外交史料

館と防衛省防衛研究所図書館を中心に、滋賀大学や同志社大学、宮崎県都城市立図書館上原文庫などで青島学院に関する史資料を発見する。こうした調査を経て、皇室、軍、宗教と青島学院との関係が見えてくる。そこで著者は、「吉利平次郎が皇室や政界の要人と接触できた背景はどこにあったのだろうか？（p.16）」と問うのである。そこから、吉利平次郎に寄り添って分析を進めていく。

　第二章では山東出兵から満洲事変を経て緊迫する日中関係の中での学校経営について分析している。そうした中でも中国人父兄が弁明書を作成し国民党に抗議するなど、中国人学生の父兄の支持が強かったことが指摘されている。1933年の『日本商品紹介宣伝／学生隊商誌』を紹介し、山東鉄道沿線を中心とする実習活動の様子を他の資料や証言、著者の実地調査を重ね合わせて分析する。1935年には商業学校の新校舎落成と吉利平次郎の高松宮御殿訪問の様子が描かれ、青島学院が軌道に乗っていく様子が伺える。

　第三章では、日中戦争に伴う一時閉校と再開、紘宇高等女学校の新設と高等商業学校設立認可に至る過程が描かれている。高商認可の際には、大鷹正次郎青島総領事が海軍将校の親睦団体であった水交社に働きかけるなど、外務省や海軍関係者の支持を集めたことが指摘される。

　第四章では敗戦に伴い閉校に至るまでの過程を、吉利平次郎の記した日記史料を用いて明らかにする。日記は抜粋ではあるが、敗戦前後の青島の様子や青島学院が中国側学校に接収されていく様子、日本人と中国人の関係の変化などを知ることができる貴重な史料である。

　第五章は現在の青島における資料保存の状況や、日中両国の青島学院卒業生へのインタビューで構成されている。さらに現在の青島学院校舎の調査を行っており、足での調査にも余念がない。

　本書を通して、吉利平次郎は多くの要人と関係を持っていたことが明らかにされている。高松宮とは3回の謁見経験があり、学院理事長には広瀬順太郎海軍少将が就任している。財団法人青島学院『昭和十七年九月　青島学院商業学校青島学院実業学校青島学院紘宇高等女学校要覧』には顧問として海軍大将の山本英輔や竹下勇ら海軍関係者、陸軍中将坂西利八郎といった陸軍関係者、外務次官西春彦といった外務省関係者、侯爵大久保利武といった華族関係者の名が見える。なぜこれほどの要人と関係を持っていたことができたのか。第一章でその背景を問うたが、

結論として牧野伸顕と大久保利武の支援があったのではないかと推測している（pp.182-184）。吉利家は島津家九代の島津忠国の甥、国久を始祖としており、島津家と関係があった（p.36）。そのため同郷の大久保一族を通して、海軍関係者や華族、皇族と吉利平次郎は接点を持つようになったのではないかと指摘している。

しかし、青島学院を支持したのは日本側の要人だけではなかった。青島学院は1921年に「日支共学」の理念に基づく五年制の昼間甲種商業学校を設立するが、青島商務総会会長の丁敬臣が当初日本式の教育は中国での国民教育を阻害するとして反対を表明したという。それに対して吉利平次郎は「中日共学は、中国人が日本人化することではなく、又日本人が中国人化することでもない。互いの思想や文化が接近することでありこれが大事である（p.46）」と説得した。その結果丁は青島学院理事に就任することを表明し、さらに親類を入学させた。丁はドイツ統治下において中華商務公局会長を務めており、青島における新興商人層の代表者の一人であった。このように日本側だけでなく、新興商人層の支持を得られたことも、青島学院が学校経営を軌道に乗せることができた要因の一つであると考えられる。

また吉利平次郎は小原國芳との接点があったことも興味深い。1936年夏に小原は青島を訪問し、その際青島学院にて講演を行っている。二人は同郷（鹿児島）で、かつ吉利の三男で1937年から校長を務める安は、広島高等師範学校の出身である。吉利平次郎の孫醇氏に依ると、二人は日本基督教会と関わりがあり、敗戦後1946年2月に平次郎が鹿児島へ引き揚げた際、小原と再会したとのことである。小原を経由して「新教育」の影響が青島学院にどのようにもたらされたのかという点は不明ではあるが、同郷ネットワークや広島高師、そして宗教とのつながりが彼らを結びつけていたことが伺えよう。

本書は青島学院を中心にまとめているが、本書を通して「外地」における日本の私立学校がどのように経営されたのか、現地有力者とどう関係を結んだのか、「内地」の要人との関係がどのようなものだったのか知ることができる。そのため同書は今後の中国教育史研究において、参照すべき基礎的な文献となろう。

（ラグーナ出版、2011年）

等松春夫著
『日本帝国と委任統治
―南洋群島をめぐる国際政治 1914―1947―』

黒川直美＊

　南洋群島と言えば、日本人になじみ深いリゾート地であるグアム、サイパンを含む地域である。しかしなじみ深さとは反対に、研究の蓄積が薄い地域でもある。日本統治時代の南洋群島を国際政治的観点から通時的かつ包括的に扱った研究書は本書が初めてである。

　本書の目次は、

序章
第一章　国際聯盟の委任統治制度
　一　創設
　二　問題
　三　終焉
　四　残された課題
第二章　南洋群島の取得から委任統治へ　一九〇〇―三〇
　一　前史
　二　ドイツ領南洋群島の占領と戦時交渉
　三　パリ講和会議と南洋群島の分配
　四　ヤップ紛争からワシントン会議へ
　五　静謐な十年
第三章　国際聯盟脱退と南洋群島委任統治の継続　一九三一―三五
　一　満洲事変の南洋群島への波及
　二　委任統治継続をめぐる交渉

＊中国研究者

三　委任統治の継続
　第四章　南洋群島とドイツ植民地回復問題　一九三三―三九
　　一　ドイツ植民地回復問題
　　二　南洋群島をめぐる日独交渉
　第五章　ポストワシントン体制の模索と南洋群島　一九三四―三九
　　一　新秩序の模索
　　二　太平洋中立化構想と南洋群島
　　三　南洋群島をめぐる太平洋戦略
　第六章　大東亜共栄圏と南洋群島　一九三九―四五
　　一　三国同盟と南洋群島の「併合」
　　二　南進拠点としての南洋群島
　　三　絶対国防圏の崩壊と南洋群島
　第七章　繰り返される歴史―戦後処理と南洋群島―　一九四二―四七
　　一　戦時外交と南洋群島
　　二　戦後交渉と南洋群島
　　三　戦略信託統治
　終章

　となっており、第二章には「はじめに」が、第三章から第七章までは「はじめに」と「おわりに」がついている。
　まず、本書で何度も出てくる委任統治の定義について書いておきたい。
　委任統治の種類は、三種類ある。
　A式…国際法上の保護国に近く、一定の自治的な政体が現地にあり、それを受任国が後見
　B式…従来の植民地と大差なく　門戸開放原則が適用される
　C式…従来の植民地と大差なく　門戸開放原則が適用されない　南洋群島はこれにあたる
　これを頭に入れて、本書を読むとよりわかりやすいと思う。
　序章では、本書の目的は国際政治の中における日本の南洋群島統治の位置付けを1920－30年代の委任統治制度および1940年後半の初期の信託統治制度全般に関連させながら行うことであると定義されている。
　筆者の主な問いとしては、

1、南洋群島は国際聯盟、関係各国、日本の間の外交でいかなる
　　　役割を果たしたか。
　　2、南洋群島の委任統治は委任統治制度とりわけB・C式委任統
　　　治制度のいかなる利点と欠点を明らかにしたか。
の二つがある。

　現在、アメリカやアジアの旧ヨーロッパ植民地であった地域の一部に「破綻国家」「失敗国家」と呼ばれる国々が発生し、委任統治や信託統治に対する関心が高まっているというのも、本書が書かれた重要な背景になっている。

第一章　国際聯盟の委任統治制度

　第一次世界大戦終了後、敗戦国であるドイツの植民地をどうするかが問題になった。

　当時の国際情勢では、戦勝国がドイツ植民地を直接併合することは困難であり、そのため委託統治というシステムが考えられた。「委任統治制度とは、併合を要求する国家の主張と植民地を国際行政下に置きたい人々の間のある種の妥協である」といわれた。

　現在から見れば、「洗練された形態の帝国主義」にしか見えないが、委任統治制度の利点もあったという。それは、
　　1、委任統治制度の設立後、各国は戦争の結果として領土の併合
　　　を期待できなくなった
　　2、国際聯盟の監視下になるという事実は、受任国が統治する委
　　　任統治地域における行政の水準を向上させた
の二点である。

第二章　南洋群島の取得から委任統治へ　一九〇〇―三〇

　パリ講和会議とその後の課題は、太平洋のドイツ領諸国の処分にあたって対立する諸国の要求をいかに調整するかであった。

　日本海軍にとって第一次世界大戦は東アジアと太平洋からドイツの海軍力を駆逐し、この地域を日本の勢力圏として確立するよい機会となっていたが、それに対しアメリカは有効な手が打てなかった。国際聯盟とヨーロッパ諸国の無関心とは対照的に、南洋群島において米国は常に日

本の活動を注視していた。1919年から委託統治初期の10年の間は「静謐な十年」であったが、水面下では熾烈な情報収集と戦争計画立案が続いていた。

C式委任統治制度は国際聯盟を保護者に見立てていたが、実際は統治国であるオーストラリア、ニュージーランド、日本による併合の隠れ蓑に過ぎないという批判もあった。実際の委任統治は、非自治地域を統治する新しい制度とされたが、実質は植民地支配に等しいものであった。

日本の南洋群島の統治は委任統治の模範例と国際的にも認められていたという。

第三章　国際聯盟脱退と南洋群島委託統治の継続　一九三一—三五

聯盟も各国も日本が国連脱退後、委任統治を継続することに対しては意義を唱えず、脱退発効後も委任統治は継続された。日本の委任統治が聯盟の反対を受けなかったのは、満洲における日本の膨張を、各国が戦争に訴えてまで阻止する意思と準備がないからだと考えられる。

こうして日本は聯盟脱退後も行政年報の提出と常設委任統治委員会への代表派遣をし、委任統治を行い続けることができた。

第四章　南洋群島とドイツ植民地回復問題　一九三三—三九

この時期は、ドイツにおいてナチ党が政権を握りドイツに対し平和を維持するためには、植民地問題を含め可能な限りの譲歩を厭わないという空気が欧米諸国に広がった。そのため委任統治したドイツの旧植民地返還が求められた。

ヨーロッパにおけるドイツの優勢がわかると、日本はひそかに日独直接交渉で南洋群島を併合することを試みる。37年以降、日本は南洋群島の主権がまだドイツにあるという前提で、これをいったんドイツに返還し、そのあとすぐにドイツから買い戻すという構想を出す。しかしこの取り決めをすることは、他の国々とのアフリカにおける旧植民地返還交渉においてドイツの立場を不利にしかねなかった。そのためこの問題は棚上げになった。

日独交渉でこの地域が日本の太平洋戦略にとって死活的に重要であるという立場は一貫していた。そして、南洋群島の領有について策を講じ

ているうちに日本海軍が対米戦略におけるドイツの重要性に気づき、それが40年の日独伊三国同盟締結に際しての日本海軍の去就につながっていくこととなった。

第五章　ポスト・ワシントン体制の模索と南洋群島　一九三四―三九

　ワシントン海軍軍縮条約の期間が終わり、南洋群島の非軍事化をいかに保証するかという問題が出てきた。36年日本が南進政策を採択したことで、太平洋地域の現状を維持する協定の成立は困難となっていった。
　第二次ロンドン海軍軍縮会議で日本は会議からの脱退を通告した。
　米国は日本がすでに南洋群島に軍事基地を建築していると疑っていたし、現に日本軍は南洋群島の民間施設の整備計画を立てつつあり、それは有事に軍事転用可能なものであった。
　新太平洋協定案をめぐる論議が暗礁に乗り上げていたころ日中戦争が勃発した。その後のアジア太平洋情勢の悪化は、新協定の締結よりも自国の軍備強化に走らせた。日中戦争が勃発し、日本政府は「東亜新秩序」を発表し、ワシントン体制に公然と挑戦をした。

第六章　大東亜共栄圏と南洋群島　一九三九―四五

　三国同盟の締結と南進政策は日米間を悪化させ、両国は戦争準備に入るようになる。
　三国同盟によってドイツは南洋群島に対してはドイツが権利を有していると考えていたし、日本は三国同盟の締結によって国際聯盟の委任統治の規定から解放され日本になったと考えていた。このように矛盾があったが、両国とも緊急の政治的課題に直面していたため、日独交渉を再開した形跡はない
　三国同盟の締結と南洋群島の譲渡により、非軍事化規定から解放されたと日本海軍は考えた。南洋群島に飛行場と軍用港湾施設の建築を開始し、常設の艦隊も置いた。そして、41年日米開戦を迎える。
　43年秋、中部太平洋では米軍の圧倒的な反攻はすさまじく、日本軍は連敗を重ねた。
　マリアナ諸島も米軍のものとなり、そこから日本本土へと米軍長距離爆撃機が飛んだ。

日本の南洋帝国は40年の三国同盟の締結から44年のマリアナ諸島の陥落まで4年弱しか続かなかった。

第七章　繰り返される歴史　—戦後処理と南洋群島—　一九四二—四七

米国政府は南洋群島における自国の利益を確保すると同時に、非併合と被植民地化の原則を両立するという難問に直面した。45－47年に米国政府が到達した解決策は、南洋群島を国連の戦略信託統治地域とし、自らを受託国にすることだった。冷戦の激化によってかつて南洋群島と呼ばれた北太平洋諸島は米国にとっての「絶対国防圏」になっていった。

そして、現在40年以上に及ぶ米国の統治を経て、90年に太平洋の戦略信託統治地域の三つの地域において信託統治が終了し、二つの独立国と一つの米国自治地域が誕生、そのあとパラオ独立を以て国連信託統治のすべてが終了した。

米国は戦後言われた領土非併合の原則のため南洋群島を併合できなかった。この意味では委任統治の概念は「征服の権利」の否定に相当な貢献をしたといえるかもしれない。

しかし米ソ冷戦期にこの地域を核兵器の実験場として使ったことは、「安全保障帝国主義」という非難を免れないであろう。

終章

20世紀の日本の対外政策の中における南洋群島の意義とはどんなものだったか。

満洲や中国、欧米列強との関係に比べれば副次的に過ぎないという評価がある一方、日本が南洋群島を獲得し、国際聯盟脱退後も委任統治領として維持し続けたことが結果的に日本を対米戦争に導き、遂に日本の滅亡を招いたと重要視する評価もある。

21世紀の今日、帝国主義列強による植民地支配を非難することはたやすいが、問題の本質は「現代世界の激烈な状況の中、いまだ独立できない」地域を国際社会の中でいかに扱うかにあるという問題意識で終わっている。

本書は著者がオックスフォード大から国際関係学博士号を受けた論文

である。そのため引用資料は英文が多い。英文資料を使ってこれまでになかった南洋群島の国際史を書こうとしたものであり、日本統治時代の南洋群島を国際政治の観点からえがいた労作である。

　しかし、本書の読者の興味は、植民地支配そのものであると思う。それに対しては、「日本の南洋群島の統治は委任統治の模範例と国際的にも認められていた。効率的な行政、急速な経済発展、新世代の島民に対する効果的な学校教育、恒常的な日本移民の増大によって島民の同化が進行していった」（p 76）とあるだけで、国際的に認められていたことを評価はするが、筆者独自の評価はない。第二章の註154でも、同化政策について議論が分かれる事実を提示しているだけである。これは国際政治がテーマなのであるから、仕方がないといえる。

　南洋群島はこれまで研究蓄積の少なかった地域である。その地域の研究が進むのは素晴らしいことである。本書に続いて南洋群島の研究成果が出てくることを期待したい。

（名古屋大学出版会、2011年）

Ⅶ．気になるコトバ

「本島人、本省人、外省人、高砂族」

中川 仁*

0. はじめに

　台湾に住む住民の名称については、それぞれの時代的な背景や歴史的な背景によって、差別化された言葉が生み出されてきた。とくに本島人、本省人、外省人、高砂族という名称は、外来政権下においては差別的な「コトバ」とされ、為政者の言語の強要はもちろんのこと、内地人と台湾にもともと住んでいる旧住民を区別するために、その呼び方が生成されてきたのである。

　日本統治時代と戦後の国民党政権下では、台湾住民はつねに支配される側の人々の層であり、上位関係と下位関係の構造でいうならば、下位分類の層にあてはまる人々なのである。

　台湾に住む族群(エスニック・グループ)は、大きな枠組みの範囲で考えた場合、漢民族系と先住民族系に分けられる。とくにその人々が生きてきた過程を見ていくことによって、その言葉の生成が浮き彫りになってくる。ここではその「コトバ」を歴史的な背景の観点から整理していくこととする。

1. 歴史的な背景

　台湾の歴史は1544年頃を境として、ポルトガル船が海上からこの島を発見したことに始まる。16世紀にはこの島に漢民族や日本の海賊が

---

*明海大学教員

出入りし、活発な活動が行われていた。そこにオランダが澎湖島を占領し、その後、現在の台南を占領する。

　オランダの統治は、先住民を武力で服従させるものであった。続いてスペインがキリスト教の布教を目的として、1626年に基隆を占領し、1628年には淡水も占領した。そして1642年にはオランダがスペインを台湾から追いだしてしまうのである。

　1662年には鄭氏がオランダを追放し、台湾支配の実権を握ることになる。しかしこの政権は長く続くことはなく、21年後には清朝の配下となっていく。

　台湾は清朝の配下で福建省の台湾府となり、中国大陸（福建省からの一部の住民と広東省からの一部の住民）の住民の移民が本格的に開始された。

　清朝はもともとその土地に住んでいた先住民の土地を奪い、買収して入植地を広げていく構想を考え、漢民族の姓を与えることによって、租税の義務を整え、行政組織の確立を目指したのである。清朝の支配下で漢化した先住民を「熟蕃」といい、漢化していない先住民を「生蕃」と呼び区別した。しかしその後もやはり台湾は「化外の地」として扱われることになる。

　1895年には日清戦争に敗北した清朝が、台湾を日本に割譲し、日本の一部として植民地に組み込まれた。台北に台湾総督府が設置され、その官吏が各地の先住民と接触し、やがて日本に帰順する先住民社会も出てきた。統治時代の初期の頃には、漢民族と先住民は、たえず抗日闘争を起こしていたが、総督府は警察や軍隊を出動させ、討伐という名目で沈静化をはかり、安定化を進めていく。その矢先に、日本統治時代における最大の抗日闘争が起こるのである。1930年に起きた「霧社事件」である。それを契機に、その後の政策も「同化政策」が強化され、「皇民化政策」も本格化していく。

　日本の敗戦により、日本統治時代は終焉を迎え、台湾は中華民国政府に接収され、国民党の一党独裁支配が始まる。本省人にとって、祖国復帰に歓喜したのはほんのつかの間にすぎず、経済不況の影響で、為政者である外省人との争いが絶えず、ついに二・二八事件が勃発する。その後は戒厳令が布かれ、白色テロ時代へと突入する。

1980年代に入り、民主化の動きが高まり、急速に本土化と台湾の台湾化がささやかれるようになる。

2．族群の名称

ここでは戦前及び戦後の各族群の名称について、以下のようにまとめるものである。

2.1 本島人

日本が台湾を領有した後に、もともと台湾に住んでいた漢民族と内地人を分けるために区別した名称である

孤蓬万里（呉建堂氏）は『台湾万葉集』のなかに、台湾人の苦悶と差別化された思いを、その序文のなかにしたためている。「－悲しきさだめ－自序に代えて」であるが、「光復に欣喜雀躍せし輩が冤獄の下露と消えぬる」の歌を受けて、「本島人という蔑称は、本省人によって継続され、差別待遇は日本統治時代同様維持され、幾多の改革主義者が共産の帽子をかぶらされて刑場の露と消える」（23－24頁）とある。

この序文に書かれた歌は、呉建堂氏の経験してきた過去の歴史であり、消えないものである。旧住民の思いの中には、新住民の国民党政権は同胞であったはずと信じていたにもかかわらず、台湾人を卑下していった。

戦前の日本の植民地支配の蔑称意識で、内地人と本島人を区別するために使用されたものである。戦後は同胞であると思っていた国民党は、実はこの本島人を下位分類の位置づけとして、本省人という蔑称で、さげすんだのである。

しかし台湾人は日本式の教育を受けているものが多く、その程度の差は明らかであり、台湾人（本省人）の民度の高さは、日本人と同レベルのものであったといっても過言ではない。

また共産の帽子というのは、台湾の知識分子のことであり、日本の高等教育を受けた人々のことである。二・二八事件の時に犠牲になった人々のことで、この事件をきっかけとして、本省人と外省人の対立が明らか

になっていくのである。

2.2 本省人

　戦後、国民党政権が台湾に来て、外省人と区別するために使用した言葉である。この本省人といわれる層は、もともと本島人のことであり、明末の頃に福建省や広東省から移り住んだ移民である。それは閩南人と客家人の人々であり、自分たちの母語をそれぞれ持ち、日本統治時代には、日本語教育を受け、戦後は「國語」（北京語を基調とした言語）を強要された世代である。

　また為政者（外省人）との下位分類に属する人々という意味で、外省人から見れば、為政者が被為政者を呼ぶための蔑称ということになろう。台湾の社会構造のなかで、差別的に使っていた部分が多く、国家機関で働く公務員やそれに準ずる機関で働く層の人々は外省人が多くを占め、本省人は商業としてのビジネスの場で活躍する人々が多かった。

　また政治家も外省人が多く、本省人は政治の世界には入ることができないというような差別をも受けていた。

2.3 外省人

　国民党政権が台湾に入台した時、中国大陸から渡ってきたという経緯を持つ人々の層である。為政者側の人々という印象が強いが、この層は、中国大陸における知識分子から軍属、また台湾で一旗揚げようと考えていた一般の人々も含み、下層階級の人々もおり、教育程度も低く、民度も低いということから本省人から卑下された。

　とくに二・二八事件の暴動では、外省人は悪者扱いされ、日本語ができないものはすべて、外省人とみなされ、暴行などを受けたのである。

　金関丈夫氏が『台湾青年』第27号に「すれちがい」という文章を投稿している。これは日本人がみた二・二八事件の回想録であるが、その時の状況をこの文からうかがうことができる。

　金関氏は大社で平埔族の部落調査を終え、台南についた時、台北で本省人が暴動を起こし、台北市は戒厳令が布かれているということを耳にする。その日が2月28日で、この調査では国分直一氏も一緒だった。

　その汽車でのできごとであるが、「私の前の席には、外省人の、弱々

しいからだつきをした老人と、これも細っそりした十四、五才の少女が座っていて、お互いに言葉はできないが、二人とも絶望的な眼をして、おどおどとしているのがわかる。」(13頁)

「若い本省人が通路にやってきて、外省の二人に外へ出ろという。国分さんと二人で、老人は病気しているらしい。も一人はまだ子供だ。見逃してやってくれ、とたのむと、すなおに承知して出てゆく。」(14頁)とある。

つまり外省人も外省人である闇タバコの摘発隊の行為によって被害にあったということになる。客観的にことばの部分を考えれば、外省人という呼び方も差別であり、戦後入ってきた新住民という意識が強い。本省人にしてみれば、閩南語が話せず、客家語も話せないという人々への差別なのである。また二・二八事件のときも日本語ができないということで、区別した。

2.4 高砂族

先住民族は日本統治時代には、蕃人といわれ、後に高砂族と呼ばれるようになった。戦後は山地同胞などという名称でいわれていたが、現状では台湾の本土化が進み、台湾の第一民族として尊重され、台湾原住民という名称でよばれている。この台湾原住民という名称は、差別はなく、むしろ尊重している意識がうかがえる。

もともと台湾原住民は九族（タイヤル族・サイシャット族・ツォウ族・ブヌン族・プユマ族・ルカイ族・パイワン族・アミ族・ヤミ族）が台湾政府によって承認されていたが、2001年2月の人口統計ではサオ族が新たに承認され、十族となった。さらに新たに2002年十一番目としてクバラン族が加わり、2004年にはタロコ族も加えられた。2007年にはサキザヤ族、2008年にはセデック族も加えられ、現在では十四族とされている。

その他に、もともと先住民ではあったが漢民族支配により漢化してしまった平埔族（ケタガラン族・クーロン族・バサイ族・トルビアワン族・タオカス族・パゼッヘ族・パホラ族・バブサ族・ホアンヤ族・アリクン族・ロア族・シラヤ族・マカタオ族）がいる。

現在では、自分たちは台湾に存在する唯一の第一民族として、台湾に

最初に渡ってきた民族としての誇りをもっている。蕃人、高砂族、山地同胞、台湾原住民と時代的な変遷によって名称を変えたが、台湾の少数民族として扱われている。つまり野蛮人として扱われていた時代から脱却し、自分たちでその名称の権利を主張し、かち得たのである。つまり蔑称の時代は差別されていたが、時代とともに復権したということになる。

3. 台湾人の意識

3.1 本土化による言語環境

　戒厳令が解かれ、台湾の民主化が軌道に乗り始めたころ、「本土化」や「台湾化」という考え方が生まれた。

　言語の部分においても、それがあらわれ多言語主義や多文化尊重の動きが表面化し、族群調和(各エスニック・グループの調和)という考え方が謳われるようになる。

　「國語」はある種、台湾の住民に浸透し、それ以外の言語の尊重が叫ばれたのである。「國語」は中心的な言語として共有化されてはいるものの、絶対的な言語としての地位は失われ、各族群の言語が尊重されつつあるという言語環境が成立したのである。

　1987年の戒厳令の解除に伴って、「國語」が台湾化し、言語の変種として、台湾独自の言語に生成した。また台湾語（閩南語）が上位言語に代わるということも考えられるようになる。民主化活動は本省人で閩南系の人々が多数を占めていることから、閩南語が上位言語であるという意識がもたらされたのである。

　海外の台湾独立論者も閩南人が多いことから、台湾人アイデンティティの探求や台湾ナショナリズムの形成は閩南人が中心となって進めてきたふしもある。

　しかし族群の調和を考えた場合、特定の一方言が台湾全体の共通語になるのは、問題であり、原住民諸語との調和も必要になる。そこで「國語」は共通語として、或いは共同語として位置づけ、それ以外の言語も多言語及び多文化の尊重という意味で、すべての言語を平等に扱うとい

う考え方が生まれたのである。

3. 2「台湾新家庭」への想像

多言語主義や多文化共存の思想が政治的な課題として扱われようになったのは、2000年の総統選挙がきっかけであったといってよい。それは陳水扁が自叙伝『台湾之子』(1999) のなかで「族群問題の解決」を取り上げたことによる。この自叙伝は選挙用のものではあるが、内容は族群調和のための文化的な相互理解を穏便に進めていこう、という考えを述べたもので、これは後の「言語平等法」の草案に結びつくものとされる。

陳は「台湾新家庭」という言葉を使って、新しい台湾社会の理想を表している。「台湾新家庭」とは、すべての族群の人々が融合し、平等な社会の創成と相互信頼できる社会を築くべきであるという主張であり、本省人・外省人・原住民の差別のない民主的社会の実現と創造を目的としたものである。

「台湾は移民社会であり、この数年間、先住民族にはじまり、異なる国、異なる族群の人々が相次ぎ台湾にやって来た。また、あるものは去り、あるものはここで子孫をもうけ、根を下ろした。このため、族群と文化面の問題については、歴史全体からとらえ、「人」を超えた「土地」の角度から考えるべきである。」

（中略）

「閩南文化、客家文化、先住民族の文化、そして中国大陸からやってきた外省人の文化や最近やってきた外国人労働者の生活スタイルなど、各文化や生活様式はそれぞれ長い歴史を持ち、独特の伝統と知恵が受け継がれている。地球における人類の長い歴史のなかで、いずれもが確固たる地位を有しているのだ。台湾の角度から見てもそれらは台湾文化に多元化をもたらし、台湾をより一層豊かにしている。」(243頁－245頁) とある。

各族群の調和は言語的側面と文化的側面を融合し、相互に理解することによって、お互いが尊重され、より良い差別のない社会の実現を試みたものなのである。

4. まとめにかえて

　台湾における日本統治時代と国民党政権入台以降では、その族群同士の名称をお互いに蔑称で呼ぶという構造があり、歴史的な変遷の中で、それは明らかにうかがうことができる。
　日本統治時代は日本人と台湾に住む漢民族と先住民族との間にあるお互いの呼び方や、戦後は、国民党政権が入台してからの漢民族同士の呼び方である。そこでは本省人を「さつまいも」、外省人を「さといも」と呼ぶ表現もある。
　しかし「本土化」という思想は、人間の平等と族群の平等という形で現れ、それぞれの社会で「台湾人」という意識がもたらされた。
　現状の台湾では、各族群の尊重がなされ、各族群の言語も平等という考え方であり、多言語社会台湾のあるべき姿を模索している。
　為政者と非為政者の対立や族群の対立という社会構造から脱却し、すべてが「台湾人」という新しい思想が構築されたのである。それは台湾のリベラルな一面であり、
　先人たちが理想とした社会構造である。
　それぞれの時代的な背景によって、受けてきた蔑称は、「本土化」という考え方のもとで、差別的な「コトバ」はなくなったといえよう。

【参考文献】
王育徳(1970)『台湾－苦闘するその歴史－』弘文堂
金関丈夫（1963）「すれちがい」『台湾青年』第 27 号台湾青年社
孤蓬万里（1995）『台湾万葉集』集英社
呉密察　監修・遠流台湾館　編著・日本語版編訳　横澤泰夫（2010）
　　『台湾史小事典増補改訂版』中国書店
陳水扁　永井江里子・及川朋子・山口雪菜・松本さち子・本間美穂訳
　　（2000）『台湾之子』毎日新聞社
中川仁（2009）『戦後台湾の言語政策－北京語同化政策と多言語主義－』
　　東方書店
藤井久美子（2003）『近現代中国における言語政策』三元社

VI. 彙報

2012年1月から2012年12月までの本研究会の活動を報告する(文中、敬称略)。

(1) 組織・運営体制

本研究会には、会則7条によって本『年報』奥付に記載の役員が置かれている。運営委員の任期は3年、『年報』編集委員の任期は2年である（第9条）。本年は運営委員が交代する年にあたり、編集委員は任期中である。特記すべき点として、今期運営委員会では、代表の業務を補佐し、より円滑な会の運営に資するため、副代表を置くこととした点がある。

代表：中田敏夫
副代表：井上薫
運営委員
〇書記・通信部：（議事録・通信・WEB更新支援）井上薫・北川知子・小林茂子
〇企画・編集部：（年報編集・叢書計画案・シンポ企画等）佐藤広美・上田崇仁
〇研究・資料部：（年次研究テーマ＜科研＞・定例研究会等）李省展・中川仁
〇宣伝・販売部：（年報の販路拡大など）白柳弘幸・西尾達雄
　　事務局長：（総務・渉外・各部との連絡調整）岡部芳広
　　事務局員：（HP担当）松岡昌和・山本一生／（研究業績作成）白恩正／（会計）滝澤佳奈枝／（会計監査）岡山陽子・合津美穂
　　年報編集委員会：(委員長)佐野通夫（委員）弘谷多喜夫・黒川直美・佐藤広美・上田崇仁

本年の主な活動は以下の通りである。
1）研究会総会（年1回、研究大会時に開催）
　　2012年3月17日（土）相模女子大学
2）運営委員会（研究大会準備、日常的会務のために2回開催）

① 6 月 23 日（土）こども教育宝仙大学（第 16 回研究大会準備等）
② 10 月 13 日（土）こども教育宝仙大学（第 16 回研究大会準備等）
 3）研究部（研究例会を 2 回開催、企画、運営）
① 6 月 23 日（土）こども教育宝仙大学
② 10 月 13 日（土）こども教育宝仙大学
 4）編集委員会
　6 月 23 日（土）こども教育宝仙大学
　今年度は、編集委員会は一度の開催で、その後はメール会議により編集作業を行った。
 5）事務局（事務連絡、会計、HP 管理等）

（2）第 15 回研究大会の開催

　第 15 回研究大会は、2012 年 3 月 17 日（土）・18 日（日）に、神奈川県相模原市にある相模女子大学で開催された。テーマは、「植民地と新教育―1930 年代を中心にして」で、前年度のテーマ（「植民地と新教育―1920 年代を中心に」）に連続する課題であった。1 日目は、渡部宗助会員のコーディネート／司会のもと、台湾：林初梅会員、朝鮮：尹素英氏（非会員）、日本：永江由紀子氏（非会員）の報告があり、活発に討議が行われた。2 日目は、自由研究発表として、滝澤佳奈枝会員の「植民地台湾の公学校における裁縫教育と新教育―木下竹次の裁縫学習法を手がかりとして―」、林嘉純会員の「台湾植民地時期初期の日本語教育に関する研究―伊沢修二の教授法に背景について―」の 2 本の研究発表があり、引き続き、学位論文報告として、白恩正会員の「日本統治下朝鮮における地理教育に関する研究―地理教科書の分析を中心に―」が発表された。

（3）第 16 回研究大会の準備

　2011 年 3 月 26 日（土）・17 日（日）に中京大学で開催されるはずであった第 14 回大会は、その 2 週間前に発生した東日本大震災のため、時期と場所を変更して行うこととなった。そういった経緯から、2013 年 3 月に開催することとなる第 16 回研究大会は、中京大学にお願いすることとなり、日程は 2013 年 3 月 16 日（土）・17 日（日）となった。シン

ポジウムのテーマについては、運営委員会で検討され、「植民地教育とジェンダー」に決定し、コーディネーターは小林茂子会員が行うこととなった。

(4) 年報『植民地教育史研究年報』の発行

第14号『植民地・こども・「新教育」』を、皓星社から2012年3月17日付で出版した。特集は前年度の研究大会として、2012年6月にこども教育宝仙大学で行われたシンポジウム「植民地と新教育—1920年代を中心に」であった。この他、研究論文6本、研究資料、旅の記録、書評、図書紹介、彙報で構成した。

(5)「研究会通信」の発行

研究会通信「植民地教育史研究」は、第37号（2012年2月24日付）、第38号（2012年5月28日付）、第39号（2012年9月27日付）の3号が発行された。

第37号では、相模女子大での第15回研究大会のシンポジウム趣旨、自由研究発表の紹介、『年報』第14号の紹介などが掲載された。第38号ではこども教育宝仙大学での第27回定例研究会の案内、第15回研究大会・総会の報告などが掲載された。第39号では、こども教育宝仙大学での第28回定例研究会の案内、27回定例研究会の報告、別紙として、会員の研究業績一覧、会員名簿が添付された。

(6) 科研進捗状況

本年は、平成22～平成24年度科学研究費補助金「日本植民地・占領地教科書と『新教育』に関する総合的研究～学校教育と社会教育から」の最終年度にあたる。3月の研究大会の他に、定例研究会に合わせて2度の報告会を持ち、8月末には、報告論文の集約を行った。年度末の報告書作成に向けて、作業を継続中である。

(7) 定例研究会

定例研究会の日程、発表については以下の通り。
【1】第27回定例研究会

2012年6月23日（土）こども教育宝仙大学
①宋群：関東州における日本語教育（5）―初等教育（1943～1945）を中心に―
②李東勲：「韓国併合」前後における植民地朝鮮「京城」の日本人社会と教育― 京城居留民団から京城学校組合へ―
③林嘉純：台湾初期の公学校用の『国語讀本』で実施した教授法の背景についての一考察

【2】第28回定例研究会
2012年10月13日（土）こども教育宝仙大学
①韓炫精：戦時下教育における科学イメージと'見る読者'としての児童―1930～1940年代教科書の地図とグラフ使用に注目して―
②金英美：朝鮮総督府『国語読本』と国定国語教科書―伝説・民話の内容を中心に―
③小林茂子：旧南洋群島における米軍収容所内の教育方針と教育活動について―サイパン島ススッペ収容所とテニアン島チューロ収容所の事例をとおして―

毎回、20名前後の参加者を得て、活発に討議がなされた。

（8）その他

　運営委員会及び年報編集委員相互の日常の諸連絡や検討事項については、それぞれのメーリングリストによって行われている。

（事務局長　岡部芳広）

編集後記

　初めて編集委員として関わった。投稿された論文に目を通す機会があり、改めて研究分野の広がりと、視点の多様性に驚いた。本研究会が対象としている時代、地域、分野は、それでもまだまだすべてが明らかにされているわけではなく、多くの興味深いテーマが残されている。本誌を通じて、多くの若い研究者が関心を持ち、研究に参加してくれれば何よりである。すそ野の広がりは、本研究会の議論の活性化につながるだろう。今回の研究論文は、実証的な研究のむずかしさ、言語や国境を超えた研究のむずかしさというものを示しているのではないだろうか。自分の研究を顧みるいい機会となった。
（上田崇仁）

　2012年もいろいろなことがありました。こうして無事年報を出版することができて、本当にうれしく思っています。今回の年報で論文が合格し、年報に載せることができた研究者の方々はどんなにうれしい気持ちだろうと思います。私も初めて論文が年報に載った時は、感激でいっぱいでした。そんな気持ちが詰まった年報です。ぜひ一本一本熱心に論文を読んでいただきたいと思います。当年報も15号まで続けることができました。読んでくださる方がいて、成り立つ号数だと思います。続けることは大変ですが、編集委員、投稿してくださる研究者、出版してくださる出版社、その他たくさんの人々のおかげです。これからも続けていけるように、努力していきたいと思っております。
（黒川直美）

　私は、創刊号から数年、本誌の編集にたずさわりました。その後、しばらく、編集部から外れまして、本号から、また、編集部につくことになりました。論文の規程や査読など、随分、体制が整ってきたのだな、と実感しております。今回はほとんどお役に立ちませんでしたが、今後は、充実した誌面ができるよう心がけたいと思ってます。
（佐藤広美）

　エチ先生の授業で中勘助『銀の匙』が話題になりましたが、私は、佐藤由美先生の科研「植民地における学校教育とその周辺文化」に参加してもう一度読み直しました。文学作品として改めて感銘するとともに、科研のテーマを深めることができました。今回の編集委員としては査読と書評のノルマを果たした程度ですが、本誌のバックナンバーに掲載されている論文の中から、はじめて目を通したものも含めて何篇か読み返しました。そして参考にさせてもらいながら、これからも本誌が時がたっても読み返されていく論文を蓄積できればと思いました。
（弘谷多喜夫）

　昨年の「編集後記」に、メールではなく「一堂に会して、知恵を出し合って、ことを進めてい」きたいと記しましたが、今年も顔を合わせて委員会を持ったのは1度だけ。それも5人は揃いませんでした。編集委員に旅費も出せないということもありますが、旅費の出る大規模学会でもなかなか委員全員が集まることができないという会員の多忙化の問題があるようです。それでも、今号では編集委員会の成果として、「気になるコトバ」を再開しました。
　来年度は新しい編集委員会の下、年報がさらに発展していくことを願っています。投稿してくださった方々、編集委員、そして皓星社の藤巻修一社長、編集担当・晴山生菜さんに感謝します。
（佐野通夫）

著者紹介

中田敏夫
愛知教育大学教員。1952年静岡県生まれ。国語学・社会言語学専攻。「廖継思著『徳聰の履歴書』―清国人・日本人・中華民国人だった一人の台湾人の履歴書―」（共著、愛知教育大学国語国文学報第69集、2011）、「一人の台湾人の残した従軍感想記録 ―南支派遣部隊附陸軍臨時通訳として―」（愛知教育大学国語国文学報第70集、2012）。

西尾達雄
北海道大学教員。朝鮮近代学校体育政策、スポーツ政策を中心に研究。現在「植民地における教育とスポーツ」に関心を持っている。『日本植民地下朝鮮における学校体育政策』（明石書店、2003）、『身体と医療の教育社会史』（共著、昭和堂、2003）。

林初梅
大阪大学言語文化研究科・外国語学部准教授。一橋大学大学院言語社会研究科言語社会専攻博士課程修了。博士（学術）。主要論文『「郷土」としての台湾―郷土教育の展開にみるアイデンティティの変容』（東信堂、2009）、『小川尚義論文集〔復刻本〕―日本統治時代における台湾諸言語研究』（三元社、2012）など。

尹素英
　韓国独立紀念館韓国独立運動史研究所研究委員。専門は、近代韓日関係史。論文に「植民統治の表像空間としての慶州とツーリズム」（「東洋学」452009）、「日帝強占初期の韓・日初等学校の教科書における韓国認識」（「韓国独立運動史研究」36、2010）、「韓日言論資料を通してみた高宗毒殺説の検討」（「韓国民族運動史研究」66、2011）、「1900年代初、日本の朝鮮漁業調査資料に表れた独島」（「韓国独立運動史研究」41、2012）など。訳書として『韓国独立運動記事集―3.1運動』（大阪朝日新聞）、『安重根記事集―門司新報』がある。

永江由紀子
国立公文書館公文書専門員。九州大学大学院人間環境学府博士後期課程単位取得退学（教育史）。「1930年代奈良女子高等師範学校附属小学校における「訓練」「訓育」の解釈」（『教育方法学研究』第33巻、2008）、「大正期の地方教育会における「新教育」への対応―福岡県を事例として―」（梶山雅史編著『続・近代日本教育会史研究』学術出版会、2010）など。

渡部宗助
日本大学文理学部（非常勤）。「日本近代教育史―植民地・留学生・戦後教育―」（編著『日中教育の回顧と展望』国立教育研究所、2000）、『教育における民族的相克』（編、東方書店、2000）、「教員の海外派遣の政策史と様態」（小島勝編著『在外子弟教育の研究』玉川大学出版部、2003）、『教育刷新委員会／教育刷新審議会　会議録』全13巻（編著、岩波書店、2007）。

林嘉純
拓殖大学大学院言語教育研究科　言語教育学　博士後期課程在学。研究テーマは、「日本語教育の教授法の変遷とダイレクトメゾット研究」。研究発表に「台湾初期の公学校用の『国語讀本』で実施された教授法の背景についての一考察」（2012.6）、研究論文に、「台湾初期日本語教授法―「直接法」の背景について一考察」（1（拓殖大学大学院　言語教育研究科「研究年報」3号、2012）などがある。

金志善

東京大学大学院人文社会系研究科附属次世代人文学開発センター研究員。1979年韓国ソウル生まれ。韓国朝鮮文化（近代音楽史）・音楽学専攻。日本語論文として「近代朝鮮における西洋音楽専門機関—梨花女子専門学校音楽科を中心に—」（『東洋音楽研究』第74号、2009）、「植民地朝鮮における中等音楽教育と教員の実態—『日本近代音楽年鑑』と『東京音楽学校一覧』をめぐって—」（『こども教育宝仙大学紀要2』、2011）などがある。

韓炫精

東京大学大学院基礎教育学研究博士課程。日本女子大学非常勤。児童教育史・教育のメディア専攻。「植民地期朝鮮における子ども雑誌研究」（教育学会発表2008）、「解放後韓国における教育史学の変遷」（『教育学会特別課題委員会報告書』2009）。

岡部芳広

相模女子大学准教授。1963年大阪市生まれ。神戸大学大学院総合人間科学研究科博士後期課程修了。博士（学術）。台湾近現代音楽教育史専攻。『植民地台湾における公学校唱歌教育』（明石書店、2007）、「台湾の小学校音楽教育における1962年改訂国民小学音楽科課程標準の意味」（『音の万華鏡　音楽学論叢』藤井知昭・岩井正浩編、岩田書院、2010）

佐藤由美

埼玉工業大学人間社会学部教授。教育史専攻。日本統治下台湾・朝鮮における教育政策とその実態について研究を進めている。最近の研究に「解題「日本統治期台湾における各科教科書の編纂」」（『日本植民地教育政策史料集成（台湾篇）』第6集、龍渓書舎、2008）、「日本統治下台湾からの工業系留学生—林淵霖氏の場合—」（埼玉工業大学人間社会学部紀要8号、2010）、「植民地教育令の理念と制度—朝鮮教育令の制定をめぐって—」（『教育人間科学の探求』学文社、2011）がある。

芳賀普子

1941年仙台生まれ。2010年一橋大学大学院言語社会研究科博士課程卒。朝鮮戦争時北朝鮮人民軍動員についての論文で博士（学術）。一橋大学言語社会研究科特別研究員。出版会社自営。

李省展

恵泉女学園大学・大学院。「『文化政治』と朝鮮—1920年代を中心として」（趙景達編『植民地朝鮮—その現実と解放への道』、東京堂、2011）、「キリスト教と社会—ミッションスクールとナショナリズム」（『東アジア近現代通史—アジア研究の来歴と展望』別巻、岩波書店、2011）、「帝国・近代・ミッションスクール—ピョンヤンにおける「帝国内帝国」と崇実学校—」（駒込武・橋本伸也編『帝国と学校』、昭和堂、2007）、『アメリカ人宣教師と朝鮮の近代』（社会評論社、2006）。

白柳弘幸

玉川大学教育博物館。日台近代教育史・自校史（玉川学園史）。「台湾の博物館における教育事情の調査」（『玉川大学教育博物館紀要』8号、玉川大学教育博物館、2011.3）。「台湾国民学校期修身教科書教材「心を一つに」についての一考察—「誉れの軍夫」の修身教科書教材採用経過—」（『帝国日本の展開と台湾』創和堂出版　2011.4）。

弘谷多喜夫

浜松学院短期大学部教員。1942年山口県生まれ。専攻は教育史。研究テーマは近代

国家と植民地教育、近代教育学理論の再構築。「戦後（1945－92年）における台湾の経済発展と教育：世界史における近代植民地支配の遺産と関わって」（国立中央図書館台湾分館編印『台湾学研究国際学術検討会：植民與近代化　論文集』）。

井上薫
釧路短期大学教員。「日本統治下末期の朝鮮における日本語普及・強制政策」（『北海道大学教育学部紀要』73、1997, 6)、「日帝下朝鮮における実業教育政策」（渡部宗助・竹中憲一編『教育における民族的相克』東方書店、2000年)、「大澤宏紀「朝鮮総督府による『朝鮮語』教育―第一次・第二次朝鮮教育令下の普通学校を中心に」の意義と研究会の課題」（『教育史・比較教育論考』19、北海道大学大学院教育学研究院教育史・比較教育研究グループ、2009, 3）など。

松浦勉
八戸工業大学教員。『日本近代教育と差別―部落問題の教育史的研究』（安川寿乃輔・一盛・真共著、明石書店、1998)、『差別と戦争』（渡部かよ子共著、同上、1999)、「『総戦力体制』の形成と日本の教育学―阿部重孝の教育改革・学制改革の思想とその特質―」（八戸工業大学紀要第24号、2005）など。

宮崎聖子
福岡女子大学国際文理学部教員。専門は台湾史、文化人類学、ジェンダースタディーズ。博士（人文科学)。『植民地期台湾における青年
団の研究』（御茶の水書房、2008)、"Taiwan underJapanese Rule: Cultural Translation and Colonial Modernity" (Center For Taiwan Studies,Department of East Asian Languages and Cultural Studies, University of California,2011、共著）など。

佐野通夫
こども教育宝仙大学教員。1954年生まれ。教育行政学。『子どもの危機・教育のいま』（社会評論社、2007）『日本植民地教育の展開と朝鮮民衆の対応』（同、2006)、『アフリカの街角から』（同、1998年)、『＜知＞の植民地支配』（編著、同、1998)、『近代日本の教育と朝鮮』（同、1993)。

山本一生
1980年生まれ。日本学術振興会特別研究員（ＰＤ)。博士（教育学)。著書に『青島の近代学校　教員ネットワークの連続と断絶』（2012、皓星社)。論文に「帝国日本内を移動する教員」（『日本の教育史学』52号、2009年）など。

黒川直美
主婦。専修大学博士課程単位取得中退。専門は満洲国期の教育。論文に「『満州国初等教育就学者数の推移』（『植民地教育史研究年報』14号、2011）など。

中川仁
1969年東京都生まれ。明海大学外国語学部教員。専門は日本語教育及び戦後台湾の言語問題。著書に『二・二八事件資料集』（尚昂文化事業国際有限公司、2008)、『戦後台湾の言語政策―北京語同化政策と他言語主義―』（東方書店、2009)、共編著に『王育徳の台湾語講座』（東方書店、2012）など。

CONTENTS

Forward ·· NAKATA Toshio

I. Symposium: Colonies and 'New Education' -Mainly on 1930's-

Objectives of the Symposium ··· NISHIO Tatsuo
One aspect of Local Educational Theory on Taiwan In 1930's ················ LIN Chu-Mei
"Transformation of the New Education Movement in the 1930s
-focusing on Simplified public school of Colonial Korea " ················ YOON Soyoung
"New Education" Movement in the 1930's :
　the activities of the new education association······················· NAGAE Yukiko
Summary of Symposium·· WATANABE Sosuke

II. Research Papers

Japanese Education on the early colonial in Taiwan and Isawa Shuji's educational policy
·· LIN Chia-chun
"The Function and Role of Secondary School Teachers who Graduated from Tokyo Music Academy in Japanese Colonial Period in Korea and Japan-Focusing on Activity of Minoru Yoshizawa a Teacher of Keijo College of Education" ···························· KIM Jiesun
"Children's megazine "Orini" in Colonial Korea -Focusing on Readers' Column (1923-1934)-"
·· HAN Hyunjung

III. Research Materials

Taiwan, Landscape of the Song. "The Festival Day" ···················· OKABE Yoshihiro
School Experiances of the Koreans in Japan: a Case of KIM Shinhuan
··· LEE Sung Joen, SATO Yumi, HAGA Hiroko

IV. Field Work Reports

Research of Colonial School Education in Taiwan (No.5)
·· SHIRAYANAGI Hiroyuki

V. Book Review

HIYAMA Yukio ed.;Development of Empire-Japan and Taiwan ······ HIROTANI Takio
MITSUI Takashi; Colonial Rule and Language in Korea ···················· INOUE Kaori
KOMAGOME Takeshi, KAWAMURA Hajime, & NASU Keiko ed; Control and Mobilization of Human science and Social science during War time Japan -A study of Organization and Undertaking of Nipponshogakushinkouiinkai-
··· MATSUURA Tsutomu

VI. Book Recommendation ···

MATSUDA Yoshiro; Aboriginal Society and Education in Colonial Taiwan.
.... MIYAZAKI Seiko
SAKAI Toru; The Illusion of the "Pro-Japanese" Taiwan. .... OKABE Yoshihiro
TODA Ikuko; Living as Korean Chinese... SANO Michio
Sixteen Points for Understanding the Truth about Dokdo .... WATANABE Sosuke
YONEMURA Shuji; The vanished School-to trace the coeducational practice
 of Japan-China in Qingdao-Gakuin .... YAMAMOTO Issei
TOMATSU Haruo; Japanese Empire and mandatory administration
 —International politics around the South Islands, 1914 - 1947
....KUROKAWA Naomi

Ⅶ. Words at Issue
Historical changes in the Labels for Discrimination against the Taiwanese
.... NAKAGAWA Hitoshi

Ⅷ. Miscellaneous .... OKABE Yoshihiro

Editor's Note
Authors

植民地教育史研究年報　第15号
Annual Reviews of Historical Studies of Colonial Education vol.15

1930年代日本植民地の諸相
The 1930s　Various aspects of the Japanese colony

編集
日本植民地教育史研究会運営委員会（第Ⅵ期）
The Japanese Society for Historical Studies of Colonial Education

　　代　　表：中田敏夫
　　副代表：井上薫
　　運営委員：井上薫・北川知子・小林茂子・佐藤広美・上田崇仁・
　　　　　　　李省展・中川仁・白柳弘幸・西尾達雄
　　事務局長：岡部芳広
　　事務局員：松岡昌和・山本一生・白恩正・滝澤佳奈枝・岡山陽子・
　　　　　　　合津美穂
　　年報編集委員会：佐野通夫（委員長）・弘谷多喜夫・黒川直美・
　　　　　　　佐藤広美・上田崇仁
　　事務局：神奈川県相模原市南区文京2-1-1
　　　　　　相模女子大学学芸学部岡部研究室

　　TEL 042-713-5017
　　URL http://blog.livedoor.jp/colonial_edu/
　　E-Mail：y-okabe@star.sagami-wu.ac.jp
　　郵便振替：００１３０－９－３６３８８５

発行　2013年3月16日
定価　2,000円＋税

　　　　発行所　　株式会社 皓星社
　　　　〒166-0004　東京都杉並区阿佐谷南1-14-5
　　　　電話：03-5306-2088　FAX：03-5306-4125
　　　　URL http://www.libro-koseisha.co.jp/
　　　　E-mail：　info@libro-koseisha.co.jp
　　　　郵便振替　00130-6-24639

　　　　　装幀　藤林省三
　　　　　印刷・製本　㈲吉田製本工房

ISBN978-4-7744-0480-6 C3337